国内社会心理服务领域的

社会心理服务的
机遇与挑战

韦志中 漆德安 林平光◎著

台海出版社

图书在版编目（CIP）数据

社会心理服务的机遇与挑战 / 韦志中，漆德安，林平光著 . -- 北京：台海出版社，2019.8
　　ISBN 978-7-5168-2393-4

　　Ⅰ . ①社… Ⅱ . ①韦… ②漆… ③林… Ⅲ . ①社会心理学—心理咨询—咨询服务Ⅳ . ① C912.6-0

中国版本图书馆 CIP 数据核字（2019）第 142120 号

社会心理服务的机遇与挑战

著　　者：韦志中　漆德安　林平光

责任编辑：赵旭雯　王慧敏
责任印制：蔡　旭

出版发行：台海出版社
地　　址：北京市东城区景山东街 20 号　邮政编码：100009
电　　话：010 — 64041652（发行，邮购）
传　　真：010 — 84045799（总编室）
网　　址：www.taimeng.org.cn/thcbs/default.htm
电子邮箱：thcbs@126.com

经　　销：全国各地新华书店
印　　刷：天津旭非印刷有限公司
本书如有破损、缺页、装订错误，请与本社联系调换

开　　本：880 毫米 ×1270 毫米　1/32
字　　数：310 千字　　　　　　　印　　张：11.25
版　　次：2019 年 8 月第 1 版　　印　　次：2020 年 1 月第 1 次印刷
书　　号：ISBN 978-7-5168-2393-4

定　　价：68.00 元

版权所有　侵权必究

序言一

　　韦志中先生是一位草根社会心理工作者，长期工作在社会心理服务第一线。难能可贵的是，韦先生不仅重视社会心理服务实践，而且重视相关理论学习，不断总结实践经验，并将它们提升到理论高度。他还积极投入社会心理服务的心理学研究，近几年来，他发表了多篇研究论文，出版了多部著作，实现了从社会心理服务的实践者到社会心理服务专家的华丽转身。

　　韦先生的新作《社会心理服务的机遇与挑战》，是他二十多年从事社会心理服务中所碰到的问题及其深入思考的结晶。他在书中归纳了当前我国社会心理服务中出现的主要问题，并进行理论分析，在此基础上提出解决相关问题的建议。这些建议对我国社会心理服务事业的健康发展，具有一定的指导意义。

　　在社会心理服务中如何改变社会消极心态，是本书中提到的第一个问题。随着我国社会经济转型速度加快，社会上开始呈现一些消极的心态。针对这种现象，习总书记提出要"加强社会心理服务体系建设，培育自尊自信、理性平和、积极向上的社会心态"。如何落实习总书记的指示，这是摆在我国心理学工作者面前的一项重要任务。韦先生深入分析社会心态失衡的原因后，提出了以积极心理学为理论基础，以培育积极情绪为抓手，以各种培育积极情绪的技术为手段的解决方案。这一方案在实施中被证明是可行和有效的。

如何创立本土化社会心理服务模式，是本书中探索的第二个问题。韦先生赞同杨国枢等心理学家的观点，认为中国的社会及行为科学研究必须要与中国文化和中国实践结合起来。韦先生提出服务中国人需要"中国牌"心理学。他尝试运用积极心理学践行社会主义核心价值观，提出促进基层干部践行社会主义核心价值观的心理学方法，以及探索社区心理服务模式——心理茶馆模式、"254"社区心理服务技术等，这些从内容到形式都具有鲜明的中国特色。

社会心理服务人才的培养是本书中探讨的第三个问题。韦先生提出当前高校应用心理学专业培养人才存在知识面窄、实习时间短、实践能力差等问题。他认为要成为社会心理服务体系中的优秀人才，首先要有社会使命感和责任感；其次要有专业知识和能力，具备做理论和实证研究的能力，掌握心理咨询理论和技术；再次要具备一定的社会交往技能；另外，心理学工作者要具备足够强大的内省能力。在社会心理服务人才的培养模式方面，除了高校正规的培养模式外，韦先生还提出了社会心理服务人才的培养新模式：心理学志愿者队伍选拔、培训与督导模式和"渡老师"模式。"渡老师"这个品牌计划在社会上挑选一批优秀的心理咨询工作者和心理教育工作者，通过对他们两年的打造培训，带着他们一起在社会实践中成长，让他们成为一个为社会心理服务体系建设承担服务责任和义务的或者是专家级的心理教育老师团队。

《社会心理服务的机遇与挑战》一书，内容十分丰富，既有理论，又有技术，不是我这序所能概括的，定会挂一漏万。所以我建议大家认真研读该书，读后肯定受益匪浅。

顾海根（上海师范大学心理学系教授）

序言二

　　志中的《社会心理服务的机遇与挑战》手稿已经被我翻阅了两遍，作为社会工作的老员工，见过太多的大理论、大格局、大方向、大政策，然而落地到日常操作中却没有具体的技术方法作为支撑，只能靠一线的同志们凭经验和政策去处理群众反馈的"疑难杂症"。本书可以当作一本工作操作指南，为广大的社会服务工作者提供具体的服务方向与方法。具体来说，此书主要有三大特色，我把它概括为"一特""二跨""三位一体"。

　　"一特"是指心理学的本土化。在心理学的发展之路上，不管是做社会心理服务体系建设的管理者与领导者，还是在一线工作的服务者，我们都需要对心理学的本土化做一个了解。志中根据"儒释道"三教融合以及国人特有的人心与人性，创造性地提出了"中国牌"心理学的研究与探索任务，并且给出了具体的服务方向与方法，这一点是值得大家肯定与学习的。

　　"二跨"是指"跨学科"与"跨文化"。"跨学科"是指我们不但要掌握心理学的理论知识，还要具备其他领域的知识，比如学校教育、社会服务等。"跨文化"是指我们不能总是依靠西方的心理学理论来解决中国人的问题，一定要洋为中用；另外还包括针对不同问题群体，一定要区别对待。心理学要与社会的需求相匹配，这就意味着心理学工作者要打破一些条条框框的界限，除了需要具备"跨学科"与"跨文化"的能力外，还需要具备发展的眼光和整体的思维。其实这一点，不管是心理学行业还是其他行业，都是可以借鉴的。

"三位一体"是指"人才＋模式＋技术"。志中提出了心理学人才的培养模式，如心理学志愿者队伍选拔、培训与督导机制，社会心理服务队伍的品牌建设问题，心理学家的发展方向等，这些人才培养模式都具有很强的应用性和有效性，已经得到了参与人员的良好反馈。关于模式方面，志中提出了运用心理学践行社会主义核心价值观的模式、"254"社区心理服务模式、积极婚姻辅导模式等，其涉及的领域之广、思想之新、眼界之高都为社会服务注入了一股新鲜的力量。同时志中也研发了很多心理学技术，如积极情绪培育技术、积极品质训练技术、危机干预技术等，这里就不一一列举了，相信看了此书的您一定会大呼过瘾。

总之，我一贯坚信，社会治理与服务方面的工作事无巨细，无论是民众福利、扶贫救灾、人事调解，还是老年人关爱、民政事务的政策实施、全民素质的提升，这些方面的任何问题，都是人民需求与现实发展水平之间的矛盾造成的。志中的这本书正好戳到了关键点，不论在方向引领上，还是在实施方法中，都会对处在困惑中的社会服务工作者有很大帮助，我认为此书是他们的必读之作。

张文达（安徽省民政厅原副厅长）

序言三

拜读韦校长《社会心理服务的机遇与挑战》一书颇有感触，也深表敬佩！

心理学由哲学心理学演进为科学心理学，现代心理学进而迈向后现代心理学，其间因社会变迁或世事变化，如二次世界大战使得欧洲许多心理学家迁居美国，促进了美国心理学的发展，俄国人造卫星率先升空，更激发美国推进人类潜能开发运动，促进学校辅导工作与小团体运动之推展，一直到最近由于心理治疗与心理咨询保险给付为求效果与效率，促进了短期心理治疗与心理咨询的发展。近十年来心理咨询逐渐重视多元文化心理咨询、东方心理治疗、女性心理治疗议题，于科技发展运用上也逐渐扩展，如生涯咨询发展了许多生涯咨询软件如 SIGI+、DISCOVER+，而 AI 人工智能的发展也势必影响心理学的科技化发展。

但不论心理学如何发展，离不开两个主轴：一则为基础心理科学研究，另一则为心理学应用于生活如心理咨询，近年来跨领域的合作更为深入。近年来心理学逐渐为国人所了解及重视。然而心理学在中国发展必然需融合中国文化、考量社会需求因素以及进行实务运用反思下的修正，韦校长在书中探讨心理学与社会服务、本土化社会心理服务模式探索、社会心理服务的人才培养探索及社会心理服务体系建设的要点，不仅与当前社会脉络与需求结合，也顺应中国当前的政策。

由探索中国心理学与社会服务的发展，进而发展到对本土化社会心理服务模式的探索，着眼于人才的培训以及逐渐建构社会心理服务体系，颇具逻辑性且具实务经验之传递，因此这是一本颇具建设性与实用性的著作。孙中山先生说"国者人之积，人者心之器"，这本《社会心理服务的机遇与挑战》也是对当前心理学的机会、挑战与发展的深入探究与呼吁，颇具意义，故乐为之序。

张德聪博士

（台湾张老师文化原理事长，心理学博士生导师）

序言四

　　韦志中作为一位心理学专家，有多种身份，我比较喜欢的是"1号渡老师"的身份，因为它有"带领""渡己""渡人"等含义。这个身份意味着一份沉甸甸的责任，一个需要长久努力的目标，一种追求卓越的使命感和一支为共同愿景不懈努力的团队。

　　1号渡老师的新作《社会心理服务的机遇与挑战》一书即将问世，作为读者，借此机会谈一点读后感。以文字形式呈现出来，以就教于（其他）读者和作者。

　　其一，作者及其团队问题意识突出，敢于直面社会现实问题，立足心理学，整合多方面资源，尝试从不同层面对这些问题进行新颖的探索和独立的、较为系统的解决。作者探索这些问题的态度和精神充分显示了其强烈的责任感和使命感。

　　其二，作者及其团队注重用心理学理论指导自己的心理学实践，努力把理论和实践结合起来，使两者相互印证，相互促进，相互增益。实践证明，这是民间心理学发展的一条成功之路。

　　其三，作者及其团队立足本会团体心理学，把"阵地战"和"运动战"结合起来，对多个颇有难度的社会心理问题进行了富有成效的研究，为民间心理学研究方法的发展做出了有益的探索。

　　其四，作者及其团队注重从跨学科的视角观察心理现象，分析和解决心理学问题。作者及其团队在理论研究和社会实践中，常常把心理学、社会学、哲学、文化学等学科的视角结合起来，以解决复杂的社会心理问题。

其五，作者及其团队勤于学习、善于学习，注重吸取中西文化中的思想精华，不断丰富自己、提升自己。

当然，一本探索重要社会现实问题的书难免有个别不足之处，比如书中的个别提法可能有进一步斟酌的余地，"心理学的三次'变性'"作为一种比喻，自然是可以的，但作为概念，就需要限定其使用范围，并给予更多的论证。又如，用"心理学家的使命感 × 专业能力 ＝ 心理学服务社会的效能"作为标题，要考虑"等号"的严格要求，给出更为严密的论证。

当然，瑕不掩瑜，《社会心理服务的机遇与挑战》不失为一本内容丰富、视角新颖、值得一读的好书。

张掌然

（武汉大学哲学学院原副院长，博士生导师）

序言五

　　受邀作序，倍感荣幸。伏案提笔之际，万千思绪涌上心头。作为西平县社会心理服务体系建设的发起人之一，在西平县开展社会心理服务，一路走来，虽然艰辛，但心里感到十分充实和幸福。

　　从 2016 年 6 月，西平县被中央综治办确定为全国 12 个社会心理服务体系建设工作中唯一一个农村联系点时的青涩，到如今的"西平模式"即："一二三四五六"工作体系和一整套的"谁来服务，在哪服务，如何服务，给谁服务"的工作机制的建立完善。其间，不乏与各学术专业机构、专家学者、社会同人的接触交流，探讨沟通。而与韦老师的相识相知，是从 2019 年 5 月于北京参加中国社会工作联合会举办的"第二届全国心理健康论坛"上，以文会友。本人做了一个题为《西平县社会心理服务体系建设的实践与探索》的报告，韦老师做了一个题为《社会心理服务三位一体探讨》的报告。2019 年 6 月，韦老师团队的西平约定之行，让我铭记在心。在此过程中，本人深感韦老师社会心理服务理论和实践底蕴之深厚，"落地"能力之强。

　　韦老师对"西平模式"关爱有加，积极推崇。西平联系点工作开展以来，坚持以"党委领导，政府主导，综治牵头，社会协同，公众参与"的指导思想，理出了"传承'枫桥经验'，开展源头治理，高起点设计蓝图，大宣传提高认识，强基础夯实根基，抓重点解决难题，着力构建社会心理服务体系，创新基层社会治理"的总体工作思路。推出了"一二三四五六"工作体系，重点开展了"三防六助""六进、六服务、六严控、六结合"活动。特别是"六结合"模式，已经发展为以党的建设为核心，以社会心理服务＋党建＋脱贫攻坚＋信访稳定＋矛盾化解＋乡村治理＋"一外四留"的"六结合"为主体的"西平模式"体系，引起了全国的关注。

社会心理服务工作直接服务基层大众，同时，与基层社会治理密不可分。工作开展期间，我们遇到各类各式的生活困扰或者心理郁结，需要进一步提升我们的社会心理服务水平、社会治理水平和社会治理能力，包括平安建设、信访稳定、脱贫攻坚、扫黑除恶、环境治理、婚姻家庭关系协调等，无一不牵涉老百姓的切身利益。"群众利益无小事"。我们的"一二三四五六""西平模式"体系虽然在 2019 年度着手"六提升""七个创新"，但更需将群众生活事件中的心理疏导、危机干预实操技能的提高摆在更加重要的位置。

除了第一时间的干预处理，我们应该进一步进行基层民众的心理科普教育，也就是心理健康教育、家庭幸福关系的指导以及与群众生活息息相关的各方面的科普教育。我们期待通过教育这一层面的努力，能让更多的群众有自主追求幸福生活的思路和信心，培育群众自尊自信、理性平和、积极向上的社会心态，不断提升人民群众的获得感、幸福感、安全感。如果能达到这一层的效果，这将是西平之幸，同时也正是我们追求的目标。

然而，"西平模式"目前在实操与推进的过程中，也遇到了一些困惑，从危机干预到群众教育的转型过程中，人才、资金、技术上的一些难点和问题需要进一步解决，希望借鉴更加新颖有效的路径和方法，以提升"西平模式"水平。

在2019年的"第二届全国心理健康论坛"上，我闻到了"甘露"的气息，此"甘露"正是韦老师提倡的社会心理服务三位一体的实操模式。我们的社会心理服务工作进行到此，正需要韦老师这样的自下而上，惠于基层民众的实践性指导体系，韦老师的社会心理服务体系适用于我国的基本国情，从深入浅出的理论阐述到落地为民的实操体系，这些都证明了他这20多年孜孜求索和全国游学积累的深厚底蕴，他是将理论转化为实践的专家。

所以在收到书稿并被邀请为本书作序之时，作为在社会心理服务一线摸爬滚打的一名工作者，本人感触良多，期待本书早日出版发行，让广大社会心理服务工作者先睹为快。

王兴

（河南省西平县政法委书记）

前言

近年来，党中央、国务院高度重视心理健康服务体系和社会心理服务体系的建设工作。习近平总书记在 2016 年全国卫生与健康大会上提出，要加大心理健康问题基础性研究，做好心理健康知识和心理疾病科普工作，规范发展心理治疗、心理咨询等心理健康服务。《国民经济和社会发展第十三个五年规划纲要》明确提出要加强心理健康服务。《"健康中国 2030"规划纲要》要求加强心理健康服务体系建设和规范化管理。22 个部委联合发文出台《关于加强心理健康服务的指导意见》。2018 年，十部委联合发布《关于印发全国社会心理服务体系建设试点工作方案的通知》，按照十部委联合发布的《通知》中的指令，全国部分地区正在启动社会心理服务体系建设的试点工作，试点城市的具体工作方针和工作机制也会陆续成型，并日益完善，接下来社会心理服务体系的建设工作将会如火如荼地开展下去。

党中央的高度重视和全国各地区相关工作的积极开展，都在昭示着心理学的春天要来了。目前是社会心理服务建设工作的机遇期，同时也是挑战期。我们作为社会心理服务的工作人员，在把握这个大好机遇的同时，也要在工作中做出一些调整，以更好地应对这个时代的挑战。

那么，当下的社会心理服务工作存在着哪些需要调整的问题或者现象呢？本书主要提出了以下几个突出的问题：

首先，高等教育和社会需求不匹配。心理学人才以高校培养为主，高校培养出来的心理学专业的毕业生，其就业方向主要是教师和科研，从事社会心理服务工作的比例鲜少。高校的教学内容主要集中在心理学的基础知识、研究方法、实验设计和咨询治疗等方面，比较注重学科本身的探索和发展，但是不太重视实践和应用的方面，故学生对社会心理服务也不会有深刻的体会和了解，对于用心理学去解决实际问题就更加不擅长了。

其次，急需本土化的社会心理服务模式。心理学起源于西方，目前心理学的发展主要是沿用西方的科学体系。中西方的文化、历史和风土人情大相径庭，若一味照搬外国的科学研究体系和服务模式，而不考虑中国的具体国情，那么，这样的心理学并不是中国本土化的心理学，也并不利于中国本土心理学的发展。不聚焦解决当下社会建设的主要矛盾，不落地解决具体的现实问题，不融入黎民百姓的生活和工作，这样的心理学的服务价值便得不到凸显。所以，要进行中国人的社会心理服务，就需要探索出本土化的社会心理服务模式。

再次，社会心理服务的人才培养问题。社会心理服务体系建设需要三类专家，一类是理论研究者，第二类是应用研究者，第三类就是具体的服务实践者。理论研究者，主要负责研究基础性的新理念和新思想，做大方向的基础建设和引领。应用研究者则是致力于理念、思想和技术的运用，这些运用更多地偏向于研究性质和项目形式。最后，服务实践者是运用理念和技术对有需要的机构和个体进行服务，以解决他们的具体问题和矛盾。在现阶段，中国的心理学发展道路上最需要的是哪一类人呢？最需要的是服务者。可目前的形势是我们的社会服务人员严重不足，且专业社会工作教育与国情、社情缺乏整合。比如，我们在学校里工作到底是学校心理健康教育工作者的身份，还是心理治疗师、心理咨询与治疗专家的身份？如果我们在这些问题上还存在模糊定义的话，其实是不利于社会心理服务工作的有效开展的。

最后，社会心理服务的技术问题。正是由于我们一贯沿用西方的科学体系，我们大多数的心理咨询理论与技术都是从西方体系中照搬过来的，没有进行消化和转变就直接用于本土的研究和实践中，没有建立符合中国人心理特点的特色心理咨询理论和技术，没有把符合中国文化特色和规律的心理智慧开发出来。从西方照搬的技术，明显有"水土不服"的负作用，所以，研发具有中国特色的本土社会心理服务技术迫在眉睫。

其实笔者在过去20多年从事心理服务工作的过程中，也参与过大量的社会心理服务工作，多角度的理论思考和多情境的基层实践，使得笔者对这一领域也有些许自己的理解和心得，想系统地分享给大家，这也是著立此书的用意所在。本书旨在以当下社会心理服务体系建设为大背景，将笔者多年来对心理学服务社会的一些思想剖析、理论梳理和技术探索阐述出来，希望能够为决策部门和执行部门提供参考，促进社会心理服务更好地推进。笔者不敢奢望这本书能成为社会心理服务体系建设的理论书或者指导书，只是希望大家能从中有所获，这样就很满足了。

目录
C O N T E N T S

第一章

心理学与社会服务

第一节　心理学的三次"变性"

心理学的"变性"是指研究方向及研究重心的变化。纵观中国心理学的发展，可以概括为三个阶段：第一阶段是问题导向的心理咨询模式，第二阶段是非问题导向的发展人性积极力量的人本主义模式，第三阶段是社会心理服务导向的本土化发展模式。

根据发展阶段，我们也可以将这门学科归类为心理学的三个"变性"。第一次变性是心理学从玄幻鬼神中脱离出来，变为以咨询问题、治疗疾病为主，由于此时的心理学主要是以治疗为主，把来访者都看作是病人，所以我们可以把它叫作"阴性模式"。第二次变性是从问题模式转为非问题模式，此时的心理学不再以病人视角看待来访者，而是把他当作一个完整的人，通过激发他潜在的积极向上的力量来完善人格，我们称之为"阳性模式"。第三次变性是指从积极干预模式转为社会心理服务模式，我们把心理学看作是社会服务的一部分，通过心理学解决社会大众的矛盾，为发展理性平和、自尊自信、积极向上的社会心态贡献应有的力量。此时的心理学立足于社会服务，不是以治疗疾病和激发积极力量为主，故称之为"中性治理"。接下来，我们来详细解读这三次变性。

一、第一次变性：从"无性"变为"阴性"

之前心理学是依靠神学或者玄学存在的。古代有人出现精神问题，大家都会归为"邪魔"作祟，此时的心理学还只是个依托物，没有研究方向及研究内容，故我们暂时称之为"无性"。后来心理学从神学、哲学中独立出来，变成了一门真正的学科，有了自己的研究方向。在心理学发展的初期，心理学学者更加关注个体的心理疾病和心理问题。心理学家试图通过寻找心理问题的发生机制和产生原理，运用科学的心理学技术方法来解决和治愈心理创伤。此时心理学的研究对象主要是有疾病的、虚弱的人群，故我们称之为阴性模式，以弗洛伊德的精神分析论为主要代表。

据精神分析大家弗洛伊德的观点，人的肢体活动和精神活动均由本能来驱动，即人的肢体活动和精神活动的内在驱动力是人的本能。我们可以将作为驱动力的本能分为两类：第一种可以称之为生的本能，第二种可以称之为死的本能（亦可叫攻击本能）。其中，第一种本能即生的本能，内涵为个体生存的本能和性欲本能这两方面，这种本能的目的，是维持族系的生理遗传和存在，也维持人类作为个体的生存状态。其中性欲这个概念，从广义上而言，即为个体寻求享乐的所有欲望。另外，弗洛伊德的精神分析认为，个体所有的内在动力都是性的本能中蕴含的冲动所驱动的。

为了解除本能驱使形成的各方面的需求和社会生活中的律法、道德、伦理等桎梏，可以启动个体的心理防御机制。从正向功能的角度看，心理防卫机制能在个体内心层面防止其因为心理负面体验而引起的躯体症状或者心理失调；反之，从负向层面看，心理防卫机制水平过高或者心理防御过度使用则有可能引起心理失衡。从上述的理论看来，临床的心理症的治疗受到了弗洛伊德精神分析的深远影响。

对梦的解析是弗洛伊德这位永载史册的精神分析大师的另外一个轰动世人的成就。19世纪以前的大众对梦的理解仅仅局限于，梦是象征着最近已经发生或者做梦者希望发生的事物。然而弗洛伊德的精神分析不认同，弗洛伊德认为梦是个体在睡眠状态时的潜意识活动的继续，如果外界对个体神经和肉体内部的影响，其强度超过了引起个体心灵注意的阈值，那么，在不是清醒状态下的个体，其大脑内的精神活动即可让人产生梦境，这一影响事件即为激发梦境的来源和梦的重要内容。在睡眠状态下，如果按照"复现的原则"，将注意的焦点放在内心的映象上，该理论将梦分为"隐意"和"显意"，其梦的理论核心问题在于潜意识，借由做梦的个体的联想，和精神分析师解析的个体梦境中的"象征"的内涵意义，联想做梦者生活中的关键性事件，从而挖掘出一些个体潜意识中被压抑的力比多，进而进行宣泄。

梦的运作机制是弗洛伊德这一类精神分析者在释梦的过程中所看重的，他们通过显梦找寻出隐梦，发现这些做梦者内心深处潜伏的冲动和欲望。为了方便精神分析师做好上述的操作和解析，自由联想的技术常常被应用于此过程中，这样，释梦者便可以借此发现个体各种躯体化症状背后的原因所在。精神分析师们对个体那些天马行空的梦的深层解析，是精神分析对患有神经症个体进行治疗的核心方法。

这个阶段，精神分析理论是心理学的第一大流派，心理咨询与心理治疗是主要趋势，故这个阶段我们称之为心理学从"无性"变为"阴性"。

二、第二次变性：从"阴性"变为"阳性"

随着心理学相关研究的不断深入发展，心理学发展的方向发生了巨大的改变。这种改变的风潮起始于20世纪五六十年代，并于20世纪七八十年代达到巅峰。在这个阶段，心理研究工作者的目光开始着眼于健康人群。与此同时心理学的第三势力也开始逐渐兴盛起来，这就是我们现在所说的"人本主义"。

人本主义心理学者反对行为主义把对动物研究时使用的方式方法套用于人类，只研究人的行为。他们认为这样就不能理解人的内在本性。在此之上，人本主义心理学者又批评弗洛伊德的精神分析研究只专注于神经症和精神病人，不考察正常人心理，因而被称为心理学的第三种势力。人本主义主张人性中的一些部分是具有积极性的，借助一些外部力量的推动，人性中的积极部分就可以起到自我帮助的作用，此时主要是心理学的"阳性模式"。

人本主义使心理学界看到了人的心理与人的本质的一致性，强调必须从人的本性出发研究人的心理。这种来自西方的人本主义观点和中国传统文化中的一些观点是一致的。早在两千多年以前，孟子就提出了人性本善的观点，而这种思想到了明代心学代表、大思想家王守仁这里就更加的深入与深刻。

所以，无论是人本主义学者还是中国的古代思想家，都一致认为人本身是具有这些积极性的内在力量的。正是由于这种转变，一些心理学者例如人本主义创始人罗杰斯，需求理论的提出者马斯洛都开始关注人性中的积极方面。马斯洛就曾经说过，"对自我实现的渴望，即个人在潜在的事物中实现的倾向。这种倾向可能被表述为渴望变得越来越真实，成为一个人能够成为的一切"。

在此之后，美国的积极心理学开始出现在人们的视线中。自1997 年美国心理学家塞利格曼提出积极心理学理论以来，许多学者对幸福、积极情感和幸福等概念进行了研究。积极心理学的目标是使正常人在某些良性条件下更加健康和谐地发展，且认为心理学有三大使命：治疗心理疾病、提高生活质量和开发潜在人才。积极心理学的兴盛标志着心理学者对人性光辉面、积极面的推动达到了一个新的阶段。

三、第三次变性：从"阳性"变为"中性"

在前文中我们已经提到，心理学的发展已经经历了从"阴性治理"变为"阳性治理"，然而在新时代的中国背景下，是需要运用科学的心理学知识进行社会心理服务的。此时需要的心理学是"中性"的。

现在各地相关部门都接到了社会心理服务体系建设的任务。为了建设更好的心理服务体系，就需要在每个基层社区，每个街道都建立心理咨询中心，也要聘请心理咨询师进行完善社会心理服务体系的构建。常规的心理咨询师所学的多数为心理咨询和心理治疗的相关技术手法，这并不能完全满足当前中国社会所面临的心理问题和精神需求。为了解决当下的中国社会心理问题，提供更优质有效的心理服务，解决东西方不同文化价值观所造成的心理问题，我们要清楚意识到心理学的本土化的重要性和必要性。

在社区的心理咨询室有一个例子，一位子女长居国外的高龄老人由于和亲人长期分离而产生苦恼。这位老人既思念自己的子女，又怕联系子女影响到他们的日常工作生活，最终选择寻求社区心理咨询师的帮助，从而缓解思念之苦。面对这样的咨询对象，我们就不能采取常规的、传统的心理治疗方法，要将心理咨询从治疗转化为社会服务。

在中国特色主义社会道路下，我们需要符合中国特色社会主义社会背景的心理学。在过去的心理学发展过程中，我们全盘舶来西方的心理学知识，然而到现在这个阶段，心理学的发展与应用就需要做一些改变，需要加入中国本土文化的心理学和哲学思想，从而达到帮助当代中国社会大众的目的。

自 20 世纪 90 年代以来，社会心理学研究中出现了一些关于社区心理的相关研究。根据研究对象可分为对社区与青少年发展、对社区老年人的研究和对社会其他人群的研究。由于我国的相关研究起步较晚，所以现在还处于摸索阶段。但是以"德"治国是我国加强精神文明建设，构建和谐社会的重要政策。党的"十九大"报告提出了加强社会心理服务体系建设、培育自尊、自信、理性平和的积极心态的发展目标。也就是说，我们的目标已经转向了社会治理的层面，转向了社会服务的层面。这个服务的目标变了，服务的过程就要进行转变，服务的形式也要跟着进行改变。这就意味着心理学本身也要变。

早在 2012 年，我们就提出了社区"254"心理服务模式，预计到了心理学就是要扎根社区，从而发展出支持性的陪伴服务。

它既不是治疗也不是干预，既不是教育也不是预防，而是为社区的居民幸福提供支持性、陪伴性的心理学服务。在以上理论体系的基础上，我们出版了《社区心理学——"254"支持性模式的理论实践》一书。

"254"模式中的"2"代表着自我和重要他人，主要侧重于呈现个体当下状态及其和他人的关系。"5"代表的是五伦关系，侧重于个体在成长过程中和双亲、夫妻、同事、朋友、兄弟姐妹之间的关系及其影响。"4"代表指向未来的心理资本，强调拥有强大的心理资本是走向未来幸福生活的精神基础。"254"三个部分的结合即是代表个体过去、现在、未来的立体呈现和统一整合。

2017 年，我们在"254"模式的基础上创设了心理茶馆，目前已经在广东省东莞南城雅园社区和惠州等多个地方被地方政府所购买，已开始为社区进行服务。在进行心理茶馆培训班的相关过程中，我们就已表明心理学工作者开设心理茶馆的目的就是立足于社会服务，解决大众的心理困惑。

参考文献

1. 陈兰萍. 试论弗洛伊德的人格结构理论与和谐人格 [J]. 中国医学伦理学，2008，21（6）：116-118.

2. 高鸿萍. 直面人性的真实：评弗洛伊德《梦的解析》[J]. 福建论坛（人文社会科学版），2008（2）：42-43.

3. 刘宣文. 罗杰斯人本主义教学观述评 [J]. 浙江师范大学学报（社会科学版），1999（2）：81-83.

4. 马斯洛著，林方译. 自我实现及其超越 [J]. 心理科学进展，

1985，3（2）:11-17.

5.周嵌，石国兴.积极心理学介绍[J].中国心理卫生杂志，2006，20（2）:129-132.

6.张倩，郑涌.美国积极心理学介评[J].心理学探新，2003，23（3）:6-10.

第二节 心理学的"自上而下"和"自下而上"

一、心理学的学院派与江湖派

在心理咨询行业，按照从业人员分类，大致可以分为两类：学院派与江湖派。

1. 学院派

这些人是心理学的科班生，他们经过心理学系统的理论学习，接受过心理学的专业培训，在心理学的某个方向上有深入的见解。他们一般是高校的教授。

学院派也有不足。由于对某些心理理论和学派相当执着，对其他的流派和方法非常排斥，有点学术之争的意味。大部分学院派的咨询师缺少社会实践经验和心理咨询经验，市场营销观念比较欠缺。另外，学院派的有些咨询师在咨询中容易遇到职业瓶颈，从而迷失方向。有时也会在咨询中不知所措，特别是固守某派理论无法产生效果时，会导致比较严重的职业危机感。

2. 江湖派

他们没有太多的医学和心理学基础，半路出家，对心理学和心理咨询感兴趣，通过心理咨询师考试取得心理咨询师资格证书或者参加过一些心理咨询技术的学习，同时想通过心理咨询来实现自己人生价值的心理学工作者。他们灵活地运用心理学的技术与方法帮助人们解决心理困惑。

江湖派的缺点是理论功底不够扎实。他们对于正规的心理学学习有相当的难度，因为时间和精力有限，对于实用和有效的技术非常感兴趣，比如流行的家庭系统排列、催眠、意象对话、音乐治疗、内观疗法、绘画治疗、舞蹈治疗等技术，不需要太多的理论基础。他们参加各种技能培训班，短期内有成效，有些学习得不够深入，就直接上手，在咨询中进行运用。在江湖派中还有一部分人是以开公司和整合资源为主的，本身不从事心理咨询，但是利用学院派的名人做文章，开展培训业务。

二、学院派与江湖派的互动模式

心理学不仅是一门基础理论学科，也是一门应用学科。著名的心理学老师钟年老师说过："心理学的研究分理论与应用两大类，从历史的发展来看，应用心理学发展在前，理论心理学发展在后。"但是在实际的应用中，从事基础研究的学院派与应用研究的江湖派之间互有微词。

学院派认为江湖派研究不是真正的学术，江湖派认为学院派书呆子气。在心理学的发展中，我们到底应该怎么看待基础与应用，在这两方面的心理学的力量应该如何分配？世界著名心理学家，被誉为"社会心理学之父"的勒温在这方面做得很好，"他特别关注农业工人和产业工人的劳动效率"。在社会应用方面，他做了很多实践。同时，他也被称作理论家。他对科学、哲学非常有兴趣，喜欢研究数学。对勒温来说，将实践和理论对立起来毫无意义。勒温将自己的工作称为"行动研究"，来表明自己从理论到实践再从实践到理论的治学态度。中国的主流心理学还是较多关注统计、SCI 等，较少关注心理学的社会性与应用性。

学院派认为江湖派不踏实，喜欢追名逐利，江湖派觉得学院派总是在自己的小圈子活动。这就是学院派与江湖派的矛盾。做心理学研究，既要埋头拉车，也要抬头看路，两者都是非常重要的。拉车是本分，看路也是必不可少的。学院派与应用派多交流沟通，了解人民群众关心的问题是什么，在人们需要的基础上做出研究，结果为人们所用。

与江湖派相比，学院里面的教授，所处的考评体系不同，价值体系不同，工作方法也不一样，所以他们在心理学的后方进行研究，这就导致他们更关心研究理论成果，而不是关注具体咨询的个案。

在社会心理服务体系建设的当代背景下，需要有一大批心理学工作者，社会工作者敢于拼到一线去，他们既要勇敢，又要有智谋。

三、心理学的"自上而下"和"自下而上"

"自上而下"是指从理论到实践，"自下而上"是指从实践上升到理论。我们知道，江湖派更加注重实践应用，学院派更加关注理论探索。心理学要想更好地为社会服务，江湖派就必须"自下而上"，学院派也需"自上而下"，在发挥自身优势的同时，也使学院派的理论更落地，使江湖派的技术更科学。

不管是"自上而下"还是"自下而上"都有自己的优势，注重理论研究者往往讲究创新与想象力，他们在弥补一些研究领域的空白，加强体系建设。注重实践者讲究实用性，在遇见问题时会寻找更实用、更高效的方法去解决。科学要有一个统一的标准，就可以反复验证，可以进行实证。实践者的东西属于经验，可以推广，但是并不一定适用于所有人。用自下而上的方式能很快解决问题。

作为一名实践者和科学心理学工作者，在社区工作中，想出一个心理学的辅导方案，在这个社区有用处，但是可能在另外一个社区就用不了。或者在教别人使用的过程中发现别人是学不来的，这就不具有推广性。比如有人说韦老师的课题很厉害，他做心理学做得很好，我跟他学习。但学习过程中，有些东西是学不到的，比如讲课的眼神，我的一些个人特质。

那么自下而上的好处在哪呢？它能形成人的一些风格与经验，而且能解决人们的一些当下的问题，但是它不能达到一定的高度。

那么请大家注意：这里有两个难。一个是从上往下比较难，这叫下不来；另一个是由下往上比较难，这叫上不去。

中国心理学会的某位前任理事长在一次心理学会议上提到，心理学要上得去也要下得来，要顶天立地。顶天就是要有学术高度，要有科学高度，立地就是要接地气，要能直接解决社会生活中的问题。

四、智库的不均衡发展

在国家、社会与科学体系中，心理学的健康发展要在智库上的三位一体。这是指我们要有政府与官方的智库，还要有高校的智库和民间智库。比如我们政府主导下的科研院所，像社科院、心理研究所都是属于政府主导的。各个学校的心理研究中心、研究所是属于学院的。社会上做实践的、经营的人员成立的研究所是属于民间的。

社会的实践者往往是在机构的，他们是机构的经营者。机构的生存比较困难，很少有人愿意为行业做贡献。大家想，机构的人往往是自己去发展，是以自己机构的经营和发展去养活自己。如果要这类机构承担行业的责任，花大量的时间去申请一个课题，并且去做数据调查，可能还不能带来经济效益，还得花钱甚至赔钱，那样就很难。所以民间的研究机构上不去，也是这个原因。

那么只做工作不做研究，这样的现象就会导致实践派的人转圈圈。因为模式不能升级，没有研究就没有升级，所以没有办法上去，不能站在一个新的高度，就只能转圈圈，正如小毛驴拉磨一圈又一圈。当然我们也可以理解民间的心理学机构的实际情况。

心理学的机构以营利为主，规模相对较小，也没有国家的各项研究基金，各方面的支持也比较少。心理机构的负责人由于原来的背景，在研究方面的能力比较弱，不是专业的科研人员，自身的能力不够，也是上不去的原因。

心理学和其他领域相比，社会上民间的科研机构是非常落后的，所以心理学的第三方面基本上是没有的。为什么这么说呢？在各种心理学的学术会议上，国内的心理研究所、心理研究院等会派专家学者去做学术报告，展示科研成果，甚至获得科技奖等。但是我们很少看到社会上民间的这些学术机构的人员去参加政府组织的各种会议。所以大家看到的目前心理学的三位一体，有些方面的力量比较强，有些方面力量是比较弱的，三者的发展是不均衡的。

从 2007 年开始，我就开始参加学术会议，试图在学术会议上分享自己做实践的研究成果。2007 年在云南师范大学参加第八届全国心理技术应用高峰论坛研讨会，我就做了个学术报告，名字叫《本土文化背景下如何开展绘画艺术治疗》，这是我的职业生涯中在心理学会议上做的第一个学术报告，开启了我自己走向心理学研究的道路。

这个变化背后是什么呢？作为一个民间机构的心理科学工作者，你有没有这个意识？你有没有这个能力？你愿不愿去交流？很多人不愿去参加学术会议、进行研究是因为什么呢？比如有的咨询师会认为跑到参加会议的地方去，去的两三天自己就把心理咨询给耽搁了。他会选择在家里做咨询，我经常会听到这样的情况："韦老师，这一次我就不去了，因为我明天有个案。"可以理解，因为有个案就有收入。可是社会上的咨询师认识不到，参加学术会议对他来说意味着什么。这是一个很重要的学术交流，如果说学术交流使他的思想境界提高了，他下次也来分享自己在实践中的成果，他在专业上的能力就可以发展起来。

这些年，每一次的会议，我都希望能交一些专业的学术论文，能够去参加这个心理学的会议。后来在杨鑫辉教授的帮助下，我加入了全国心理技术应用论坛做理事。这样就在心理技术方面补上了一个缺口，因为这个人群里全都是高校的教授，没有在社会上做咨询的，我就是一个社会代表。

在心理学的智库研究发展上，民间智库的力量比较薄弱。在发展道路上，民间智库的发展缺少一定的资金支持。民间社会的研究有它自身的发展局限。研究人员的科研水平有限，资金补给不足。社会实践人员在这方面动力不足，很多社会实践人员在研究方面就会放弃。民间智库的科研就会"拖后腿"。高校、科研院所是心理学研究的主阵地。

对于心理学智库的不均衡发展，不同方面都需要贡献力量。比如说我们可以同步成立一个社会心理服务建设研究所、研究中心或者是研究小组，请一批学者教授来担任研究中心、智库的专家。专家还不能只找高校的，应该有 70% 要来自做具体工作的一线。既能够做工作，又有研究能力，这样这个地区的社会心理服务体系建设就更加科学。

五、消除"下不来，上不去"

心理学在发展中出现了"下不来，上不去"的现象，在这种矛盾下，我们要如何应对心理学的发展。在发展中，不同的心理学工作者应该以什么样的姿态来对待自己的工作呢？

"下不来，上不去"这种现象的出现是各方面因素综合作用的结果。学院派的研究高大上，但常常下不来，难以落到实处。社会实践派的研究虽然接地气，但由于研究机构的人员较少，科研水平有限，难以推广普及，这样研究高度就上不去。在心理学的发展中，如何消除"上不去，下不来"的这种现象呢？

首先要有实事求是的精神。每一个做社会心理服务的研究者和实践者都应该有这种精神。什么是实事求是的精神？就是从实际出发，从现实考虑，解放思想，把理论与实践有机结合起来。作为一名心理学工作者，你需要真正地问问自己，你现在做的研究是不是真的在为人民服务，还是只为拿奖金评职称？

我记得之前参加的一个学术会议上，北京大学的徐凯文教授在会议上说，之前对社会上做心理咨询的人不了解，以为他们做得不怎么样。但是真的了解之后，却发现真有人干得不错，真有人干出了了不起的工作，他们是兢兢业业在一线服务。也就是说学院派对江湖派有一种误解，这种误解是不了解江湖派的实际情况，没有实事求是造成的。

二是心理学者需要真诚的态度与责任心。我们要清晰地认识自己，我们对自己真诚就是对自己负责。真诚最能打动人，也最能让别人真实地认识你。不管是学院里面的研究人员还是社会上的实践人员都需要真诚地进行交流，分享彼此对心理学发展的看法，科研方面的研究成果要多去分享交流，这样可以碰撞出不一样的火花。心理学者对社会要有一份责任之心，多关注社会问题。学院研究者的研究要深入，不能让研究束之高阁，要与人们关心的问题、面临的问题相联系，帮助人们解决问题。社会上的实践者不仅仅要学技术，也要多参加学术会议，提高科研能力，为工作中遇到的心理问题提出解决之策。心理学的发展需要多方面力量的参与，这都需要他们拥有社会责任心，站在社会角度，为社会服务，为大众服务。

在发展心理学的过程中，不同学派的人会有不同的看法。学院派与江湖派既有优势也有劣势。江湖派要想得到主流心理学的认可就要在科研上下功夫。武汉大学的钟年老师就曾说其实没有什么学院派和江湖派，如果真的要分的话那就是科学派。江湖派在社会上进行研究，学院派在学院进行教学与研究，都是为了这个学科的发展，为了服务更多的人。我们都需要使用科学的方法进行心理学的研究与应用。

在学院派与江湖派之间有一条河，那么怎么在这条河上修一座桥让学院派与江湖派连接呢？学院派与江湖派的侧重点不一样，没有必要谁瞧不起谁。江湖派要主动向学院派靠拢，就要在科研上下功夫。不管是学院派还是江湖派都是为了心理学的发展而贡献自己的力量。我们要应用科学的心理学研究，学院派与江湖派就要互相借鉴，互相学习。以前在江湖派与学院派之间这条河上是没有桥的，也就是有一道绳索，有些人想攀过去。我一开始就是攀过去的，跑到河对岸，然后我就和这些学院派的人交流沟通，向他们学习，加入他们，做他们的客座教授与研究员。和其他的心理咨询师不一样的是我是主动走到河对岸的。过这条河的时候也是冒着枪林弹雨，河对岸的人不知道我是个什么样的人，就会防御。比如我被一些高校、心理学单位聘请为研究员与客座教授的时候，有一些同行就认为我没有资格去。当时这种声音还是比较多的。

就我自身而言，我就是主动地与学院派交流学习。我比较早就去加入那些高校，做他们的心理研究员以及客座教授。我主动地去进行科学研究，发表论文，撰写书籍。我也在积极地参加心理学的会议。在这个过程中，不断接触学院派的心理学工作者。

这些年我一直有一个愿望，就是将桥两边的人连接起来。桥的这一边是所谓的学院派，另一边是所谓的江湖派；桥的这一边是心理学的理论，另一边是心理学的社会需要。我们如何将心理学的理论放在社会需要中呢？心理学理论本身就是因为社会需要才产生的。我没有很高的学历与学术背景，但我一直在社会上做心理学技术实践与研究，因此我希望有高校的学术背景来支撑，我希望自己更多地往研究方面、学术方面、学者方面发展。当时武汉大学有一个现代心理学研究中心，他们以研究中心的名义聘请我做特约研究员。这样我就跟武汉大学建立了一个学术交流机制。不管是学院派还是江湖派，是什么阵地，我们都是为了心理学这个行业在努力。

学院派与江湖派都是心理学的一分子，当我们以更加开放的心态来面对，心理学才能更好地发展。我一直在为了修桥努力着，大量的心理咨询师需要走这种互相学习的路线，自信、自尊、理性、平和与积极心态的路线，一起为心理学而努力。

心理学的发展既要高大上，也要务实地解决问题，既可以自上而下，也可以自下而上。在发展心理学的道路上，我们既要发展高大上的基础研究，同时也要重视社会上应用研究的发展。理论研究不能只在自己圈子里面玩，应用研究不能只看到自己。理论研究与应用研究的人要多交流与沟通，互相学习，共同为心理学的发展贡献自己的力量。

第三节　社会服务对心理学工作者的挑战

一、治理高等教育和社会需求不匹配

在中国心理学会"心理学与社会治理"首届年会上，有学者在报告中调侃性地提出一个观点——治理高等教育和社会需求不匹配。我个人比较赞同这个观点。现在心理学工作者、心理学家和在心理学领域做社会治理的工作者，要认真考虑一个问题：我们是否需要治理心理学这个行业？我们是否需要治理心理学家这个队伍？我们来做一些探讨。

心理学需要治理，首先表现在人才培养方面。心理学人才以高校培养为主，高校培养出来的人才，心理学专业毕业的本科生、硕士生、博士生等，其就业方向主要是教师和科研人才。高校的教学内容通常是教学生怎么研究心理学，比较注重学科本身的发展，却不教学生们怎么去做心理学服务，怎么去解决实际问题，这就是我所说的学校教育与社会需求不匹配的问题。现在一些大学培养的心理学人才普遍存在着就业困难的问题，不是社会不需要，而是他们在四年大学生活中学到的东西与社会脱轨，能力并不足以解决社会上的实际问题。

目前我们观察到的是心理学的本科生，他们到了机构之后，不能具体去做担当重要职务的工作。原因就是他们所学的技能和社会需求不匹配，还有个人的成长不够。所以在高校中不光要增加社会心理服务技能方面的培养和培训，还要加上实践。比如每个大学心理学专业的学生都要和社区签订实习计划。不只是为了走形式，混个实习学分，而是真真正正以班级为单位，在社区里按定期的轮班制，接访服务，至少做一名社区的心理志愿者。四年的本科学习下来之后，这些孩子已经见了一批又一批社区居民，已经在实践中学会了怎么去服务，这样的大学生便真正成为一名理论与实践并行的心理学人才。

另外，高校的教学还要加入学生的心理成长课程。根据我国应试教育的特点，我们生活中也出现了许多实例，有很多孩子在初中和高中的时候，由于学业压力过大，心情是十分压抑的，他们没有机会去好好放松一下自己。到大学以后，他们内心仍然带着需要成长的东西。比如有许多学生学习心理学的原因就是想解决内心留存的一些问题，但是，当真正接触到心理学之后，却发现心理学都是枯燥的理论，于是就不喜欢心理学了，四年的学业还没结束，在他们的职业规划中，已经不再有心理学这个职业了，因为他们认为自己并没有从中获得自己当初想要的东西。所以高校不仅要培养学生的专业与技能，还需要帮助他们成长，使他们建立完善的、健全的人格。

记得有一次我去一所大学参加学术交流会议，我带领学生们开展了一场心理工作坊。现场作画的时候，有一个学生突然哭得稀里哗啦，我对这位同学说："你好像有故事，如果你愿意分享的话，我很乐意帮助你。"他点点头，接受了我的帮助。我对他成长中的一个情结做了处理，处理完之后，我让大家发言，谈自己在这个过程中的感受。第一个举手的就是这位同学的研究生导师，导师对我鞠了一躬说："感谢您韦老师，我很惭愧。作为他的老师，我不知道我的学生内心有这么多事情没有解决。"这是心理学的学生以及心理学的导师，不是说这个老师不好，而是教育体制的问题。

如果说我们本身的专业是心理学，毕业后也从事心理学方面的工作，但是我们却不能从心理学中获益，享受心理学给我们带来的福利，那么就太遗憾了。所以，我们应该加入一些成长小组，在大学期间进行个体的成长体验，就只针对本科生，而不是到硕士阶段才去完成这个部分。这样，高校培养出来的学生就三位一体了，即人格完善、实践丰富和理论扎实，这才是社会上真正需要的高才生。

在人们的意识里，接受过高等教育的人总比那些直接步入社会的人要强，但现在是接受了高等教育的人并没有更强。在这种情况下，我们怎么样解决当今这种不匹配的问题？除了我刚才说的建议之外，合作也很重要。高校有高校的教学压力和任务目标，那么对于学生成长部分和学生实践部分，应该可以和社会上的企业、机构联合。比如说我们可以和社区社会心理服务中心的社会组织联合，学生在大学期间，除了在课堂上学习理论知识，还要定期来这里实习，这个是深度的合作，不是浅层面的。

我们还可以和一些机构联合办学。比如说，我们定向招收一百名心理学的本科生，这一批学生是应用心理学社会心理服务方向。未来的他们就是心理社工，他们的工作就是去社区进行心理服务。学校负责理论授课，企业负责个人成长学分和实践学分的修习，这样的结合相当于现在很多企业委托高校培训联合办学，或者企业本身自己办学，这种模式就和当下的社会需求相吻合了。

除了合作，还有另外一种形式，就是可以聘请校外的老师。例如聘请客座教授、特约教授、特约讲师等。现在教育部门管理比较严，中间有许多障碍。比如不具备高校教师资格的，不能在高校讲课。聘请一个客座教授，讲课的时间和次数是有限的，这就是一个荣誉，一份友谊。真正的客座教授就是要聘请社会上有实战经验的，具有真正的实践能力，能带领学员成长的专业人士，打破原来的一些观念、学派和隔阂。只要你在法律上、政治上、伦理上、专业上的考核有自己的一套标准，就可以大量聘请，然后联合进行，总之就是要真正地去培养人才。

二、学术交流机制改革

现在中国心理学会的理事成员一共 109 人。这 109 人清一色都是高校教授，没有一个是社会实践人员。在我看来，这应该叫作中国高校心理学会。虽说社会实践者在学术上没有非常高深的成果，但在应用上可以说是炉火纯青，心理学会不应该把他们排除在外。

高校教授不能全面代表整个中国的心理学工作者，要增加社会上做心理学工作的会员。如果有些人非常有能力，但是学历不够，比如说在基层做社区心理服务工作的人员，在这里工作了二十多年，帮助过、拯救过的人也不计其数了，他就是一名社区的基层心理学助人工作者。他可能不具备符合我们选拔标准的学历，但是对于这种类型的心理工作者，只要他有意愿，我们就要给他留口子，就要允许他进入中国心理学会，成为其中的一员。

这样心理学才能够健康地、多元地去发展。我们的建议是心理学会理事至少30%由社会实践人员担任，不能都是高校人员，这就是学术机构的改革治理。

目前科协都在进行改革，原来科协的科学委员大多是行政官员，现在乡村的基层科技工作者，也占有一定的比例。作为科协主管下的中国心理学界最高的心理学术团体——中国心理学会，也需要在这方面进行改革，全面地引进人才，至少有30%的社会心理学人才的比例。

所以学术交流机制要进行改革。虽说改革道路困难重重，但如果不行动的话，怎么有效推动心理学的社会服务机制？怎么改变每年的心理学毕业生转行的现实？其实，现在一些心理学的二级学会慢慢地在改革，比如社会心理服务机构工作委员会，这个委员会是中国心理学会的二级分会，现在有相当一部分社会上的心理学机构负责人和做心理咨询与心理教育的专业人士加入。

三、心理学家的治理：心理学家务实不够

目前一些心理学家存在一些问题，如理想主义、帮派主义、西洋主义、课题主义、权威主义，这和当下社会心理服务体系的快速发展是不匹配的。接下来我们就来详细谈谈这些问题。

1. 理想主义

理想主义就是认为我们的心理学要和西方一样，成为一个心理咨询师，要训练一千个小时，要有硕士以上的学历背景。但是这不符合中国的实际情况。有的人就是在这方面坚持理想主义教条，不切合实际。虽然出于好心维护行业的健康发展，但是最后

没有真正让心理学服务更多社会大众。所以要尽快建立起符合中国心理学标准的心理学家选拔机制。

2. 帮派主义

目前心理学家中存在的问题之一是，如果某些心理学会议的发起人是和我关系不好或者不熟悉的，我就不参加这个会。这不是科学精神，也不实事求是，而是划帮划派。这个情况也是需要重视的。

3. 西洋主义，没有本土化思维

某些心理学人总是认为西方的就是好的，挟洋自重。只要是打着国际的旗帜，好像在中国都可以混。全世界都在看中国，心理学也一样。所以中国人需要中国牌的心理学，我们运用西方科学的规律和方法没有问题，但是不能狐假虎威，这是有些心理学家的问题。

4. 课题主义、权威主义

只要你没有课题，你没有学术成果，就不再看你一眼了。见面先问一句："你是哪个高校毕业的？你博士是在哪个学校读的，你跟的哪位导师？"他不关心和不在意你现在在做什么，在研究什么，这样就导致了自己圈子里的人陷入怪圈。我有一次参加会议，和同一个房间的心理学同行聊天，他是一个高校的心理学副教授，他在考博士，花了三四年时间都未能考上，就想一直这样考下去。为什么呢？因为在他这个圈子里没有博士学位，总觉得被人家瞧不起。那么，是谁瞧不起你呢？老百姓不知道你是谁，他们知道你是高校出来的教授，但是他们并不在意这些，最后说到底还是这个行业的人自己整自己。

当然我们能理解，就是这里有自己的一个内在标准，你不遵守这个游戏规则也不好，我们在这里强调的是不要过度。反对理想主义不是说不要理想，反对帮派主义不是说我们没有远近亲疏，反对西洋主义不是不用西洋的，重点是我国的心理学家存在这些问题是过度了。不是不要做学术，不做课题，而是不要为课题做课题，为学术做学术。因为最终我们是要服务，那么做理论研究也是服务，在高校培养人才也是服务，在第一线做排头兵也是服务。关键是我们服务的一环其实是扣着整个环的，一个部分做不好，其他的部分也都会受到影响。

社会上的心理机构期望有高校的本科生、硕士生来机构工作，能够充当人才，帮助机构发展。可是来了以后，他们往往能力不足，无法完成任务，而且心高气傲，好高骛远，我们还得重新教。这其中也有这些不好的观念在作祟。因此心理学家要适应当下的社会需要，就需要进行内部的改革。

四、心理学和心理学家需要内部优化与调整

心理学家要匹配当下的社会需要，首先一定要深入一线进行调研，你所做的理论研究和人才培养，所做的工作一定要和当下的社会需求紧紧相连，理论和实践都要抓。

杨鑫辉教授是理论心理学家，中国心理学史的奠基人之一。在心理学实践和应用方面，杨老师20世纪80年代就提出心理技术的重要性，后来一直推动现代心理技术学在中国的发展，最后还设立了论坛研讨会，培养了很多技能型人才。他一边培养理论心理学的博士，一边培养心理技术学方面的学生。这就是老一辈

既有科学高度，又有人文素养的心理学家，他们是两手都要抓。不能说因为做实践、做应用研究、做技术性的研究，理论知识水平就会下降。其实恰恰相反，这样反而会促使理论更好地发展。两者相辅相成，互相促进。

包括像我这样的最基层的心理学工作者，杨老师都愿意接触，都愿意关心。我记得第一次和杨老师见面的时候，有这样一个插曲，参加会议本来是有我的报告，但是由于会议报告的人数太多，会务组委员会安排我的报告被取消。我便找到杨老师，向杨老师表达了我希望上台发言的愿望。杨老师问："你是什么背景？"我向他介绍了我的基本情况后，他对我说："不要紧，只要你的东西好，咱们就交流。"我就给他介绍了我做的心理咨询案例，如何做绘画心理咨询等。听完我的介绍，杨老师马上拨通了会务组的电话，他以会团主席的身份要求重新修改手册，将我的名字重新加入汇报人员名单里。他跟我没有一点关系，他就是实事求是。他不会因为我的身份地位、学派背景、理论背景另眼相看，他说我是一名科学的心理学工作者，做着为人民服务的事情。

这些年，我在这个行业里接触到好多心理学家，以杨老师为代表的多位心理学家在我心里的地位很高。所以我作为一名心理学的工作者，尤其是在当下社会服务体系建设的新时代，我去推动这个事情的时候，就觉得心理学家本身就需要治理。包括思想观念上、工作方式上还有研究方法上，都需要进行一些调整。不能只是从上至下做研究，也得做一些自下而上的研究。我们做应用的也不只是从下而上去做工作，也要做一些自上而下的实践。假设我们共同去做，最后上下联通，这样对整个行业都起着促进作用。

五、打击损害心理学社会科学形象的一切行为

我们该如何维护心理学行业和心理学家的形象？就是要打击有损心理学和心理学家形象的一切行为。比如国务院发通知，国家心理咨询师资格证考试已经被取消了，谁也不能再认证，谁也不能再注册心理咨询师了。在这种情况下，某些机构竟然还在发国际注册的心理咨询师证书。大家要知道，国外的法律是不适合我们的，你要是在美国拿一个医生证书回到中国，仍然需要重新考试。不要说国外的，就是在中华人民共和国范围内的其他制度下的，像香港的医生到内地就职都要按照内地的标准重新考试。怎么可能出现心理咨询师有国际之说？这就是严重的违法行为。

这种行为严重损害了心理学在社会大众眼中的形象。很多人只要求买一个证，他们这种行为将带来多么严重的结果。如果不管理，最终为其买单的是心理学行业。如果心理学工作者不管，最终是整个行业承担他们欺骗行为下所带来的任何结果。中国心理学会的伦理委员会，应该考虑如何处理这种情况。

如果已经发现了有一些现象需要立刻制止，不尽快制定相关的行业规范、不治理，那就是自废武功。等到心理咨询行业像中关村卖假货一样，比如说某一个商场，大家知道那个地方全部是假货，就算有天有真货存在了也没人买。这时候心理咨询师们再想挽回形象，那是比登天还难，形象已经彻底崩塌了。

当然有损心理学社会形象的行为包含了很多，包含我们不积极自律成长，包含负面的专业形象，包含了我们不学习不进修，每天到处招摇过市，等等。为什么高校的心理学家对社会上实践

性的心理学工作者有微词？是因为我们自己不进步。

当年，郭念峰等心理学家要模仿之前的一种社会方式。早期祖国需要一大批乡村医生，医科大学培养不出来怎么办？赶快先进行赤脚医生短期训练，训练完之后就奔赴各个乡村去治病救人。这是历史，这是大的环境决定的，不能说那些医生就不正规，赤脚医生慢慢地通过职业资格考试，注册医师就回来了。

心理咨询行业当时也是出于这样的考虑，先用 15 年时间，培养出来一批"赤脚心理咨询师"。培养完之后，事实证明也有一些人成功了。现在进入新时代了就要正规化，不是交给国家发证，而是让行业来自律。现在国家取消了心理咨询师证书，就是让行业自律，行业不自律就等于自杀。

因此，成长不够的就赶快成长，缺乏理论基础的就好好学习理论知识，如果一定要走专业道路的，就要科学、系统、全面地提高和完善。那些不致力于走这条路的，也就慢慢淡出历史舞台了。但进来有进来的渠道，未来心理咨询师的进入渠道肯定是学历加能力，也就是说还会回归到学历的基础上。所以还想进入心理咨询行业的人，最好是读心理学的专业，自考也好，函授也好，全日制也好，本科的可以去读硕士，把基础知识打扎实，再去参加相关技能培训。在目前还没有新的注册标准出来的情况下，具有技能的培训能力，就可以在心理学的领域从业了。

在这个过程中，我们一方面完善提高，另一方面要避免对行业产生负面影响的行为，同时坚决打击有损心理学和心理学家形象的一切行为。我们立下雄心壮志要用心理学去做社会治理，不能前边还没开始，后边就已经起火了。就好比你到社区里，刚刚挂牌营业，就有人说："我的邻居是个神经病，他还是二级心理咨询师呢！"试问你如何在这样的社区环境背景下开展社区心理咨询呢？

当一个形象不好的人被挂上了心理咨询师的头衔时，认识这个人的群众就会对所有心理咨询师产生刻板印象，甚至发展成偏见。有心理咨询师证也不过如此。2002 年，心理咨询师证考试刚设立，那是有时代背景原因的，现在我们已经告别了过去的历史，就要正规起来。

作为我本人来讲，最初我也是一个不成熟的心理咨询学习者。但经过十几年学习，现在就可以做一个推动社会心理健康的工作者，当然还是一个要继续完善的咨询师，变成了社会心理服务的排头兵，与时俱进就是这样的。看任何人、任何事，要站在时代背景下。现在这个时代，就应该这样做。所以大家要自律，不是为别人而是为自己，因为我们所有的行为最后都还是要反射到自己身上的。

净化水源人人有责。有些人不愿意多管闲事，以为可以事不关己中，高高挂起，实际上，最终你的家人朋友，甚至是你自己都会喝上这一口被污染的水。就好比使劲往天空排毒、排烟，那你能做到不呼吸吗？心理行业需要同呼吸，共命运。

六、提升民间研究机构的智慧，增加基层服务声音

首先，这些民间机构自身要有研究的意识。政府要加强对民间机构的扶持，比如可以在科研课题上更多地扶持一些研究所、研究中心等。心理学的课题方面不要统一，不要只是跟学院一样

研究人才怎么培养，研究理论，更多的要结合社会心理服务的模式、技术、创新，争取更多地和民间机构进行合作，进行项目的倾斜、人才的引进。有点类似于现在支持小微企业贷款，促进小微企业发展一样。心理学界和政府应该支持民办的心理研究机构发展，让一些真正愿意为社会付出的心理学研究机构走出来，真正能够为社会心理服务事业尽一分力。

尤其是社会心理服务体系建设的这些城市，至少是市一级相关的领导可以去实地考察，去查一查地方上有多少家心理学的研究机构，把这些负责人召集过来，向他们了解情况，看看谁具备能力，有什么研究成果，都做了哪些方面的工作，等等。说不定能找到真正致力于社会心理服务的人才。

现在的科学研究所、心理学研究所、研究中心的民间研究机构，就是基层科技工作者。那些做社会心理服务体系建设的试点城市，或者城市里边职能部门的领导可以主动约他们过来。要主动下基层去摸、去找，很多领导现在的思维还是"你做出来了""我看见了""你向我汇报了"等。这不是为人民服务。现在不是人民向你汇报，而是你需要主动到群众中间去看他们做了什么，树立典型，为他们服务，对专业人士进行定期排查。这也是贯彻落实从群众中来到群众中去的方针。

第四节　心理学本土化的未来展望

在心理学的发展之路上，不管是做社会心理服务体系建设的管理者与领导者，具体执行的一线服务者，还是学者或是研究者，我们都需要对心理学未来在中国本土化的发展有一个了解。

心理学起源于西方，目前心理学的发展沿用西方的科学体系。如果要做中国人的社会心理服务，就需要中国本土化的心理学。中国文化对中国人的影响深远，中西方的文化不同，一味地沿用外国的科学体系，而不考虑中国的国情，这样的心理学并不是中国本土化的心理学，这样的心理学也并不适用于中国本土心理学的发展。中国本土化的心理学服务是中国人运用心理学来服务中国人。我们需要中国本土化的东西来服务本国人。

一、中国牌的心理学家

我们一起来看一下心理学界的学者关于本土化心理学的观点。周先庚先生作为中国著名的实验心理学家，是汉字心理学研究的先行者，也是我国实验与应用心理学的奠基人，同时也是我国军事心理学和工业心理学等领域的重要人物。其主攻汉字心理的实验研究，成果接连发表于《美国心理学》等各大杂志。周先庚先生一贯重视心理学的应用性，认为实验心理学应该属于应用性质的实验心理学，强调为生活实践服务才是心理学研究的目的和意

义，同时也强调在选择心理学研究课题的过程中，我们不仅要看
到其理论意义，还要注重该课题的应用价值。

周先庚先生硕博攻读期间研究的课题，属于汉字知觉与阅读
心理学的研究，之后，其受白话运动的影响而发表汉字横竖排的
相关论文，最后在西方心理学的启发下找到了一种科学的排版方
式，解决了相关的专业问题，也推动了我国汉字研究的发展。

周先生致力于实验心理学及其应用研究，创办了汉字的实验
研究，这有利于后续相关研究的开展。而后发明了"四门速示
器"。1931～1937年，周先生受任教育心理学研究会会长，之后
进行年龄与学习能力关系的研究，得出"周先庚曲线"，这是一条
7～70岁被试者识字能力曲线。中华人民共和国成立后，周先生
继续进行实验心理、应用心理相关的工作，并首次引进皮肤电反
射研究方法，进行我国最早的皮肤电测谎器的研制，开设了情绪
心理学的相关课程，之后于第11届国际心理学会议上宣读了《关
于一个实验情绪的新方法》的论文。

周先庚先生的本土化意识是比较强的，旨在打造中国本土心
理学。他会从国情需要出发去研究具体的问题，且积极地将中国
的研究成果展示给西方的心理学界，不卑不亢，孜孜不倦，娓娓
道来，为全世界展示着"中国牌"心理学。

另一位不得不提的心理学家是杨国枢先生，他是中国心理学
界的杰出学者，也是一位台湾的心理学家，其投身于中国心理学
知识的推广与创新，认为要想研究人类的心理现象与行为特征，
就离不开人们各自的文化背景，他为中国本土心理学的创立和推
动做出了不小的贡献。他也提议有选择地吸收和借鉴国外的心理

学研究理论和实践，其观点也表明，我们应该立足于本土来进行研究，照搬照抄西方心理学的研究理论、模式和方法来研究国内同类型的问题，则不可能做出更杰出的研究成果。

1982年，《社会及行为科学研究的中国化》这本杨国枢先生与文崇先生合作编辑的集大成的著作出版。此书提出了社科研究必须立足于本土的文化和实践，中国社会的具体问题需要切合实际的科学的实证研究，不要盲从和复制西方的相关研究，不同的社会和制度背景下，我们所进行的问题探索的意义是不同的。

杨国枢提出有多少种文化，就有多少种心理学，这个不断深挖的探索状况会一直持续以致逐步整合。从小区域到大区域，最后把各种本土心理学中的中心理论和行为法则的相同性及差异性在较高层次上整合在一起。这是他的理想，就是把心理学这门学科变成全球的，真正的人类心理学，而非一个以美国心理学为主导的人类心理学。

杨国枢他们在回到台湾以后，发现用西方人的研究方法，或者基于西方人的心理而研究出来的心理学方法，再去研究中国人是不行的，他们必须要走出一条路来，所以开始做本土化的探索。

杨国枢的本土心理学研究理论有其特殊的见解：在选择研究课题时，要多以有中国特色的人际关系或模式（如孝道、关系、缘分、面子、人情等）作为切入点，这些主题最能反映中国社会与文化因素的特点，这也是西方心理学研究中不存在的，能避免套用西方的理论和范式，能较容易地创造出"土生土长"的新概念、新理论及新方法。故中国本土心理学的研究焦点一般都在对"中国人的重要与特有现象"的研究上。

二、中国人的人性与文化发展

中国人的人心和人性是有其文化性的。人文文化决定文化心理，那么服务中国人就要匹配中国人的心理学。中国的文化非常具有坚韧性、包容性和延续性。中国历史上有三次大规模的外来文化的传入，传入的文化都和中国的文化融合到一起。中国文化的延续性，体现在它不中断，具有包容性，可以允许外来的文化进入。这种进入，除了清末西方的坚船利炮强行入侵，其他时候我们基本上都是主动接纳的，或者是欢迎的，所以我国对外来文化融入的包容性很强。

公元1世纪到9世纪，印度佛教传入中国。大家要看到印度佛教传入中国的重要性，我们中国的文化是以道家和儒家为主，道家讲究自然和谐，儒家讲究伦理关系，一个是人和自然的关系，一个是人和他人的关系，但这中间缺少一个人与自己的关系。所以佛教传入中国以后正好填补了这个空白。

抓住与自己的关系，就是认识自己这颗心。印度佛教传入的过程中，与中国本土化慢慢融合，慢慢地有冲突，有排斥有交融，慢慢形成了中国化的佛教。佛教的本土化，体现最明显的就是禅宗。

在最早期，佛经由不专业的人翻译。因为儒家的文化不太包容它。它跟我们是异质文化，不是同类，我们讲人与人的关系，它老讲人性。它为了在中国能传下去，就在翻译经文的时候，改变了一些意思，变成我们儒家的这种伦理。如经典的孝慈、仁义礼智信之类。有一段时间是这样，后来佛教慢慢主流化，随后又有灭佛现象，就这样子几经辗转，最后佛教保留下来。

　　明中叶的时候西方自然科学传入。一开始我们自诩天朝大国洋洋得意，认为国力强盛，领先世界。然后一些西方国家发生了革命，推翻了封建王朝。革命是什么？就是自己首先更新，然后推动外部的更新。西方有一批先进分子已经开始自己主动革新自己，把封建王国都推翻了，开始社会变革。西方都开始搞工业了，我们还沉浸在封建社会的自大之中，所以后来闭关锁国之门被打开得很惨痛。

　　我有时候说中国文化是一种什么文化？是一种不撞南墙不回头的文化，但又是一种撞了南墙还可以回头的文化。有的文化是撞了南墙就回不来了，就撞死了。咱们的文化是撞了南墙撞不死，它一定有内核的东西保留下来，它有弹性，有柔韧性。撞了南墙再回来，就是外来的文化把你打得疼得不得了，这个时候你觉醒了，慢慢地一步一步站起来，所以中国又强大起来了，这样重复进行。所以不间断是中华文明的一个特点，我特别看好中国文化与世界其他民族文化相融合，我非常有信心。

　　中国文化很有包容性，佛教和中国的儒家、道家结合，形成了博大精深的中国文化的核心，三足鼎立，形成了一股力量。曾经中国共产党是由共产国际领导，后来慢慢地开始提出毛泽东思想。中国共产党有自己的思想体系，完全融合了中国的特点，形成了中国特色的社会主义思想。

三、儒释道三教融合

　　儒释道是中国传统文化的重要组成部分，三者之间互相融合与斗争，互相吸收借鉴，共同发展，形成了现在的儒释道文化。

人们以儒治世，以道治身，以佛治心。三者相辅相成，相得益彰，共同构成中国的传统文化。

儒家学说，也称儒学，起源于春秋战国时期，那时候与墨家、道家、法家等共称为诸子百家。孔子创立了儒家学派，"仁"是孔子思想体系的核心，比如"仁者爱人""己所不欲，勿施于人"等。儒家主张以道德去感化教化人，这是一种心理上的改造，使人心向善，让人们拥有耻辱之心，而无奸邪之心。"仁"作为儒家最高的道德标准，包括恕、礼、孝、忠、知、惠等内容。

如果人们能做到内心克己复礼，就能做到无欲则刚的道德仁义，此心就体现了恪守道义，以万民之心为己心，以社会安定为己任的奉献精神。

道家学说同样起源于春秋战国时期，认为世界万物和人类社会总是在不停地运动着、变化着，道是其基本法则。《道德经》说："人法地，地法天，天法道，道法自然。"这就是对"道"的具体阐述。

道家的思想价值观是清静无为，如果人们能做到内心清净寡欲、无欲无求，就能做到知足常乐、随遇而安。此清静无为就是懂得顺势而为，与天地同体的道德心，这也是道家的天人合一的思想。道家追求顺其自然，无为而治，认为自然界有它自身的一套平衡系统，要尊重自然界的规律。

释家是佛教的别称，起源于古印度，在西汉时期由印度传入中国。魏晋南北朝时期佛教盛行。它宣扬"灵魂不灭，生死轮回，因果报应"，为老百姓找到一条精神解脱的道路。它的核心理念是"博爱，禁欲"。研究人与社会的关系，行为过程称为修行。

佛家的思想价值观是无得心，心无所得，无我无私，奉行诸善，利乐众生，具有平等思想和慈悲思想。佛家文化偏向于唯心主义，相由心生，强调心灵的纯净。心灵纯净，那么所看的世界也变得纯净。

在个人修养方面，三教的说法不同，但是与人为善的精神是一样的。儒家主张"修身，齐家，治国，平天下"，道家主张"养生，遁世，穷万物"，佛教主张"见性，救世，通万有"。

无论是儒家提出的"中庸之道"，道家提出的"道法自然"，还是释家提出的"众生平等"，追求的都是"和谐"的思想。人与人的和谐，人与自然的和谐，人与社会的和谐。这些思想是净化人们心灵的和谐思想，让人们面对世间万物更加坦然。经过长期演化，儒释道三家相互渗透、相互融合、相互同化，慢慢地形成"三教一体"的局面。

中国传统文化主要是由儒释道三家组成的，它们三者在一起互相矛盾争斗，同时又在不断相互渗透、相互融合中发展。从生硬地捏合到有机地融合，不同的思想都得到丰富与提高。

四、三次文化的融合

中华文明，生生不息，是传统文化不仅具有旺盛的生命力，还有一个特点是包容性。她有宽阔的胸怀，能融化吸收发展其他民族的优秀文化，从而也使自身吸收了新鲜血液，变得更加强大！

李良玉在《新文化的起源》中提到，中国文化出现了三次历史性融合。汉代学者对先秦文化进行整理与发挥，这属于本土文化的内部综合提升，这是中国文化的第一次融合。第二次文化交流是中国文化与佛教文化的融合，这属于东方文化的局部交流。随着佛教文化的深入，特别是唐代的玄奘大师从印度带回佛教经典，开辟了传统秦汉文化与印度佛教文化的融合时代。由此形成了多姿多彩的中国佛教，精密深邃的佛教哲学，并且对宋明理学与明代心学产生深刻影响。明代中期以后，西方传教士来到中国，在传播西方宗教的同时也带来了某些科学工艺。这三次的文化融合是中国文化的发展过程。

在这三次文化融合的过程中，第一次是中国本土文化的内部融合，第二次是东方文化内部的融合，第三次是东西方文化的融合。三次不同的融合让中华文化更加源远流长。在融合和交流过程中，一些先进的思想与技术不断融汇，不断地得到发展。

五、服务中国人需要中国牌心理学

中国心理学的发展要符合中国的国情，服务中国人的心理学就需要中国牌的心理学。中国人的心理受到中国文化的影响，我们需要建立自己的心理学。建立中国人的心理学，是盲目地照搬西方国家的理论与模式，还是在中国文化背景下对西方心理学的研究理论、研究工具加以融合，然后再将其运用到中国心理学的研究之中，还是根据中国本土的心理学文化本性，对中国原有的心理学思想进行创造性的建构，这需要中国的心理学家不断地进行探索。

钱穆认为"西方心理学属于自然科学，而中国心理学则属人文科学"。两者的研究对象不同，研究方法也存在差异，西方心理学偏重于研究与实证，中国的心理学偏重于内证。这是因为中国人谈论的"心"与外国人讨论的"心"是不同的，中国文化中的心是一个抽象名词，心的构成和所属是次要问题，重要的是心与心的相通，这不仅是与自己的心相通，甚至包括与他人的心相通，还包括心与物的沟通。研究这种相通之学的学问就是中国的心理学。

钟年先生提出"要迈向人民的心理学"。当心理学迈向人民，心理学既是现实的也是理论的，既是社会科学的也是自然科学的，既是生活的也不排斥实验室研究，既是综合的也是分科的。

中国本土化的心理学的发展需要中国心理学家的共同努力，对于中国本土观念、现象与行为的经验分析是本土心理学研究的重要内容。中国本土心理学家使用理论概括与实践验证相结合的研究方式，用中西相结合的视角对一系列的本土概念和本土现象进行操作化测量和实证调查，提出一系列发展中国理论的构想。

六、中国牌心理学的研究与探索任务

中国特色的社会主义是马列主义和中国传统文化相结合产生的，其背后的核心还是中国文化和马列主义。也就是说它也是洋为中用，我们文化的优点就是特别有吸纳能力，可以做到洋为中用。如果站在整个心理学行业的发展角度，肯定不行，我们要站在社会心理服务的视角下探索中国牌心理学。那么服务模式一定要探索出一系列能够满足中国人心理需要、中国的社会经济发展、中国人幸福宗旨的社会心理服务模式，这是中国牌的心理学探索。在这样的背景下，探索出一系列专业的心理技术和自己的人才培养模式。

我们高校的人才培养模式需要进行治理，需要进行改革。其实，现在的人才培养模式还是学了原来的西方人培养学生的方式，它没有站在社会主义背景下的中国需要服务、需要解决问题的角度去培养。因为中国的社会政治体制还是要站在以政府为主导，以民间和社会为配合的情况下进行。而西方国家的体制是更加自由和商业的，更多的是由市场决定的，而我国更多的是由市场决定政府引领。所以在这种情况下，我们的人才培养就应该更多地站在政府需要什么人才，社会需要什么人才这个基础上，而不是培养出来以后让他们自由发展，在其转行。

其实这些不是中国化，需要改革，其背后还是西化的，没有站在社会主义体制下去考虑人才分配。虽然现在早已不是分配制，但还有半分配制的效果，因为好多岗位还都是政府在主导安排。中国牌的心理学之路还是一直在探索。

中国本土心理学的发展还是在不断地继续前进，中国本土的心理学家还是要不断地更全面地描绘中国人的心理与行为现象，提供一套有架构的体系来解释这种现象，这套体系要基于中国本土的文化本性以及蕴藏的心理学思想去建构。

参考文献

1.《心理学报》编委会.沉痛悼念周先庚教授 [J].心理学报，1996，28（3）:336-336.

2.纪念周先庚先生诞辰 100 周年 [J].心理学报，2003（6）:142.

3.杨国枢.我们为什么要建立中国人的本土心理学 [M].杨国

枢．主编．本土心理学研究：第一卷．台北：桂冠图书公司，1993：6-88.

4. 奚彦辉．中国人文化成思想的本土心理学探究 [D]．黑龙江大学出版社，2009.

5. 吕小康．中国心理学的本土化：源起、流变与展望 [J]．南开学报（哲学社会科学版），2014（6）:147-156.

6. 钟年．迈向人民的心理学 [C]．"改革开放与心理学"学术研讨会：湖北省暨武汉心理学会2008年学术年会论文集．2008.

7. 汪凤炎，郑红．心理学研究的中国化：目的、含义与做法 [J]．心理科学，2001，24（2）．

8. 杨国枢．中国人的心理与行为：本土化研究 [M]．中国人民大学出版社，2004.

9. 葛鲁嘉．中国心理学的科学化和本土化：中国心理学发展的跨世纪主题 [J]．吉林大学社会科学学报，2002（2）:5-15.

10. 杨玉芳．中国心理学研究的现状与展望 [J]．中国科学基金，2003，17（3）:141-145.

第二章

社会心理服务的心态提升探索

第一节　论幸福

一、幸福是什么

幸福是什么？千百年来人们不断地进行探索、追寻与讨论。幸福的概念深刻且复杂，古今中外各不相同，从平民百姓到政治家、思想家、哲学家每个人都有不一样的理解。对于幸福，我们都在努力地追寻，我们也在不断地探索它的深层含义。

1. 幸福是人的一种主观感受

什么是幸福？一万个人有一万种理解。幸福是人的一种主观感受。

哈佛大学曾经有一门课排名第一，最受欢迎，就是塔尔博士的《幸福课》。塔尔博士认为幸福感是衡量人生的唯一标准，是最终目标。幸福课不提供任何新的知识，只提供人们看待自己的角度。《当幸福来敲门》这部电影里面有一句经典台词："There is an I in happiness. There is no Y in happiness. It's an I." 可以理解为幸福的幸里面是一个"幸"，不是一个"辛"，或者理解成Y=Why= 为什么，I= 我，即幸福里面没有为什么，只有我。

幸福是一种生活状态，是一种感受良好的情绪反应。当一个人过着自己满意的生活，体验着满意的情绪，我们会觉得这个人是幸福的。英文把幸福叫"Happy"，这个词最早起源于希腊文，是"好生活"的意思。那什么叫作"好生活"？亚里士多德说，所谓好生活就是值得过并且过得称心如意的、有成就感、有满足感的生活。每个人衡量一种称心如意的感受、一种满足感、一种成就感的标准很可能是各不一样的。因此，幸福是人的一种主观感受。

2. 幸福是一种美好的心理体验

何为幸福？幸福是一种满足、快乐或者积极的体验，是一种能体验到生活是有意义的，是美好、有价值的感觉。当你拥有积极情绪，认真地投入自己的生活与工作，体会到价值感，这就是一种幸福。

人们在研究幸福的过程中开发出了许多测评幸福的技术。通过问卷调查，分析发现幸福至少包括两个方面：一方面是情感成分，即对欢欣、得意、满足等积极情绪的情感体验；另一方面是认知成分，即对生活各方面满意程度的认知评价。幸福感是人们的一种美好的心理体验。人们感受到自己的快乐，并且对自己的生活感到满意。

幸福感是一种心理体验。它既是对生活的客观条件和所处状态的一种事实判断，又是对生活的主观意义和满足程度的一种价值判断。它表现为在生活满意度基础上产生的一种积极心理体验。幸福感指数，就是衡量这种感受具体程度的主观指标数值。人们的幸福感指数高就会感觉自己是幸福的。

3. 幸福是人的需要得到满足的愉悦

马斯洛的需要层次理论将人的需要分为生理需要、安全需要、社交需要、爱和尊重的需要及自我实现的需要这五种需要。当人的需要得到满足，人会产生愉悦的心理感受。

幸福是在一定温饱和安全条件的基础上，在社会生态环境下，拥有能产生幸福感的要素、机制、动力的生活和状态。这也就是说，当人的生理需要和安全需要得到满足的时候，在社会上拥有良好的人际关系，获得爱与尊重，自我才能和潜能在社会中得到充分发挥，人这时候就是幸福的，人的生存与发展都达到某种完满的状态。

二、幸福的五种组成元素

在塞利格曼的著作《持续的幸福》一书中，他提到幸福主要由五种元素组成，分别为积极情绪、投入、意义、积极的人际关系和成就。什么是好的生活？即快乐的、沉浸其中的、有意义的、有成就的和有良好的人际关系的生活。一个人的人生想要蓬勃发展就要有足够的"PERMA"，这五个字母就是幸福的五元素。

P= 积极情绪（positive emotion）

E= 投入（engagement）

R= 人际关系（relationships）

M= 意义与目的（meanings and purpose）

A= 成就（accomplishment）。

积极情绪也就是我们的感受，愉悦、开心、快乐、温暖、狂喜等。塞利格曼认为在此因素上成功的人生为"愉悦的人生"。积极情绪是一种主观变量，由人的想法与感受决定。积极的情绪能够让人们感觉到愉悦，还能扩展和建构持久的心理资源。投入，指的是完全沉浸在一项吸引人的活动中，人的注意力完全在此，全神贯注于活动。塞利格曼认为以此为目标的人生为"投入的人生"。意义，指的是归属于和致力于某样你认为超越自我的东西。它是人们心底的一股力量，帮助人们不断获得幸福。人是处在社会中的人，当人们处于良好的积极的人际关系中，人们会感觉更快乐。良好的人际关系让人们建立自己的安全感，能够获得支持，让人们更好地发展与走向蓬勃。成就，是人们的终极追求。它代表了人们对环境的掌控能力。成就使人们感受到自己的生活是有意义的，并且对自己的生活是有掌控力的。

三、幸福的误区

1. 幸福就是玩耍与休闲

人们一直在追求幸福，但是在这个过程中却有很多误区。第一个误区就是人们认为幸福就是玩耍与休闲。每天去参加休闲娱乐活动，不用上班，不用承受外界的工作压力，有足够的时间玩耍，这样的生活让人们觉得多幸福啊！

人们平时工作比较辛苦，做着自己必须要做的事情，而这些事情有些并不是自己想要做的，现代社会的工作压力也比较大，人们会感到焦虑、烦躁，会觉得自己很累，很辛苦，就会想要是一生都不工作，就是休闲，那得多幸福啊！可是人们在长时间的休闲之后也会感到精神的空虚，内心也会有很沉重的负担。根据马斯洛的需求层次理论，人在社会生活中有自我实现的需要，人需要在生活中有自己的价值感，有一种需要有所成就的信念。如果一个人每天无所事事，不工作，只知道玩耍与休闲，一开始会觉得很新鲜，觉得好舒服，但是这样的生活过久了就会觉得自己虚度时光，会产生愧疚感。

保尔·柯察金说过："人最宝贵的就是生命，生命对于每个人来说只有一次。人的一生应该这样度过：回首往事，他不会因为虚度年华而悔恨，也不会因为碌碌无为而羞愧；临终之际，他能够说：'我的整个生命和全部精力，都献给了世界上最壮丽的事业——为解放全人类而斗争。'"人的自我价值体现在自我努力与奋斗上。如果一个人把休闲娱乐当作自己的幸福，最后没有成就会感觉自己的年华虚度，悔恨自己当初的行为。

2. 幸福就是在比较中得到的

在当下，站在社会心理服务体系建设这样的一个大背景下，我们应该怎样去看幸福？我们应该从层级上、层次上去看幸福。今天很多人还认为幸福就是一种低级的感受，一种快感，就是满足本能的需要，满足之后所获得的那种快感。比如说人们认为幸福就是容易满足，"吃好了睡好了就行"。

很多人认为得到了就幸福了，而得不到的人就不幸福。那么大部分人区分自己到底幸不幸福，这个标准在哪里？标准是我们用比较的方式，用得到的方式去看，那么这两种对幸福的理解和分辨方式的背后就有误区。因为幸福是一种主观的体验，它又和其他的一些元素有关系。

并不是说你得到了就幸福。有很多人就以得到与得不到作为对是否幸福的一个考量标准，他就可能奔着目标去，而忽视了在追寻目标过程中的感受和体验。有时候以目标的实现为主要的关注点可能会忽视很多东西。人们容易陷入这个误区当中，以为自己达到目标就会幸福。

其实大家心里还是有一种渴望。无论是否富有，我们都渴望快乐，渴望被爱，渴望被看见，渴望被理解，渴望被尊重。我们不确定的原因，就是社会上的人都奔着目标去了，都奔着物质去了，都奔着能看得见的去了，于是我们忽略了看不见的，但看不见的实际上又是很重要的东西。现在大家都不注重这个了。很多人会感觉我的有你没有，我就会感觉到幸福。在这个比较的过程中人们只追寻目标，而忘记了初心，即是为了幸福。

一心奔着自己的目标，忘记了沿途的风景；一心跟别人比较，认为自己比别人好才是幸福的，这都是幸福的误区。

3. 幸福就是获得更多的物质财富

俗语说，有钱能使鬼推磨。也有俗语说，有钱也不一定能买到幸福。那么幸福与金钱在人们的生活中扮演着什么样的角色呢？

有人说，等我有钱了，我就幸福了。这就是一个幸福的误区。等你真正有钱的时候，你可能已经丧失了幸福的能力和条件。比如说等你有钱了，在这个过程中你并没有学习，没有享受到幸福，没有提高自身的精神层面，即使你有钱了，也是不幸福的。

很多研究都发现，在富裕的工业化国家，比如美国和英国，财富与主观幸福感之间的相关系数非常小。美国伊利诺伊大学的埃德·迪纳教授分析了若干国际调查收集到的数据后下结论说：国家的富裕程度与人们的幸福水平之间存在着很大的相关性，但是在某一些国家，个人的富裕程度与个人的幸福水平之间的相关性比较小。与富裕国家相比，在贫穷国家，财富与幸福的相关性更大。

美国经济学家麦耶斯在分析了1991年世界人均国民收入与幸福感的关系后，提出了一个"拐点理论"。即个人的财富与其幸福感之间存在着一个拐点：在贫穷国家里，财富对幸福感的影响还是比较大的，但当一个国家的人均收入超过一定数额时，财富与国民幸福感的高相关性就消失了，而人权、社会平等等指标的影响则开始增大。

人们拼命赚钱，认为自己只要赚到很多钱就会幸福了。但是美国加州大学的理查德·伊斯特林教授证明"并不是越富有就越幸福"。他提出了伊斯特林悖论，用实验数据去证明这个悖论，用社会比较理论和适应理论解释这个悖论。他将收入的原始数据转化成对数，然后计算其与幸福水平的相关系数，发现幸福水平和绝对收入之间存在着不大但是统计学意义显著的相关性。实验表明，存在一个临界点，过了这个临界点，幸福感的增强速度远低于收入的增加速度。如果存在一个饱和点，那么过了这个饱和点，不管收入增加多少，幸福感都不会增强。因为人们会适应财富的增加，而这种对财富的适应永远不会终止。当人们把物质财富看作幸福的必备要素时候，就已经偏离了幸福本身，他的追求就伴随着财富而去，他的幸福也一去不回头。

4. 幸福就是生活中没有痛苦

很多人会认为幸福就是生活中没有痛苦。人在生活中都是快乐开心的，只有积极情绪，没有消极情绪。我们不会感觉到不快乐，不开心。我们每天都很愉悦。我们不会经历痛苦的事情，也不会感觉到自己的痛苦情绪。

根据芝加哥大学教授布拉德伯恩的研究，积极情绪与消极情绪并非是对立的关系，而是仅仅有一点负相关。也就是说，如果你的生活中经常出现消极情绪，或者你经常生气，只能说明你会比别人少一些积极情绪，并不代表你会完全不快乐，不享有幸福。

但是很多人有一个误区就是只要我感觉到痛苦，我就不幸福。我感觉到消极情绪就是不好的，非常抵触自己的消极情绪，这种情况下自己会感觉到更有压力。积极情绪与消极情绪都很重要，在人类这么多年的进化中，消极情绪在一定程度上保护着人类。

木心说："常以为人是一种容器，盛着快乐，盛着悲哀。但人不是容器，人是导管，快乐流过，悲哀流过，导管只是导管。各种快乐悲哀流过，一直到死，导管才空了。疯子就是导管的淤塞和破裂。"人生活在这个世界上会感受到快乐，也会体会到悲伤。它们是我们生活的一部分。情绪都是能量，只要我们允许自己接受它，它很快就会流过。通道得到了疏通人就能恢复心理平衡和健康，堵塞了就会造成心理障碍和疾病。

5. 幸福就是得到别人夸奖的荣耀

积极心理学之父塞利格曼认为高成就之所以让人们一直感觉到幸福，是因为"幸福跑步机"的存在。所谓的"幸福跑步机"指的是由于人们的适应性，财富与名望不断地获得，升职加薪等好事给人们带来的幸福感容易很快就过去，人们需要获得更高的收入和更高的职位，否则就感受不到幸福。

得到他人的夸奖会让自己感觉到开心，但是如果一直依靠外部的刺激来获取幸福就容易出现问题。别人不夸奖你了，那怎么办？你习惯了别人夸奖的那些话语，但是别人没有新的词汇来夸奖你，这个时候你就容易不开心。你感受到快乐的阈值也提高了。当人们得到他人的夸奖，会感觉到幸福。但是当人们习惯于他人的夸奖，别人的夸奖对自己来说就没有那么大的吸引力了。

心理学家研究过彩票获奖的人并不能保持长期的幸福感。1978 年有人做了一项经典的研究，将 22 名彩票赢家、22 名普通人（控制组）和 29 名因事故瘫痪的人做了对比。结果显示，彩票赢家平均来看比瘫痪者要更开心一些，5 个人中有 4 人称自己幸福感很高，而瘫痪者中只有 2.96 人。控制组则是平均 5 个人中有 3.82 人，与彩票赢家的差别不大。中彩票并不会让人们获得比想象中更多的幸福。中彩票的兴奋感会慢慢地消退，中奖者的幸福指数会慢慢地回到之前的数值。同样地，升职加薪、得到他人夸奖，短期内会有满意感，但是时间一长人们的幸福指数就会回到初值，获得长久的幸福是不大可能的事情。

四、幸福的层次

1. 快感

幸福的第一个层次是快感。我们在对幸福的认识上、衡量上、体验上还是需要做一些调整。在社会心理服务体系下的工作是推动人们提高幸福感。但是幸福是分层次的。人们认为幸福就是快感，就是我得到了。比如我现在饿了，我就吃饭，吃饱了之后的那种满足感，我们就把它理解为幸福。这是幸福的一方面，是幸福的组成部分，因为幸福一定建立在物质满足的基础上，满足本能的不失衡，如果我们只把幸福理解为第一个层次，快感的层次，我们其实就一直在低级的状态。

所以要提高大众的幸福感，我们必须帮助大众对幸福的理解升级，或者帮助大家在获取幸福的方式上升级，渠道上多元化。比如说一个人，你要改变他的观念，他的观念里边就认为我的东西不够，我要是再多一些财富，我就更加幸福了。所以他的思想需要改变。他的行为都放在满足低级需要上。但是低级需要是加法，幸福心理学认为人达到一定的经济水平之后，获得幸福感的渠道就会变化。

马斯洛将需要分为低级需要和高级需要，生理需要、安全需要和社交需要属于低级需要，尊重和自我实现的需要属于高级需要。五种需要像阶梯一样从低到高，按层次逐级递升，但这样的次序不是完全固定的，可以变化，也有种种例外情况。人的需要得到满足人就会感觉到幸福。

人的低级需要得到满足，比如看到漂亮的衣服，吃到自己喜欢的美食，这种感官的满足让我们感受到愉悦。我们有一种快感。

我们看到一些物质的东西就想拥有，比如看到商店里挂着一件漂亮的衣服我们会想买，但是买回家之后只穿了几次，之后可能就不会穿了。我们再也不会有第一次看到这件衣服时的快感。这种快感持续时间很短，很难获得持久的幸福。

快感不同于快乐，更不同于幸福，快感是身体和精神上得到的短暂的愉悦和刺激。这种感觉是短暂的，持久性不够。快感多种多样，包括一切形式的身体享受。在这个过程中，我们的身体感受到愉悦，生理需求得到满足，一时处于喜悦的状态。

2. 快乐

幸福的第二个层次就是快乐。我们需要建构一部分可以让自己快乐的东西，感觉到环境是安全的，未来是可期待的。在做社会心理服务的过程中，我们的工作应该把人们从快感满足的状态升级为快乐的状态。实现幸福层次的变化，我们需要从认识上升级，方式上升级，途径上升级。

快乐就是一种心理感受，它需要人们一种积极的心态。那什么是积极的心态呢？遇到事情不气馁，积极地面对问题，而不是逃避问题，积极寻找解决问题的办法与途径。在问题面前不是先想到事物的消极与不好的方面，而是想这个问题怎么解决，它所带给自己的积极方面是什么。拥有积极心态的人关注过程，在这个过程中自己的收获与体验是重要的。拥有积极心态，人们会从事物的积极方面去考虑，正面思考。心理学家纳撒尼尔·布兰登说："快乐不是奢侈品，而是一种深层次的心理需要。"幸福不是时时刻刻保持着快乐情绪，而是在整体上保持着积极乐观的生活态度。人都会经历着情绪的起伏，虽然有时候也会很伤心，但人生还是可以活得幸福。快乐是平静的、惬意的感觉。

当人们感觉到快乐的时候会产生积极情绪。积极情绪是一种主观变量，由人的想法与感受决定。积极的情绪能够让人们感觉到愉悦，还能扩展和建构持久的心理资源。和消极的情绪相比，积极的情绪更能让人们丰富与蓬勃发展。积极的情绪更能够让人们感觉到幸福。

生物学家发现，当我们体验到开心、愉悦的时候，边缘叶系统细胞的活动度就会明显提高，它会释放一种兴奋性物质（如神经递质多巴胺）。兴奋递质传递着"愉悦"，通过植物神经系统产生本能的感知、通过皮层产生有意识的感知觉和对应的情绪行为表达，并储存此类体验。激发开心和愉悦体验的现实活动方式很多，包括一处美丽的景观、一个笑话、一个拥抱、一次思想的碰撞、一个奖励、一次运动等。

幸福是自身一种平和的心态和心境，表现为快乐的情绪，愉悦的表情，常常伴随着敏锐的思维，轻松的动作，专注的注意力，淡定的行为，大爱的胸怀，自信的自我。我们想要获取幸福就需要让自己有愉悦与开心的体验，让这种体验在自己的内心留下深刻的印象。

3. 意义

幸福的第三个层次是意义。人们总是希望自己过着有意义的生活，做着有意义的工作。当生活中有了意义仿佛就有了目标与方向，指引着我们一直往前走。当实现了自己的目标的时候，自己的生活仿佛就有了意义。意义指的是归属于和致力于某样你认为超越自我的东西。人们总是要追求人生的意义与目的。人们一直在追求自己生活中的意义，它是人们心底的一股力量，帮助人们不断获得幸福。

心理学家卡尔·荣格说："有意义的事即使再小，也比无意义的事情有价值。"意义在很大程度上是主观的，并不是逻辑与推理的结果。人们通过各种途径找到生活的意义。当人们认为自己做的事情是有意义的，他们就会感觉很愉悦，很快乐，生活充满希望，生命蓬勃发展。而没有意义的生活就是看不到未来的希望，只停留在过去与现在。

目前很多人在生活与工作中找不到意义，每天都是随波逐流，大家干什么，我就干什么。很多人没有去想自己这么做是为了什么，为何去做，为何想做，这么做的意义在哪里，做的这件事情是否符合自己的价值观。不知道自己要什么，不知道自己的目标，很多人处于这样的阶段，这样无目的的行动是没有意义的。因为你对自我认识不清晰，你不知道自己做这件事情的意义，这样你很难在做这件事情时获得快乐，你也很难有幸福的感觉。

发现自己人生的意义是一个很重要的生活使命。美国科罗拉多州州立大学心理学家麦克斯泰格总结了积极心理学有关生命意义的研究发现：一个在生活中找到自己生命意义的人，对生活更满意，更有成就感，更能投入工作，负面情绪更少，焦躁、工作狂、自杀企图等负性的生活体验更少，总体的幸福感也更高些。国际积极心理学会主席芭芭拉·费里德里克森的研究甚至发现，追求生活的意义可能比追求幸福更容易让我们幸福。

在人的一生中，每个人所寻找到的意义是不一样的。我们需要寻找到自己所在生活的意义，这样我们更容易感觉到幸福。

参考文献

1. 张沁. 幸福是什么：解读《当幸福来敲门》的文本 [J]. 青年作家（中外文艺版），2010（3）:64-66.

2. 孙英. 幸福是什么 [J]. 伦理学研究，2003，19（3）:83-87.

3. 彭凯平."幸福中国"大数据研究 [J]. 心理技术与应用，2014（8）:3-4.

4. 欣欣然. 跳出幸福的误区 [J]. 检察风云，2012（23）:74-75.

5. 王治伟. 当代幸福观念的误区及出路 [J]. 学习论坛，2015（2）:57-60.

6. 胡大一 . 走出误区 感受幸福 [J]. 健康大视野，2002（10）:7-8.

7. 邢占军 . 主观幸福感研究：对幸福的实证探索 [J]. 理论导刊，2002（5）:57-60.

8. 苗元江 . 影响幸福感的诸因素 [J]. 社会，2004（4）:20-23.

9. 周国平 . 快感离幸福有多远？[J]. 书摘，2008（1）:127-127.

10. 胡桂芝 . 幸福与快乐 [J]. 中小学心理健康教育，2010（7）:46-46.

11. 相恒振，刘翠梅 . 论幸福的层次结构 [J]. 山东电大学报，2006（1）:30-32.

12. 陈炯 . 幸福与快乐的区别 [J]. 大众心理学，2015（9）:27-27.

第二节　社会积极心态培育中的积极情绪培育

一、当前的社会心态

习近平总书记在党的十九大报告中明确提出，要"加强社会心理服务体系建设，培育自尊自信、理性平和、积极向上的社会心态"。社会心理服务体系的建设，一开始就是来源于十九大报告中加强社会心理服务体系建设，培育自尊自信、理性平和、积极向上的社会目标。党的十九大报告强调要加强社区治理体系建设，推动社会治理重心向基层下移，发挥社会组织作用，实现政府治理和社会调节、居民自治良性互动。

事实上，党的十九大报告为当代社会心理学工作者指明了方向，讲清楚了形式，也画出了工作重点。这个重心就是优化社会环境、减少不良刺激、开展积极心理教育和提供心理服务。对当代的社会心理学工作者来说，参与社会治理，社会服务就应该紧紧围绕着十九大报告中这一个核心的方针政策来开展。

所以说当代心理学工作者的工作重点要被分为两个方面，当代的社会心理学工作者在参与社会治理的具体工作内容时，就应该有两种方式、两个路径，一个是积极情绪的培育，一个是积极品质的训练。积极品质的训练就是社会的每一个个体在积极品质上都得到了提升，个体的心理资本也就是心理 GDP 得到提升后，就会自然而然达到形成积极向上的社会心态的最终目的。如果我们每一个社会个体都具备实现理性平和的积极情绪的控制力，那么也就实现了形成积极向上的社会心态的目的。

两个目标、两种路径、两种工作内容，最终实现的是一个方向，那就是积极向上的社会心态。为了培养积极向上的社会心态，我们就要先对社会心态有一个深入的了解，也就是先把目标方向搞清楚。

社会心态即指反映特定环境中人们的某种利益或要求，并对社会生活有广泛影响的思想趋势或倾向。它揭示的是特定社会环境中人们的普遍性心理状态和心理趋势。例如对一定时期内的国际国内的政治动向、经济动向、某一重大事件等所表现出的社会心理状态，通常反映了人们某种不寻常的情绪、态度和社会风气等。

例如我国的改革开放这一特殊时期。改革开放至今为止可大致分三个阶段，每一个阶段、每一个时期呈现出的社会心态都是不同的。在改革开放初期，中国人的社会心态总体呈现为对未来抱有乐观主义的积极态势。当时的社会经济较为平等，大家都处在相对贫困的经济条件下。因为改革开放政策的实行，人们都在追求物质生活条件的改善，根本没有停下来去感受社会心态将会发生的变化。无论是物质生活条件改善较早的群体，还是物质改善较晚的群体，都沉浸在对改善物质条件的追逐中。他们对于改革开放带来的隐性变化没有直观的感受，对于未来将要发生的阶层对立和矛盾未能有所感知。所以总体来说在改革开放早期，社会心态的恶化还未出现。

　　自 2000 年以后，我国的社会环境和经济环境发生了巨大的变化。一些物质生活条件改善较早的群体已经和其他群体拉开了差距。由此开始，各种消极的社会心理现象逐渐增多，社会心理学家开始意识到社会矛盾的出现，并指出中国社会心理开始呈现出消极的心态。这其中浮躁、喧嚣、焦虑、炫富和仇富就是代表。

　　首先，社会的转型速度过快，这就使得我们降低了对获得改善的满意度，同时提升了我们的期望值。随着期望值的不断提高，其与现实的不匹配就会造成焦虑不满等心理问题的产生。其次，改革红利的不均衡性导致炫富、仇富和拜金等问题的产生。国家改革开放的初衷是先富共富，首先改善经济物质条件的人可以帮扶其他人。然而，在首先改善物质条件的人中存在一批对物质财富极其看重而忘记带动其他群体的人。

　　此外，经济结构的调整和社会结构的转型给人民群众的生活也带来了许多不确定性的影响。随着这种改革的进行，市场经济和互联网普及度的提高催生了一个全新的就业环境，例如产生了网络主播、网红等新兴职业。这就打破了之前固有的就业环境，也就是说现代化社会的多样性改变了传统社会中个人发展的高度确定性。这种改变使人们面临更多样的选项，导致人们更加迷茫。

　　事实上，欧洲也曾经经历过我们现在需要面对的社会转型问题，但是当时欧洲的现代化程度已经较高也没有其他更加富裕强大的榜样，即外界国际环境压力的逼迫，所以没有形成中国现有的普遍性社会焦虑心态。与其他已经完成转型的发达国家，例如英国、德国、法国、美国和日本相比，我国巨大的人口基数使社会心态失衡的问题显得更加严重。确实，相对于英国的约 6000

多万人口、德国的约 8000 多万人口、日本的约 1.3 亿人口和美国的 3.2 亿人口，我国的 14 亿人口基数所带来的规模性问题是可以理解的。

美国密歇根大学教授罗纳德·英格尔哈特曾经说过，人们只有得到、真正占有物质后，才能生出超越物质的概念。2011 年英格尔哈特发布的研究成果显示，在对 52 个国家进行的持续性调查中，其中 40 个国家幸福指数呈现增长趋势，12 个国家呈现下降趋势，而中国大陆的下降趋势极为明显。

这次调查研究平均为期约 17 年，很大程度上真实体现了部分国家的社会心理幸福指数的变化。英格尔哈特作为少数入选美国艺术与科学院院士的社会科学学者之一，曾发表了《现代化与后现代化：43 个国家的文化、经济与政治变迁》《发达工业社会的文化转型》两部影响当代政治文化的经典之作。

二、心态失衡的原因

当前的社会背景下，人们比较看重经济，拼命地挣钱，大家在攀比的路上越走越远，大家的社会心态也有些消极。社会心理学的研究为各种消极社会心态以及偏见、歧视现象（仇富、炫富、群体间偏见）的状况进行了深入探讨。马奎斯等人于 1948 年进行了一项著名的实验，在实验中，比利时学生根据特征描述（如社交、礼貌、暴力、冷漠）对以下群体进行了评分：不讨人喜欢的比利时学生、不讨人喜欢的北非学生、讨人喜欢的比利时学生和讨人喜欢的北非学生。研究结果表明，对于讨喜的组织内成员偏好性最高，而对于不讨喜的内部成员偏好性最低。对讨喜的外来成员的偏好性介于前者之间。这种效应被称为"黑羊效应"。这种效应已经在不同的群体间环境和各种条件下表现出来，并且经过了许多操纵了相似性和不同规范偏差的实验的检验。

对"黑羊效应"的根本解释来自社会心理学中的社会认同理论和自我分类理论。在亨利·塔菲尔等人提出的社会认同理论中，人们倾向于将自己和他人分为不同的社会类别，并且希望和寻求保持在一种积极的社会认同环境下。社会分类认知地划分和命令社会环境，用系统的方式来定义他人，使个人有利于他人。一个人被赋予了他被分类的范畴的典型特征。在此之上，这种社会分类使个体能够在社会环境中定位或定义自己。不同的社会分类下，群体成员都在追求保持积极和独特的社会身份。

自我分类理论是社会心理学中的一种理论，它描述了一个人将人（包括自己）的集合视为一个群体的情况，以及以群体的形式感知个体的情况。尽管该理论经常被用来作为对心理群体形成的一种解释，但是更准确地说，它是对社会感知和互动中分类过程功能的一般分析，涉及个人身份问题和群体现象。自我分类理论从认知心理学中汲取灵感，假定自我可以在不同的抽象层次上被分类。换句话说，人类可以将自我分类为一个单一的"我"（个人身份），或者更具包容性的"我们"（社会身份）。比起社会认同理论，自我分类理论不仅仅关注对某一具体的群体行为做出解释，而是将重点放在对一个心理群体进行解释上面。

综合社会认同理论和个人分类理论，群体成员强调关注优秀的内群体的成员，并比外群体成员更积极地评价他们，从而增强了他们的内群体（内群体偏见）的积极形象。此外，偏离相关群体规范的群体成员可能会威胁到积极的社会认同。为了保护积极的群体形象，群体内成员对群体成员的准则偏差的贬损比对异己的贬损更为严厉。这些偏离群体规范的成员就可能威胁到其他人的社会认同追求。这就是对黑羊效应的理论解释。黑羊效应的产生很好地解释了社会群体间产生贬损的原因。这也为我国当下的仇富、炫富等心态失衡现象提供了理论解释。

三、积极情绪的培养与建设

中国正在由传统社会向现代化社会全面转型，这就要求人民具有与其匹配的积极社会心态。社会负面情绪和消极社会心态就像一个预示，敲响了社会心理工作者的警钟。面对十九大提出的优化社会环境、减少不良刺激、开展积极心理教育和提供心理服务的工作目标，当代的心理工作者就要坚持社会主义核心价值观，深入基层社区心理服务活动。在基层社区的实践活动中，心理学工作者的工作方向从原来的遇到了问题去干预，转向了预防和培育。

这个从干预到培育的过程就是十九大提到的"向下走"路线方针。还没等有消极苗头出来的时候，就已经发现有可能在社会基层社区发生的一些消极心理状态。那么在这个节点就要开始进行教育。所以当代的中国化社会治理就是要扎根基层，十九大之后的社会治理和过去的社会治理的差异就在此处。

作为当代的社会心理服务工作者，就要专注于积极社会心态的建设和提升工作，就要从每一个个体和群体的积极情绪入手。因为整个社会的情绪基调，社会价值取向和社会共识，总和就构成了社会心态这样一个概念。

因此积极情绪建设就是当代社会心理工作者的重要目标之一。我们在过去做的工作中，很少从社会的积极情绪视角去开展实践工作。所以现在就要加重培养积极情绪相关的工作内容。

根据塞利格曼的定义，积极心理学的任务是理解和培养使个人、社区和社会繁荣的因素。积极的情绪在这个任务中扮演什么角色？答案似乎很直接和简单：积极的情绪是繁荣或幸福的标志。当然在人们的日常生活中，以积极情绪的体验为特征的时刻，如快乐、兴趣、满足、爱等，也是他们不受消极情绪（如焦虑、悲伤、愤怒和绝望）困扰的时刻。与这种直觉相一致，丹尼尔和他的同事们经过研究发现人们的积极和消极情绪的总体平衡可以预测他们对主观幸福感的判断。基于这一发现，卡尼曼提出"客观幸福"最好通过追踪（并随后进行汇总）人们对好和坏感觉的短暂体验来衡量。

根据这些观点，积极的情绪是蓬勃发展的信号，积极的情绪也会产生繁荣。此外，他们这样做不仅是在当前的愉快时刻，而且是长期的。带来的信息是，积极的情绪是值得培养的，不仅作为最终状态本身，而且作为一种手段，以实现心理增长并提升幸福感。

心理学之父塞利格曼教授把积极情绪分为三个种类，其中包括与过去有关的、和现在有关的和与未来相关的。与未来相关的积极情绪有希望、信心、乐观、信仰和信任。与过去相关的积极情绪有满意、充实、骄傲、满足和安详平和。当下也就是和现在相关的积极情绪可以分为短时间的快感和长久的欣慰。这些快感包括生理上的和精神上的快感。

生理快感来自感官的各种刺激，例如可口的食物、芬芳的香气和舒适的触感。与之相对的精神快感则来自更加复杂的人类活动，例如沉浸其中的授课体验，比赛胜利的满足体验和帮助他人的体验，等等。

快乐常与高兴一词互换使用并与其他相对较高的激发性积极情绪共享概念空间，如愉快、兴奋、欢乐和欢欣。伊扎德提出快乐的感觉和感受出现在被评价为安全和熟悉的环境中，需要低等级的努力付出。心理研究者对与快乐相关的行为倾向进行了深入研究并给出了最清晰的概念，这些行为倾向被称为自由激活。"这种行为倾向在某种程度上无目的，没有被要求或准备好去参与任何互动，在某种程度上就像是准备好去参与享乐"。

例如，"一个阳光明媚的早晨从床上跳起来，四处奔跑，寻找可以玩耍和享受的事物"。换言之，欢乐创造了玩耍的冲动，在最广泛的意义上，它不仅包括身体和社会的玩耍，而且包括智力和艺术的玩耍和游戏。这其中尤其是想象性的游戏最为特殊，因为其在很大程度上是无剧本的。它涉及探索、发明和无目的的闲逛，并且包含了多种不同的形式。可以说玩游戏的冲动代表了一种非常普遍的，非特定的思想—行动倾向。因此快乐和相关的积极情绪有助于拓宽一个人的思维和行动技能。

长期以来，行为学家们普遍认为玩耍能促进技能的获得。身体技能在打闹游戏中得到发展和实践，操纵—认知技能在物体游戏中得到发展和实践，社交—情感技能在社交游戏中也得到了发展和实践。也就是说快乐通过对游戏的渴望扩展了个人的瞬间思维—行动。在此之上，随着时间的推移，作为反复游戏的产物，快乐可以产生建立个人身体、智力和社交技能的附带效应。重要的是这些增加的附加效果是具有持久性的，可以在快乐鼓舞人心的经历和经验消退很久以后进行再利用。

兴趣经常与好奇心、使人兴奋或惊奇等词进行交替使用，并与挑战和内在动机共享概念空间。另外，当一个人的感知技能与特定活动的感知挑战相匹配时所体验到的享受就代表了一种兴趣形式。虽然并非所有的情感理论家都认为兴趣是一种基本的情感，但以汤普金斯在1962年的研究工作为基础，伊扎德提出了一个令人信服的理由，将其纳入基本情感的概念中。根据伊扎德的观点，兴趣是人们最常经历的情感。兴趣产生于被评价为安全的环境土壤中，并且为个体提供新颖性、变化、神秘感和可能性体验。这些背景和基础条件也往往被认为是重要的，需要努力和关注的。

一些理论家认为，兴趣的瞬间思维—行动倾向仅仅是关注或定位，但是这并不能完全描述兴趣的影响。与之相反，根据伊扎德的观点，兴趣引发的瞬间思维—行动倾向是一种探索，这种探索明确而积极地增加对兴趣目标的认识和经验。就像伊扎德描述的那样，兴趣产生"一种希望通过整合新的信息和对激发兴趣的人或对象有新的体验来调查、参与或扩展自我的感觉"。实际上，尽管兴趣可能伴随或可能不伴随着明显的肢体动作，但它仍然与感觉活跃和心理活跃有关。更为重要的是，对新思想、新经验和新行为的开放性使兴趣这种心态得到扩大而不是缩小。

尽管人们都是为了满足自己的内在好奇心等而进行探索，但这种探索会带来较为积极的结果。最明显的是，探索增加了个人的知识基础。一个例子来自环境美学的进化分析。卡普兰的研究表明，既神秘又易于观赏和观察的景观确实能引起人们的兴趣。卡普兰对这种景观很感兴趣，他认为这种效应鼓励人类祖先探索和寻找新的信息，从而更新和扩展他们的认知地图。这种扩大的知识库可以在以后威胁生存的情况下（例如，寻找水源、食物、逃生路线或藏身之处）得到利用。因此，兴趣不仅在个人被诱惑去探索的过程中扩大了个人的瞬间思维—行动，而且随着时间的推移，作为持续探索的产物，兴趣也建立了个人更丰富的知识储备。同样，这种知识存储会成为一种持久的资源。也就是说兴趣是个人成长、创造性努力和智力发展的主要推动者。

满足通常与其他低唤醒积极情绪术语进行互换使用，并与温和或接受性快乐共享概念空间，在某种程度上，还带有些许缓解的意思。实际上，我们应该将满足与快乐区分开来，它是满足身体需要的情感反应（例如，食物、温暖、休息或性）。在被评估为安全的环境条件情况下，满足感就会产生，并且具有高度的确定性和较低的努力程度。这样看来，满足似乎没有形成真正的行动倾向。在 1986 年，弗里德就将满足与不活动联系了起来，史密斯和他的同事也将平静与"无所事事"联系起来，而拉扎勒斯更是将救济与停止警惕联系起来。然而，由满足引发的变化可能更多的是认知上的而不是身体上的。

关于满足和相关积极情绪的心理学理论著作的研究表明，这种情绪有助于促使提高个人对当前的生活环境、最近的成功、周围社会和自然环境的融合感，从而达成和环境融为一体的心理体验。在此之上，满足感还将最近的事件和成就融入他们的整体自我概念和世界观中。那么就可以说，知足和满足不是简简单单的被动情绪体验，而是一种对一个人的自我观和世界观的开发和拓展。

此外，满足感似乎是一种积极的情绪。随着契克森米哈描述为"心流"的概念问世后，满足感就被赋予更加积极的心理作用和功能。契克森米哈指出人们在心流状态下最为快乐，而心流就是一种对正在进行的活动和所在情境的全身心的投入和集中，是一种使人们因为过于沉浸在一项活动中而忽略周边所有事物的心理状态。心流状态是一种人人都有时会有之的心理感受，它的特点是一种积极的、强大的吸引、投入、满足和熟练，而在此期间暂时性的知觉关注（时间、食物、自我、环境等）都会被选择性地忽略。就像契克森米哈描述的那样，"当心流结束时，一个人感觉比以前更'在一起'，不仅是内在的，而且是对其他人和整个世界的。自我因心流的经历而变得复杂"。

根据这一分析，满足感产生了一种渴望，去品味和整合最近的事件和经验，创造一种新的自我意识和一种新的世界观。这些与整合、接受度和不断增加的自我复杂性的联系将满足描述为一种情感，它拓宽了个人瞬间的思维行动范围，并使他们获得了更加丰富的个人资源。

积极情绪是身心活动和谐的象征，是心理健康的重要标志。而不良的情绪、有害的心理因素，是引起身心疾病的重要原因。现代科学也进一步证明，情绪可以通过大脑而影响心理活动和全身的生理活动。积极情绪可以使人体内的神经系统、内分泌系统的自动调节机能处于最佳状态，有利于促进身体健康，也有利于促进人的知觉、记忆、想象、思维、意志等心理活动。国内外许多科学研究都表明，长寿老人的最大特点之一，就是具有积极情绪。马克思曾说过："一种美好的心情比十副良药更能解除生理上的疲惫和痛楚。"因此积极情绪的培养与建设显得尤为重要。

四、培养与建设积极情绪的技术

情绪在我们的生活中占据着重要作用。美国哈佛大学的心理学教授丹尼尔·戈尔曼认为："情绪意指情感及其独特的思想、心理和生理状态，以及一系列行为的倾向。"情绪不会被完全消灭，但是可以进行有效的疏导、管理与适度的控制。情绪无好坏之分，一般分为积极情绪和消极情绪，由情绪引发的行为有好坏之分，行为的后果有好坏之分。情绪管理不是消灭情绪，而是疏导情绪，并合理化之后的信念与行为。人需要对自己的情绪进行管理，并且培养与建设自己的积极情绪。培养积极情绪的技术有下面这些：

1. 石头的故事——"石头日记"

（1）理念

每个人都有自己的情绪，情绪是变化的，难免有不良情绪体验的时候。如何应对情绪是每个人都需要学习的一个能力。对于情绪，很多时候我们都采取排斥、忽略等态度，但如果我们愿意去接受它并且承认它，你会发现我们变了。

情绪管理，首先要对情绪进行觉察，了解自己内心的一些真实想法与心理倾向，以及自己所具有的知觉能力。其次需要情绪的自我调控，控制自己的情绪活动以及抑制情绪冲动。"石头的故事——石头日记"通过连续21天记录自己的积极情绪，每天体会自己快乐的情绪，借助积极情绪的暗示力量，有效培养积极的情绪。

（2）目标

把情绪自我投射到石头上，在艺术过程中改善，使情绪得到蒸发与沉淀。

（3）时间场地

时间 50 分钟，场地在活动室。

（4）工具

石头，石头日记本。

（5）流程

第一步，要求成员找一块可以代表自己快乐情绪的石头，注视并体会快乐情绪，可以包括真实的、理想的、向往的、马上要实现的意境。

第二步，在与石头沟通后，每位成员以《快乐的石头》为题写一首诗或散文，约 20 分钟。可以选择轻柔、旋律优美的音乐配合。

第三步，进行诗歌朗诵比赛。

第四步，再以《快乐石头的变化》为题，每天写一篇日记，要求日记内容积极向上，不允许有消极内容出现，为期 21 天，21 天之后，把日记完整地看一遍，从中体会自己情绪的变化，感受启示。

（6）设置

心理成长是需要一个过程的，可以通过不同的方法、不同的形式实现。在这里我们将诗歌与石头进行结合，这个创作和表达的过程已经反映了我们正在发生的变化。在团体中，我们需要强调投入更多，我们就会收获更多。另外就是强调分享比实际做更重要，要让成员尽量把感受表达出来。

2."3D 情绪画"技术

（1）理念

情绪管理就是用正确的方式探索自己的情绪，然后调整、理解、放松自己的情绪。情绪管理并不是要压制情绪，而是在觉察情绪后调整情绪的表达方式。心理学家认为情绪调节是个体管理和改变自己或他人情绪的过程。情绪有正面与负面之分，但是关键并不在于情绪本身，而在于情绪的表达方式。以适当的方式，在适当的情境，表达适当的情绪，就是健康的情绪管理之道。

绘画艺术治疗是表达性艺术治疗的方法之一，方法是让绘画者透过绘画的过程，利用非言语工具，将混乱的心、不解的感受导入清晰、有趣的状态，可将潜意识内压抑的感情与冲突呈现出来，并且使之在绘画中得到疏解与满足，从而达到治疗的目的。图画传达的信息远比语言丰富，表现力更强。

"3D 情绪画"技术让团队成员在白纸上自由挥墨，淋漓尽致地表现自己，让其他的团体成员根据绘画作品讲述一个情绪故事，实现表达性艺术治疗的交互。

（2）目标

通过团体成员和团体导师在表达、呈现、转换、整合、评估的过程中进行情感的升华、蒸发、接纳，最后使团体成员在这个过程中蒸发自我的负面情绪，让压力得到释放，以实现自我心灵成长。

（3）时间场地

时间是 40 分钟，场地是活动室。

（4）工具

各种色彩的墨水，毛笔。

（5）流程

第一步，我们平时的喜怒哀乐等都是人的情绪，随意画一些线，点一些笔触，都可能是内心情绪的"心电图"。平静还是烦躁，高兴还是沮丧，沉着还是惊慌，都可以用点和线转化成可视的图像。在视觉刺激中，色彩是最能直接影响人的情绪的，不同的色彩配置，会引起不同的情绪感应，比如红色让人振奋，蓝色让人沉静，紫色让人产生遐想，灰色令人压抑。用色彩来表达人的情绪，酣畅淋漓，痛快尽兴。人的情绪是千变万化的，也是非常微妙的，如果你把情绪定格在某一个瞬间，一定是非常精彩的。我们可以把自己的情绪画成装饰画，既能抒发自己的情感又能美化生活，创造自己的新生活。

第二步，中国画有这样一种画法，用笔蘸墨汁大片地洒在纸上或绢上，画出物体形状，像把墨汁泼上去一样，这便是泼墨。今天我们将借助这种绘画的技法，表达、呈现自己的情绪。

第三步，把自己内心的情绪与感受用泼墨的方式表现出来，只要用心感受自己内心情绪的颜色与形状，想涂什么就涂什么，让自己的情绪随着泼墨在纸上自由地流动。

第四步，分享一下作画时内心的感受，如整个作画过程中的思考，情绪上的波动等。

第五步，在作品的基础上讲述一个与情绪有关的故事，也可以让其他人根据你的作品来讲述一个情绪故事，以实现表达性艺术治疗的交互。

（6）设置

团体成员的任何一幅涂鸦，画幅的大小，用笔的轻重，空间的配置，颜色，构图等都代表着特定的意义，都在传递着这个人信息。水彩在艺术中运用得更多，通过色彩的搭配与融合，更能实现艺术层面的内涵，实现内心的重复表达。

参考文献

1. 吕红娟. 中国体验：改革开放以来中国社会心态嬗变：访南京大学社会学院院长、中国社会心理学会会长周晓虹 [J]. 中国党政干部论坛，2015（5）:6-10.

2. 周晓虹，高骊. 中国社会心态危机蔓延 [J]. 人民论坛，2014（25）:21-23.

3. 韦志中. 学校心理学工具箱指导手册 [M]. 第一版. 武汉：武汉出版社，2019: 66.

4. 王艳梅，汪海龙，刘颖红. 积极情绪的性质和功能 [J]. 首都师范大学学报（社会科学版），2006，2006（1）:119-122.

5. 郭小艳，王振宏. 积极情绪的概念、功能与意义 [J]. 心理科学进展，2007，15（5）:810-815.

6. 董妍，王琦，邢采. 积极情绪与身心健康关系研究的进展 [J]. 心理科学，2012（2）:233-239.

7. Inglehart R. Modernization and postmodernization: Cultural, economic, and political change in 43 societies[M]. Princeton university press, 1997.

8. Marques J, Abrams D, Serôdio R G. Being better by being

right: Subjective group dynamics and derogation of in-group deviants when generic norms are undermined[J]. Journal of personality and social psychology, 2001, 81（3）: 436.

9.Stets J E, Burke P J. Identity theory and social identity theory[J]. Social psychology quarterly, 2000: 224-237.

10.Turner J C, Reynolds K J. Self-categorization theory[J]. Handbook of theories in social psychology, 2011, 2（1）: 399-417.

11.Eidelman S, Biernat M. Derogating black sheep: Individual or group protection?[J]. Journal of Experimental Social Psychology, 2003, 39（6）: 602-609.

第三节　社会积极心态培育中的积极品质训练

一、人格心理中的人格特质

　　个体差异的多样性几乎是无限的。为了理解和研究个体所特有的行为模式，人格心理学出现在了人们的视野中。人格的组成特征因人而异，因此每个人都有其独特性。这种独特使每个人面对同一情况时都可能有其不同的反应。心理学家奥尔波特将人格定义为"人的内部的动态组织，创造人的行为、思想和感觉的特征模式的心理系统"。富勒姆和海温则称之为"使人们系统地可预见彼此不同的内在稳定的心理因素"。总而言之，人格心理学研究者需要通过研究人格的构成特征及其形成，从而预估它对塑造人类行为和事件的影响。

　　人格是个体在行为上的内部倾向，它表现为个体适应环境时在能力、情绪、需要、动机、兴趣、态度、价值观、气质、性格和体质等方面的整合，是具有动力一致性和连续性的自我，是个体在社会化过程中形成的给人以特色的心身组织。

　　心理学家根据相关文献中收集到的，包括精神病理学的各个方面的关于人格特质的关键词构建了171个量表，其中大多数是双极的，并且以相互关系为指导。卡特尔在一些实证分析中得出了35个相关术语的两极集群。评级量表基于这些集群，然后在各种研究中使用，就每个变量之间的相关性使用倾斜旋转程序进行分解。

经过分解后，卡特尔声称至少发现了 12 个倾斜因素。然而，当卡特尔将这些变量用正交旋转法进行分析后，只有 5 个因素被证明是可以回答个人的差异问题的。这就是大五人格模型。此模型包含了 5 种具有普遍性和跨文化性的人格特征，包括外向性、神经质、宜人性、严谨性和开放性。

最初的模型是由图普斯和克里斯塔在 1961 年提出的，但直到 20 世纪 80 年代才在学术界得到了广泛的认可。此后，戈德伯格将其扩展到了组织的最高层次，也成为最著名的人格特征。大五人格模型被认为代表了所有人格特征背后的基本结构。从个人性格发展角度上来说，"五大人格特质"在进入职场后大约四年趋于稳定。同时研究数据还发现，即使经历重大人生事件，成年人的性格特质也不会发生太大的变化。稳定性是人格特质的突出特点。相较于状态和情绪，特质不会随环境变化而改变。五大人格特征中的每一个都包含两个独立但相互关联的方面，反映了广泛领域下但多方面尺度上的人格水平，这些方面也是五大人格的一部分。

开放性是对艺术、情感、冒险、不寻常的想法、想象力、好奇心和各种体验的一种欣赏和接受。在开放性上得分较高的人对未知事物显得比较好奇，愿意尝试新事物，对情感开放，对美敏感。与开放性得分较低的人相比，他们更具创造力，也更了解自己的感受。他们也更有可能持有非传统的信仰。高度开放性得分的个体通常被视为不可预测或缺乏专注，更可能从事危险的行为。此外，高度开放性得分的个体通过寻求强烈、愉快的经历和体验来追求自我实现。与之相反，那些开放度较低的人则通过坚持不懈来寻求自我实现，他们的特点是务实和数据驱动，有时甚至被认为是教条主义和思想封闭的。事实上，关于如何解释和语境化开放性因素，至今仍存在一些分歧。

严谨性是一种表现为自我约束、尽职尽责、努力实现措施或外界期望的心理人格倾向。它与人们控制、调节和引导他们自身的冲动的方式有关。高程度的严谨性水平往往被认为是顽固和专注的。低水平的严谨性与灵活性和自发性有关，但也可能表现为草率和缺乏可靠性。高严谨性分数表明倾向于有计划的而不是自发的行为。相关研究表明，年轻人的严谨性平均值呈现上升趋势，而老年人的严谨性平均值呈现下降趋势。

外向性高的特点是活动的广度（而不是深度），来自外部活动的数量的激增，以及来自外部手段的能量创造。外向者喜欢与人交往，通常被认为是充满活力的。和其他人群相比，他们往往是热情的，呈现出以行动为导向的特征。他们通常具有较高的群体知名度，喜欢说话交流，并较为坚持自己的观点。外向的人在社会环境中可能比内向的人更容易占据主导地位。

外向性得分较低的人群具有更低的社会参与度和精力水平。他们似乎很安静、低调、深思熟虑，很少参与社会交际生活。由于他们缺乏社会参与而被误解为害羞或沮丧。然而，他们比外向的人更独立于他们的社会世界。外向性得分较低的人比较高的人需要更少的刺激和更多的独处时间。但这并不意味着他们不友好或反社会，这只是因为他们在社交场合倾向于比较保守的态度。一般来说，人们是外向型和非外向型的结合体，人格心理学家艾森克认为这些特征与我们的中枢神经系统有某种联系。

宜人性人格特质反映了人们对社会和谐普遍关注的个体差异。宜人性得分较高的人看重与他人的相处。他们通常较为体贴、善良、慷慨、信任、值得信赖、乐于助人，并且愿意与他人妥协。宜人性较高的人对人性也通常持有较为乐观的看法。

宜人性较低的人把自利置于与他人相处之上。他们通常不关心他人的福祉，也不太可能为他人延伸自己。有时，他们对他人的动机较容易产生怀疑。但是，具有不友好和不合作的情绪还有低亲和力性格的人往往具有竞争力或具有挑战性。

由于宜人性是一种社会特性，相关心理统计测量研究表明，宜人性与团队成员的关系质量呈正相关。随和性也能积极预测转型领导技能。在一项对 169 名不同职业领导职位的参与者进行的研究中，要求个人进行人格测试，并由直接受监督的下属完成两项评估。具有高度随和性的领导者更可能被认为是变革型的，而不是交易型的。虽然二者关系不强，但在五大人格特质中是关系最强的。然而同一项研究表明，领导效能的预测能力与领导的直接上司的评估结果不符，并且心理学家发现，随和性与军队中的交易性领导存在负相关。一项对亚洲军事单位的研究表明，具有高度随和性的领导人更有可能在转型领导技能方面获得较低的评价。进一步的研究表明，组织可以根据个人的性格特征来确定个人的长期潜力。例如，在他们的期刊文章《在工作场所，哪些性格特征最重要？》一文中，萨克特和沃姆斯利提出责任心和和蔼可亲是"许多不同工作职位中成功的重要因素"。

神经质是一种经历消极情绪的倾向，如愤怒、焦虑或抑郁。

神经质也被称为情绪不稳定，或被逆转并称为情绪稳定。根据艾森克的人格理论，神经质与对压力或厌恶性消极刺激的低容忍度有关。神经质是一种典型的人格心理特征，在被大五型人格特质改编之前，已经在人格特质研究中被研究了几十年。神经质得分高的人是情绪反应型的，较易受到伤害的。要强调的是，他们在表达情感的方式上也倾向于较为轻率。他们更倾向于将一般情况理解为威胁。在此之上，他们的消极情绪反应往往会持续很长时间。这意味着他们经常体验消极的心理情绪，也就是俗称的经常性心情不好。

神经质与对工作的悲观态度、工作阻碍人际关系的自信以及与工作相关的明显焦虑有关。此外，神经质得分高的人可能比神经质得分低的人表现出更多的皮肤电导反应。这些问题与情绪调节有关。人际关系会降低一个神经质得分高的人清晰思考、做出决定和有效应对压力的能力。生活中缺乏能带来满足感的成就可能与神经质得分高相关，并增加陷入临床抑郁症的可能性。此外，高神经质的个体往往会经历更多的消极生活事件，但神经质也会随着积极和消极生活经历的变化而变化。此外，高神经质水平的人往往心理健康状况较差。

在大五型人格量表的另一端，神经质得分低的人不容易烦躁，情绪反应也不那么强烈。他们往往平静，情绪稳定，没有持续的负面情绪。从负面情绪中解脱并不意味着得分低的人会经历很多正面情绪。总的来说，这里的神经质与弗洛伊德所描述的神经质（即神经症）相似，但并不完全相同。一些心理学家倾向于用"情绪不稳定"这个词来称呼神经质，以将其与一些职业测试中的"神经质"区分开来。

乐观就是待人接物都怀有积极向上的人生态度和心理品质。在心理学领域，乐观的研究被分为两个不同的方向。以卡弗为主的心理学家认为乐观是一种人格特质，其特征为具有普遍性的乐观期望。而以彼得森和斯蒂恩为主导的心理学家认为乐观是一种解释的风格。换句话说，乐观在心理学领域被分为气质性乐观和乐观解释风格两个部分。

气质性乐观是指人们在总体上期望未来好事多于坏事。卡弗教授和他的同事们认为，气质性乐观的人在面对困难时会坚持不懈地寻求有效应对。这些人会不断调整状态，采取相应的危机处理策略，最终尽可能实现预期目标。相关研究表明，气质性乐观是一种相当稳定的人格特质，并且具有 25% 的遗传度。关于压力的相关研究发现，乐观的个体和悲观的个体以截然不同方式面对逆境和困境。在包括癌症、亲人老年痴呆症、心脏搭桥手术和恐怖袭击等较为极端的逆境状况下，乐观者的积极期望会给其带来更多和更强烈的幸福感。这样他们的痛苦就会得到缓解，而悲观者在面对极端逆境状况时会体验消极的感受，在一定程度上放大主观的消极体验程度。

然而，塞利格曼和彼得森等人却认为乐观不是一种人格特质，而是一种解释风格。乐观的人把消极事件和体验归因于外部的、一时的因素，这些因素包括周围大环境的影响、时机的不恰当和他人的影响等。悲观的人则把消极事件归因于自身内部的因素，例如自身能力的不足、自身性格的缺陷等。这种乐观解释风格的发展受到多种因素的影响，其中包括父母的心理健康水平，双亲对孩子乐观风格解释的嘉奖，鼓励程度等。彼得森和巴雷特通过对乐观和大学成绩之间相关性的调查研究发现，乐观的人取得了更好的学习成绩，并且乐观可以更好地预测大学生的学习成绩。这种预测的可靠性和有效性是比学习能力倾向测试（Scholastic Aptitude Test, SAT）更加优秀的。

二、积极品质的概念

关于积极品质，目前国内还没有一个统一的、公认的定义。积极品质是个不断发展的概念。在 1999 年，希尔森等人提出了"积极人格"的概念。2000 年塞利格曼提出"积极个人特质"和"积极品德"两个词语。2002 年塞利格曼第一次采用"积极品质"这个词语。他认为美德和力量是个体积极品质的核心，具有缓冲器的作用，能成为战胜心理疾病的有力武器。同时，心理学家们也把美德和力量与"积极品质"等同看待。关于力量与美德等积极品质的研究已成为积极心理学研究的最新领域和最新成果。

积极心理学研究主要分为三部分：积极情感体验、积极人格特质和积极社会系统。积极品质主要体现在积极人格和积极体验这两个维度。积极心理学家们认为积极品质既不是归一的，也不是离散的变量，它是由一系列积极特征组成的，是人固有的、实际的、潜在的具有建设性的力量，是人的长处、优点和美德。塞利格曼和彼得森认为积极品质可以分为两个层次：一是"长处"层次，它是整个人类及其生活的共同属性，具有普遍意义；二是"性格优势"层次，它是通过个体的思想、感情和行为表现出来的一组正向特质，隶属于不同的长处。

在积极品质这个概念的发展过程中，心理学家们从"力量与美德"这两个核心的积极品质的角度进行了大量的分类和测量工作，归纳出人类普遍具有的美德，在此基础上，提出可测量的24种心理优势，以及相对应的智慧与知识、勇气、爱与人性、正义、节制、灵性与超越6类核心美德。人类积极心理品质的概念就是由以上6种人类核心美德组成。积极品质与美德相结合，关注的是个体性格中健康的、向上的品质，体现在价值—行为分类体系中，是个体在成长过程中先天遗传因素与环境相互作用的条件下形成的具有正面意义的、可塑的个性特质。每个人身上都存在着固有的和潜在的积极力量与美德，这些良好品质具有积极力量，如热爱学习、善良、正直、审慎、对世界的好奇心、热情等，所以也成为理论和学术上研究的积极品质。

三、积极品质训练的意义

积极品质在人们的生活发展中有着重要的作用。积极品质的训练有利于个体的健康发展。培养人们的积极品质，挖掘人们的积极心理潜力，使人们内心有一股积极的力量去感受自我的潜能与幸福。引导人们发现自我身上的潜能，发现内心的积极心理，使人们在面对困难与挫折时有坚强的意志，不放弃，有乐观的心态，看到事物的积极面，正确归因，寻找事物的解决办法。

积极品质的训练有利于人们更快地适应所处的环境，促进人的发展与成长，培养积极的心态，构建和谐的社会环境。积极心理学认为人人都有积极的心理潜能，都有自我向上的成长能力。在积极品质的训练上，积极的认知方式、积极的意志品质、个人积极的心态都需要不断地进行加强。积极品质如自信心、自制力、乐观、感恩、情绪控制与调节能力、人际交往能力、忠诚、坦诚这些品质的提高让人们更好地发展自己。

积极的心理品质是激发社会活力的源泉。它能够增强人的个人资源、降低或消除消极情绪，同时它也是人类自身存在着的可以抵御精神疾病的力量。积极的心理品质是实现人际关系诚信友爱的精神基石，它是促进民主法治、公平正义的心理支撑。

四、开展积极品质训练的技术

积极品质在人的一生发展中发挥着重要作用，当你拥有积极品质，你会更加乐观地看待自己生活中发生的事情，有利于提高自身的工作与学习效率，有利于预防心理疾病的产生，有利于增强个体主观上对于幸福的感知能力。因此进行积极品质的训练尤为重要。

1. 自信心训练

（1）理念

自信是一个人对自己的个性心理与社会角色进行的一种积极评价的结果。它是一种认为自己有能力或可以采用某种有效的手段完成某一项任务，解决某个问题的信念。它是心理健康的重要标志之一，能够起到充分挖掘人的内在潜力的作用，也是人取得成功的积极心理品质。每个人都有自己的特质，正确认识自己并且以积极的心态来面对未来就是自信的一种表现。

（2）目标

通过自信心训练引导成员正向评价自我和他人，激发成员的内在动力，增强自信心，让学生学会提升自信的方法，以更加积极的心态去生活与学习。

（3）设计思路

在自信心训练中，在暖场阶段设置了"趾高气扬"活动，每个人用表情和动作来表演"趾高气扬"，自由交流感受。在工作阶段设置了四个活动主题。第一个活动是自我暗示，每个人用"我无法……"句式至少写出三句话。然后把"我无法"改成"我不要""我一定要"，每一次都大声地读出来，用心感受其中的不同。再通过讨论与导师的讲解，分析积极暗示对增强自信心的作用。第二个活动是自我肯定，运用两个心理技术"目光炯炯"和"优点轰炸"。让成员在面对面的注视中和互相称赞优点的过程中，既认识自己，也了解他人。第三个活动是"目标具体化练习"。小组讨论如何将愿望变成具体的目标，并且对目标的细节和实现条件进行分析，并相互进行修改借鉴。然后描绘自己未来的场景，自己"十年后的幸福生活"的场景。第四个活动介绍卡耐基的《自信的力量》一书中的有关内容，帮助成员在未来的成长过程中追求美好的生活。

（4）时间场地

时间是 110 分钟。场地是活动室。

（5）流程

第一步，这是个暖场阶段，进行"趾高气扬"活动。全体成员围坐成一个大圈，用表情和动作来表演"趾高气扬"，大家互相看别人的表情，然后请成员们谈谈自己的感受。

第二步，这是工作阶段。首先进行一个"自我暗示"的活动。

全体成员围城一个大圈，进行 1、2 报数，报 1 的成员向左前方一大步，然后向后转，内外圈面对面。每个成员发一张表格，先写上"我不行"，然后至少写上三句"我无法做到的……我无法实现的……我无法完成的……"反复大声地读给自己听，再读给对面的成员听。然后所有的成员将原来所有的"我无法"三个字划掉，全部改成"我不要"，这时候内圈向右移动一个位置，先读给自己听，然后读给对方的成员听。然后所有的成员将原来的"我不要"改成"我一定要"，内圈再向右转动一个位置，先读给自己听，然后读给对面的成员听。最后请同学们谈谈参加这个活动的感受，老师进行总结，并讲解心理暗示的作用。

第三步，内圈成员继续向右转动一个位置，两个人一组，互相注视对方的眼睛 30 秒，不可闪躲，然后进行自我介绍，之后接着说："我对……（唱歌、绘画、跳舞等）最有把握。"大声地说三遍，注意每·遍的感受。然后请对方帮自己做某件事或者向对方借东西，用各种方法要求对方，但是对方只能重复说"不"。完成之后，两人互相讨论自己的感受以及如何运用到生活中。

第四步，所有的成员按 8 个人一组，围坐成一圈。小组成员轮流坐到中央戴上高帽，其他人轮流说出他的优点和对他的欣赏之处。态度真诚，发现别人身上的长处。

第五步，8 个人一组，讨论如何将愿望变成具体的目标，并对目标的细节和实现条件进行分析，每个人写出自己的愿望，讨论如何完成它。在谈论完成后，描绘"未来十年自己的幸福生活"，可以用图片，也可以用文字。每个人轮流到台上介绍自己的画作或者朗读自己的文章。

第六步，最后导师介绍卡耐基的《自信的力量》中的有关内容。

2. 感恩训练

（1）理念

当我们做一件事，所面对的结果不顺时会因遇到的人和事而产生挫折感与无助感，渐渐地不再相信，不再肯定自己的能力、特质和他人的帮助，因此不再主动感恩和协助他人。长期的抱怨、低落情绪堆积，造成了随后诸多的其他困惑。有鉴于此，我们在本会团体咨询的基础上，运用"254"支持性团体咨询中的技术冥想与书信，让受众在自己的反思和动手中醒觉，唤醒和提升自身拥有的处理能力。

（2）目标

通过冥想与表达帮助参与者正视自己的经历，组合知识结构，强化自身的心理资本，促使其积极主动应对社会事件。通过书信和诵读使其开腔表达自己，主动沟通，从而改善与重要他人的关系，由向别人求助到主动帮助。通过表达感恩，自己的表达与沟通能力得到提升。

（3）时间场地

时间是 30 分钟，场地是活动室。

（4）工具

A4 纸、笔、电脑、音箱、音乐、纸巾。

（5）流程

第一步，冥想训练，导师引导参与者闭目冥想自己过去的经历，感受经历当中自己的努力和接受过的他人的协助，体会接受帮助时自己是什么样的感觉，对对方是什么样的感觉。无论结果，敢于承担自己的责任，感恩得到他人的帮助，让自己开始感恩。

第二步，引导参与者想象当自己帮助别人的时候，自己的呈现如何，给予对方协助之后，成就他人会有什么样的体会。

第三步，想象当有人需要协助时，你最想去协助的是谁，怎么帮。

第四步，将冥想中的收获，以书写信函的形式记录下来，然后带动分享，并让参与者继续保持在感受当中，让参与者当下就能感受到感恩的力量。

第五步，要求参与者写下自己想做却一直还没做的感恩举动，引导参与者承诺在短时间内（具体时间点）将感恩行动实施。

参考文献

1. 刘维婷. 当代大学生积极品质培养探析：基于积极心理学视角 [J]. 赤峰学院学报（自然科学版），2017，33（9）:33-35.

2. 张维贵，李自维，王飞飞. 积极心理学视角下当代大学生积极品质的培养 [J]. 兰州学刊，2012（9）:222-224.

3. 李自维，张维贵. 当代大学生积极品质探析：基于积极心理学视野下的调查分析 [J]. 河南社会科学，2011，19（6）:119-121.

4. 鞠鑫. 人的积极品质培养的价值与路径 [J]. 现代教育论丛，2013（5）.

5. 赵静. 心理学视域下积极品质研究评述 [J]. 教育教学论坛，2013（44）:149-151.

6. 许淼淼. 渗透积极心理学教育，培养学生积极品质 [J]. 教育艺术，2016（5）:8-9.

第四节　中国人的集体心理资本

一、心理资本与集体心理资本的论述

随着积极心理学越来越受人们的重视，心理资本对个人和组织的成功越来越重要。由于团队在生活和工作中作用的日益凸显，研究者们提出了"集体心理资本"的概念，从而更好地研究集体或团队的积极心理资源。

目前国内对集体心理资本的研究并不多见。心理资本最初是西方管理学家在积极心理学和积极组织行为的框架下提出的理论，其定义是指个体在成长和发展过程中表现出来的一种积极心理状态，具体表现为四个方面：一是自我效能，即相信通过自身的努力可以成功完成挑战性任务；二是乐观，即对现在发生的事件和以后将要发生的事件做出积极归因；三是希望，即坚持不懈地完成目标，必要时也会调整自己的方法；四是韧性，即能迅速从逆境中恢复过来。

什么是集体心理资本呢？集体心理资本不是个体心理资本的简单综合，而是个体在互动过程中所营造出来的一种氛围，是一种共享的积极心理状态。积极心理学主张人不是环境的产物，而是环境的贡献者和制造者。因此，一个团队的集体心理资本不仅是交互协作的产物，同时也是期望行为和绩效成果的制造者。接下来，我们详细解析心理资本和集体心理资本的四大构成要素。

1. 效能

效能指有着成功的信心，类似于"自我效能感"的定义。自我效能感是指个体对自己是否有能力完成某一任务所进行的自我推测和自我判断。换句话说就是自信程度，你是否对自己可以利用某项自身技能去完成某项工作感到自信。若你对成功完成某件事充满信心，则自我效能感高，反之亦然。

由此可见，自我效能感对人的发展具有许多积极的功能。一个人的自我效能感高低决定着他对活动的选择以及对该活动的坚持性和努力程度。自我效能感还影响着人们在面对困难时的态度，是迎难而上，还是望而却步。高自我效能的个体更容易选择具有挑战性的任务，并且一旦开始实施或者执行该任务，尽管中途会遇到挫折与困难，仍然可以克服并坚持到底，最终圆满完成任务。自我效能感高的人对任务结果的期望值高，遇事能理智处理，能够控制自暴自弃的想法，在需要的时候能够得心应手地发挥智慧与技能，随时具有成功完成挑战性和应急性任务的自信。

沿用个体自我效能的定义，集体效能是指在行为过程中，团体联合能力所需要的共同心理资本和积极信念。集体效能是集体心理资本的重要构成要素之一，它对集体心理与行为具有显著的调节作用。已有研究发现，高集体效能的团队更有自信，能更主动地参与到团队的任务中，积极与团队成员进行交流、沟通和互动并以此获得成功。

2. 希望

希望属于意志和途径。一个拥有希望的人，当确定一个目标后，他会持续朝着该目标前进，就算在前进的过程中遇到了阻力，他也不会放弃，仍会不断调整姿态与方法，最终保证目标的实现。

希望是一种心理品质。充满希望的组织者或管理者能够统观全局，拥有以目标为导向的意志力和指引力，拥有感染下属的力量和决心，其管理的工作部门的绩效较高，下属的留职率和满意度也较高。充满希望的员工是内控型的人，往往能够独立思考，对成长和成就有强烈的需求，足智多谋，具有很强的创造力。

集体希望即一个集体所具有的一种积极的动机性状态。有研究表明，集体希望对组织的领导力以及员工的行为表现都有较大的影响。一个集体的希望水平越高，越容易获得成功。

3. 乐观

乐观指的是对已经发生的事件与未发生的事件都能进行积极归因。高度乐观的人常怀感恩之心，并且能够利用机会提升自己的能力。当然遇到逆境的时候，他们也能够排除干扰，负重前行。

对于团体而言，对结果抱有积极信念和期望的团队能够更积极地投入任务中，同时乐观团队也会重视对每一个成员的投入和协助，鼓励团队成员以互动和交流的方式高度参与，最终促进团队合作。相反地，一个团队如果没有积极的信念，团队内的成员会表现出倒退的倾向或缺乏内部控制力等自我保护的行为方式。

4. 韧性

韧性表示复原与超越，其含义是在面对重大的风险或困境时，人们能够积极应对或适应的能力。当今人们在工作中存在很多不可避免的不利因素，如解雇、裁员、未得到晋升、未能达成项目目标、被团队成员忽视、受到歧视等，这些消极事件都需要韧性来应对。

从集体层面上来说，集体韧性是使团队在面对潜在的压力情境时进行自我修复的能力。研究发现，那些在面对巨大的转变和压力时，能够适应且迅速从消极经历中恢复过来的团队，会较少地受到不利影响。

二、心理 GDP

近几年来，相信"GDP"这个词对于大家来说都并不陌生。GDP 就是国内生产总值，就是说在一定的时期内（一般为一年），一个国家或地区所生产出的全部最终产品和提供劳务的市场价值的总值，再通俗一点说就是经济的总量。

从这个"经济总量"延伸过来，有没有一个"心理总量"？答案是：有。一个国家有它的"人心"，心理的总量也就是国民"心力"加在一起组成的。比如说，中国每个人都有自信，文化自信也好，政治自信也好，又或者是心理自信等，这些自信就是力量，它们加在一起便形成了全中国人的自信心水平。

若国民的自信水平较高，则代表每个中国人普遍的自信心水平都较高，在外也给人留下了高自信的国民形象。这就意味着，国民表现得不自信的现象会不断减少，例如大声吆喝、炫富等。

实际上，当今社会存在着许多不良行为，从道德角度考虑，大家都知道不应该做，但是却又忍不住做。因为人们心里的需求没有得到满足从而引发内心的自卑，无时无刻不觉得别人瞧不起自己，所以不自信。

自信（自我效能）、乐观、希望、坚韧等都是心理资本的概念。

那么，某种程度上，每个人的心理资本加起来，就是集体心理资本。我们可以用"心理GDP"这个概念作为集体心理资本的象征。

假设一下，社会心理服务的主要工作内容是什么？社会心理服务工作就是旨在提升国民的心理素质。那么，提升国民的社会积极心态和心理素质是心理健康的范畴，也是健康中国的范畴，还是平安中国的范畴。因此，我们应该站在提升全体中国人的集体心理资本的宏观角度，一起探讨社会心理服务工作。

当形成这样一个宏观目标时，我们所把握的工作方向和意义价值不再是"局部手术"，不再是头痛医头，脚痛医脚，而是提升全体中国人集体心理资本。心理资本一旦提升上来，就增强了我们的自信，提升了我们的积极心态，提高了我们的社会心理素养，从而最终为社会主义经济建设服务。

经济建设与精神建设需要创新，需要勇敢，需要大刀阔斧。这些都是当今社会还不够完备的。为什么要打黑扫除恶势力？就是要铲除一切在经济发展道路上的阻力。为什么要破除官僚主义和形式主义？就是要消除那些糊弄人的工作作风，真正实事求是向前干。为什么要开展文明建设？就是要提升社会素质，提升社会心态？只有具备良好的社会素质与心态，经济才能发展。所以，社会心理的一切工作都服务于经济建设背景下的幸福中国、文明中国、平安中国和健康中国。

三、中国人的集体心理资本

心理资本就是集体性质的。现在我们要把个人的心理资本都提高以后，变成全中国人的一个共同信念。这个信念就是我们能行。其实我们的国家领导人、决策部门就相当于团体导师，通过各种宣传部门、各种会议带领各个省的省委书记、宣传部部长，带领心理成长团体。

这不就是集体自信吗？这不就是集体信念吗？我们在一个社区进行心理服务工作之前，对这个社区进行测量，如果说 10 分是满分，这个社区的得分是 5 分，我们便开始通过各种社区活动去提升分值，这就是我们的主要工作内容。当经过一段时间的团体活动，该社区的测量分数开始提升，分数提升意味着大家在全面奔小康的道路上开始越来越有信心，一个集体所具有的积极动机状态就是希望。如果集体效能增强，集体希望提升，整个中国国民团队对结果就抱有一定能取得胜利的积极信念。

一旦老百姓都相信自己一定能过上好日子，那就已经完成全面脱贫了，这是一种心灵的脱贫，因为这是骨子里透出的信念。这就是扶贫扶志。"志"就是"志气"的"志"，包含了我们的心理资本，它主要是心理资本中的意志，是集体的韧性。这部分反映着中国人民的集体韧性，吃苦耐劳的高贵品质，也是中华民族的文化核心。

文化作为人生长、发展的背景，影响并制约着其中个体的心理结构，从而影响到心理资本的积聚、结构和作用。

东方文化经由数千年发展和积淀，影响和塑造了中国人的民族性格，孕育和滋养了中国人独特的心理生活和行为方式。与追求"以人为本"的西方文化不同，东方文化的核心是"以道为本"，并最终在与自然、社会的和谐中实现人的价值。东西方文化的差异必然体现在心理结构中，当然也包括对心理资本的建构中。

儒家、道家和释家是中国传统文化的主流和代表思想。因此我们尝试在东方文化背景下寻求影响中国人心理资本的因素，这些因素包括"伦""礼""道""德""觉""悟""信""修""戒""因果""善恶""无为"等及其衍生的各种因素，并与心理资本架构中诸因素相对应或进行比较，从而为构建中国人的心理资本体系做出初步的探索。

中国人文化背景下的人格以及心理资本的特征和西方人的文化背景下的心理资本特征是不一样的。在中国人眼里，吃苦耐劳是一种美德，但是由于文化差异，受西方文化影响的人并不认为吃苦耐劳是一种品质，这便会产生文化冲突。例如在欧美生活的中国人在街头开饭店，当地人上午 10 点营业下午 6 点结束营业，而中国人的店都是早上 8 点营业晚上 11 点甚至 12 点结束营业，这种吃苦耐劳的特点在西方人眼里并不被列为优势和美德，甚至让他们反感。

品质还有另外两个别名，美德和优势。积极品质构成了心理资本。在亚洲地区，例如韩国、日本等国的积极心理学家将心理资本称为美德。心理资本具有跨文化认知的特点。假如我们做这样一项研究，将中国人的积极品质发到国际期刊上，对这些积极品质所构成的心理资本进行类型分析，中华民族的优良传统、民族性格和民族优势在国际上并不被认可，甚至被视作弱势。

比如，中国人的热情好客，西方人就认为这种"热情好客"是吵闹和没有礼貌，对于意大利、匈牙利等比较内敛的民族，这样的表现甚至让他们感到被侵犯。这就是心理资本不同类型的跨文化认知问题。你的热情好客在人家那里就行不通，他们不认为这是一种好客的表现。

这个时候，我们便应该致力于文化公关工作。什么意思呢？我们要在学术领域和文化领域向全世界宣传。如何宣传？宣传什么？就如我刚才提到的，我们要做一个研究，对比不同文化背景下的心理品质的文化人知。将研究目的、研究过程和研究结果刊登在权威的国际期刊上，并且到世界心理学大会上去做报告。通过这样一系列方式，向全世界介绍中国人，宣传中华民族，宣传我国优良的传统文化，宣传中国人的品质和优势，减少外国人对中国和中国人民的误会，尊重各自的文化差异，也尊重各自的优良传统和积极心理品质。

我曾经接受过一次西方媒体的采访，在采访交流的过程中，他们表示中国人十分粗鲁和吵闹。在他们的意识中，中国人的文明程度不够。我个人十分不认同这种说法和观点。文明本来就不是把文化中的优良传统放在它的弱势下去看待的。文明既有精华也有糟粕。美国社会也曾出现多起恶性枪杀事件，这样的文明程度是够的吗？所以，一定要站在不同的文化下面去看待这件事。当别人没有站在你的文化下面去真正了解你和评价你时，我们就要进行有效说明，光耀文化自信。集体心理资本不是个体属性的简单总和，它还包括了集体的意志思想共同链接，然后形成一个交互结果。

所以集体心理资本还不等同于个体心理资本的总和。中国人独有的集体心理资本有坚韧、务实、仁义、努力、宽容、勤劳等。这里拿出"坚韧"这一心理资本具体给大家介绍。

中国有句古话："不撞南墙不回头。"这就很形象地体现了中国人的韧性。中国人的韧性很强，不与人为敌，这也是其他文明容易断流，而中华文明经久不衰的重要原因之一。同样是一样的劲，我们能一忍再忍，这是我们的优势，但同样也是我们的劣势。

劣势是什么？就是要撞到南墙才回头，所以才会出现有这样歌词的歌曲："昏睡百年，国人渐已醒，睁开眼吧，小心看吧，哪个愿臣虏自认，因为畏缩与忍让，人家骄气日盛，开口叫吧，高声叫吧，这里是全国皆兵。"其实这首歌曲背后就是我们的民族性格，是中国人的集体心理资本。忍到最后，才奋起反抗，这是我们的民族性格。

四、提高中国人集体心理资本的途径

在这样的背景下我们应该做些什么？一切社会心理服务工作都是围绕着提升中国人的集体心理资本展开的，例如心理茶馆、社区"254"模式等。我们要擦亮中国人积极心理品质这块金字招牌。

在出国旅游之前，旅行社可以对出行旅游团进行文化建设，开展一次心理活动。通过这项活动提高国民的集体心理资本、民族自信以及民族自尊。

中国人在外旅游往往给本地居民留下在公共场合大声喧哗、吵吵闹闹的印象。举个例子来说，今天导游准备带游客们去一个十分有意义的景点，这个景点就是斯里兰卡的国会大厦。这座大厦后面隐藏着这样一个故事，20世纪四五十年代，我国的社会和经济发展还十分落后，老百姓最基本的温饱都很难达到。当时的中国需要大量的橡胶材料，但那时正处冷战时期，我国的外交情况也不太乐观，没有国家愿意卖橡胶给中国，除了斯里兰卡。但是，买过来的橡胶价格也是十分昂贵。我们作为交换条件，便为斯里兰卡建造了这座国会大厦，尽管当时条件艰难，但是大厦的一砖一瓦都是从中国空运过去的。

在参观景点之前，这样蕴含着民族情感的故事能让游客肃然起敬，为中国、为作为中国人而感到骄傲。这个时候，不吵也不闹，心中只有满满的敬意，这就是民族的自尊心。此举就是在提升民族自尊心，提升文化自觉性，增强集体的心理资本水平。

这也是社会心理服务的主要工作内容。旅游只是这项工作中很小的一个部分，除了处理旅游的文化建设工作以外，驻外劳工的心理建设也是这项工作重要的一部分。我曾对赴越南的黄埔发电厂、南方电网等大型企业的驻外工程师们进行出国前的心理培训。在《南方都市报》还有我做培训的相关报道。培训的方向和内容就是关于跨国文化，让我们跟着"一带一路"的步伐走出去，擦亮中国人积极心理品质和集体心理资本的金字招牌。

参考文献

1. 韦志中，阴越 . 影响中国人心理资本的文化因素初探 [C].中国社会心理学会年会暨文化心理学高峰论坛、湖北省心理学会年会 .2013.

2. 周紫婷 . 积极心理学视角下集体心理资本研究述评及展望[J]. 晋城职业技术学院学报，2016，9（5）:48-51.

第五节　中国人的幸福之道——五伦与四端

一、向孟子学积极心理学

孟子是中国古代的积极心理学家，他相信人性本善。现代的积极心理学家塞利格曼提出了幸福的五元素——积极情绪、投入、人际关系、意义、成就，他是积极心理学的倡导者。孟子与塞利格曼，一个古一个今，一个中一个外，这是古今中外的两位积极心理学家在对话。

孟子提出来两种重要的思想，一种是五伦，一种是四端。五伦是古代中国的五种人伦关系和言行准则即所谓君臣、父子、兄弟、夫妇、朋友五种人伦关系，用忠、孝、悌、忍、善为"五伦"关系准则。孟子认为，"君臣之间有礼义之道，故应忠；父子之间有尊卑之序，故应孝；兄弟手足之间乃骨肉至亲，故应悌；夫妻之间挚爱而又内外有别，故应忍；朋友之间有诚信之德，故应善"。四端是指一个人内心善良的发端。孟子的"四端"是指："恻隐之心，仁之端也；羞恶之心，义之端也；辞让之心，礼之端也；是非之心，智之端也。"孟子认为恻隐、羞恶、辞让、是非四种情感是仁义礼智的萌芽，仁义礼智即来自这四种情感，故称四端。

这四个善良的发端，就相当于人的精神的四肢。人外在的体格有四肢，没有就不能行走，不能拿东西，不能进行日常生活。

内心的精神世界也有四肢，这个四肢可以让精神自我行走于这个世界。孟子认为，"无恻隐之心，非人也；无羞恶之心，非人也；无辞让之心，非人也；无是非之心，非人也。"意思就是没有怜悯伤痛的心，不能算是人；没有羞耻憎恶的心，不能算是人；没有谦辞礼让的心，不能算是人；没有分辨是非善恶的心，不能算是人。

作为一名社会心理服务的工作者、参与者都应该持有一种什么样的心态去对待它？以中华民族的人性文化、性善论的文化为根基，相信人是善的。所以社会心理服务本身是善治的，我们应该具备的是善治的人性观，人性本善的人性观。这是在中国文化的背景下形成的人性观，其他文化背景下的观念是不适用于我国的现实情况的。比如说在精神分析背景下的观念，其人性观是人性本恶，我国的心理学是人性本善。首先两者之间的人性观就有不同，有分歧，所以外国的一些观念到国内会出现水土不服的情况，这样贸贸然拿来用是不行的。我们可以借鉴外国的方法，但是不能把他们的人性观也照搬过来。

四端是人的内心的关系，五伦是外部的五种关系。内部和外部都和谐是我们的工作追求的目标。四端之心很丰满，比如"恻隐之心，仁之端也"。人们都有善良之心，是人天生就有的，只是没有表现出来，但是我们可以把它激活，让人们都能表现出来。让这种善良之心不是埋藏在人的心底，而是流淌于自己的心端，在社会中突出地体现出来。在日常生活中人们就互相帮助，平时不冷漠，这样社会就不会出现心理沙漠化，人与人之间就会充满爱。当你相信人性之美、人性之善、人性之真时，人际关系就是和谐的，社会也会更加和谐。

我们要向孟子学习，学习他的什么呢？我们为什么要学习？我们学习是为了自己的幸福与快乐。我们要学习仁爱、善良、道义、恭敬、智慧、快乐，学习孟子的这些智慧。

简单来说，从古至今中国人就有一种内在的动力，追寻理想人格。从三皇五帝时期开始，中国人就热衷于提升自我修养，不断地完善自己。

在《尚书·大禹谟》中，舜帝在禅让帝位给禹的时候告诫禹："人心惟危，道心惟微，惟精惟一，允执厥中。"这就告诉我们，人心细微处有牵一发动全身的危险。一念之间可以杀人，也可以救人、爱人。人心是很细微的，要小心翼翼地管理着。道心也是很细微的，也要小心呵护着。大自然的规律不能破坏，人心里的情感也不能破坏。在那个时候我们的先祖就已经认识到了管理自己之难，管理自己的心性，调自己的心性之难。要想把社会治理好，首先要管理好自己。管理自己，就是管理自己的心性。

管理自己的心性，一方面是管理自己内部的心性，另一方面是管理自己与外部的世界的互动，与道同行。那么如何做到这两个管理呢？就是求中，就是中庸之道的中，就是不偏不倚，不摇摆。

中国人有自我觉醒的能力，这是我们中华文化的特征。所以我们要相信什么？第一，相信人性本善，人的本质是不坏的。第二，相信中国人是可以进行内部觉醒的，只是需要教化。

我们现在要做社会心理服务工作，我们要服务的是当下的中国人，他们有各种各样的职业，有各个社会阶层，有各种性格，有各种习气。我们需要善良的人性观，要看到每个心灵的美丽。他现在的表现不好，只是在社会的文化习俗中迷失了本性，心灵沾上了尘埃，但是他的心性的根本还是善良的。

二、五伦的现代意义

早在原始社会末期，有三位仁慈爱民的圣王尧、舜、禹。传说尧帝就非常重视人与人、人与天地自然的和谐相处。"圣人有忧之，使契为司徒，教以人伦：父子有亲，君臣有义，夫妇有别，长幼有序，朋友有信。"（《孟子·滕文公上》）此处的圣人，就是指尧帝。尧帝在位时，为了促进人与人之间的和睦相处以及人与天地自然之间的和谐相处，提出了五伦关系，并委任有贤德的大臣契（人名，尧帝时期的官员）担任司徒，在百姓与各部落中推行五伦及其教化，以便形成仁善的家庭关系与社会风俗。后来，继位的舜帝（以孝悌著名）、禹帝（以治水有功）继承了尧帝的五伦思想，并加以实践推广。周朝的周公、春秋时期的孔子、战国时期的孟子都继承并弘扬了古代的五伦关系。

齐景公曾向孔子问政，孔子则曰："君君、臣臣、父父、子子。"其意思是做君主的要像君主的样子，做臣子的要像臣子的样子，做父亲的要像父亲的样子，做儿子的要像儿子的样子。只有君、臣、父、子各行其道，各尽其责，家庭才能和睦，国家才能昌盛。孟子非常推崇尧帝的五伦之教，并认为父子之间有骨肉亲亲，君臣之间有礼义之道，夫妻之间挚爱而又内外有别，老少之间有尊卑之序，朋友之间有诚信之德。南宋时期的朱熹是古代著名的教育家、儒学大师。他创建和振兴了四大书院中的两大书院——白鹿书院和岳麓书院。朱熹亲自为白鹿书院制定了一套学规,并将"父子有亲、君臣有义、夫妇有别、长幼有序、朋友有信"定为"五教之目"。所谓五伦,即古人所谓的君臣、父子、夫妇、兄弟、朋友五种人伦关系。其中,忠、孝、忍、悌、信为五伦关系的基本准则。

孟子提出的五伦观点是从孔子的仁、礼等思想演化而来,这些思想在中国古代被统治者所采用,用于稳定社会,促进和谐。五伦关系不仅在古代,在现代社会仍然具有它的现实意义。

1. 它有助于现代和谐社会的建立

当代的和谐社会指的是五方面的和谐。一是个人自身的和谐,二是人与人之间的和谐,三是社会各系统、各阶层之间的和谐,四是个人、社会与自然之间的和谐,五是整个国家与外部世界的和谐。在新的历史时期,承接和弘扬中国自古所崇尚的和为贵、和谐为美的和谐社会理想,建设各阶层人民和睦相处、和谐共治的和谐社会。可以说,孟子提出的五伦关系是中国社会中人们关系的独特结构。五伦关系和谐,整个社会关系也就和谐了。五伦关系稳定了,整个社会的稳定也就有了基础。

孟子提出的"父子有亲,君臣有义,夫妇有别,长幼有序,朋友有信"五伦关系,可以延伸到现实的社会关系。父子关系就是指长辈与晚辈的关系,君臣关系就是上下级或者领导与被领导的关系,夫妇关系可以认为是两性关系,朋友关系就是现代的朋友之间的情义,长幼关系指的是同辈人的长幼关系。

这些关系的稳定对于现代社会的和谐稳定具有重大的意义。在中国这个有着礼仪之邦之称的国家,要以什么样的方式来对待这些关系呢？孟子主张要以仁义礼智等道德规范去提升人们内在的德行，使人们遵守五伦关系，从而达到社会和谐与稳定的目的。在现代社会，我们可以将古代提出的思想去粗取精，取其精华弃其糟粕，并且赋予它新的时代意义，可以为现代社会的稳定与和谐提供借鉴意义。

2. 它有利于社会主义精神文明建设与思想道德建设

社会主义精神文明建设的根本任务就是适应改革开放和社会主义现代化建设的需要。我国社会主义精神文明建设，必须以马克思列宁主义、毛泽东思想和邓小平理论中的建设中国特色社会主义理论为指导，坚持党的基本路线和基本方针，加强思想道德建设，发展教育科学文化，以科学的理论武装人，以正确的舆论引导人，以高尚的精神塑造人，以优秀的作品鼓舞人，培育有理想、有道德、有文化、有纪律的社会主义公民，提高全民族的思想道德素质和科学文化素质，团结和动员各族人民，把我国建设成为富强、民主、文明的社会主义现代化国家。这是精神文明建设总的指导思想，也是精神文明建设总的要求。

在现代社会，对孟子的五伦进行扬弃，可以对当代的思想道德建设和人伦价值的提升产生重大的作用。五伦关系中非常重视子女与父母之间的关系。父子有亲就是父慈子孝，这表示父母慈心，关爱子女，子女理解、孝顺父母。父子有亲是五伦之首，符合天然的人伦秩序，是传承五千年中华文化的伦常之道。只有无障碍地连通父母与子女的亲密关系，人生的伦常系统才会通而不痛，才能有和顺畅通的人生。尊老爱幼是中华民族的传统美德和高尚情操，这一优良传统我们要好好传承与弘扬。通过看一个人是否爱父母，我们也可以看出这个人对他人、社会与国家的态度。通过继承五伦关系中优秀的部分，可以为现代社会的思想建设汲取传统的养分。

3. 它有利于增强人们的道德责任感与道德义务

面对社会的发展，人们之间的关系是非常重要的。每个人身处这个社会，我们与社会上的人发生着各种关系，在社会中也承担着不同的角色。"父子有亲，君臣有义，夫妇有别，长幼有序，朋友有信"，不管是父子关系、夫妻关系还是朋友关系等我们都需要一定的道德责任感、道德义务，还有一定的权利。在不同的社会关系中，我们拥有不同的权利，也有不同的义务与责任，这需要我们一起去实践。如果说价值认知是道德责任感的指针，行动则是衡量其高度的标尺。文明，不去实践就不可能抵达。法治，不去奉行就无以彰显其公正。诚信，不去坚守就难以成其为风尚。一个社会的道德水平，从来不会取决于道德的看客，而是取决于择善而从的行动者。正是在这样的意义上，我们说社会主义核心价值观不只是引人向善的精神理念，更是需要付诸行动的价值准则。社会整体道德水平的提高需要社会上每个人的道德水平的提高，而我们需要在社会中明确自己的道德责任与义务。在面对自己的道德责任时绝不退缩，坚决承担责任。在自己应尽的道德义务面前，要坚决履行。人们有自己在道德生活中的权利，同时人们也要做符合道德要求的事情。在这五伦关系中，我们需要不断地厘清要遵守的道德责任与道德义务，才能对社会的稳定与国家的道德水平提升有很好的作用。

三、四端的现代意义

孟子的四端思想是在孔子等学者的思想基础上建立起来的，丰富了孔子的"仁""五行"的理念。"四端说"主要围绕"仁义礼智"四端和"恻隐、羞恶、辞让、是非"四心而展开的。这四者都是以"仁义"为核心，阐述了孟子的"仁政"的理念。孟子心目中的"四端之心"之间是什么关系呢？按照表达顺序来看，依次是"恻隐之心""羞恶之心""辞让之心""是非之心"。"四端"之间并不是简单的并列关系，而是突出了"仁义"，理解孟子的"是非之心"要结合"仁义"才能得到澄清。

孟子认为恻隐之心、羞耻之心、辞让之心、是非之心是每个人本来就具有的，与之紧密联系的"仁义礼智"四德也是每个人本来就有的，而不是向外求来的。孟子是以心善论性的，心善所以性善，性善因为心善。但是孟子并不认为人生来就具有完善的德性，而是说人人都具有"四心"，"四心"是成就道德的内在根据，是仁义礼智之端，即"四端"。只有将四端扩而充之，才能拥有完善的德行。孟子提出的四端思想是对于古代人们德行的积极认识，同时对于当代中国人的道德水平的提升具有重大的作用。

1. 有利于现代社会的道德建设

现代社会中，恻隐、羞恶、辞让、是非之心对于人们成为一个合格的社会主义的公民有非常重要的作用。

恻隐之心，就是仁爱之心、仁慈之心、悲天悯人之心，也就是同情心。面对别人的苦难能够心生悲悯，忍不住伸出援手、雪中送炭，而不是无动于衷、铁石心肠、幸灾乐祸、落井下石。当前社会上一些道德问题频繁出现，比如"扶不扶"成为热点话题。人们会认为这是一种道德感的丧失，人们内心只有自己，没有他人，没有仁爱之心与同情心。

羞恶之心，就是知道羞耻。羞耻心其实是有自知之明的一种表现，是对自己不当行为的一种认识和反省，有羞耻心的人是有良知的，这是做人的基本准则。现代社会上一些人没有羞耻心，做坏事推在别人身上，认识不到自己的错误。

辞让之心，发自内心地尊重，就是恭敬待人，心存感激、学会感恩。现在社会上有些人没有感恩之心，不知道珍惜与感恩。

是非之心，就是要明辨是非对错、善恶美丑，就是要有主见、不盲从，就是要有原则、守底线。有时候人们做事情没有自己的道德原则，随意地伤害他人。这些问题在现代社会时有发生，我们需要加强思想道德建设。

习近平提到，国无德不兴，人无德不立。必须加强全社会的思想道德建设，激发人们形成善良的道德意愿、道德情感，培育正确的道德判断和道德责任，提高道德实践能力尤其是自觉践行能力，引导人们向往和追求讲道德、尊道德、守道德的生活，形成向上的力量、向善的力量。只要中华民族一代接着一代追求美好崇高的道德境界，我们的民族就永远充满希望。

2. 有利于合理地对待爱心与正义之间的关系

孟子提到我们需要"恻隐之心""羞恶之心""辞让之心""是非之心"。恻隐之心并不代表没有自己的道德原则，爱心与是非之心是不矛盾的。讲公理、追求正义是没错的，但是在这个过程中我们也不能遗失自己内在的恻隐之心，对他人的关爱。我们要是非，同时也要恻隐。孟子提出的"四心"我们都需要不断地培养并且逐渐提高，同时也需要我们在社会中进行实践。

3. 有利于人们形成良好的道德素质，对道德教育有很好的作用

构建和谐社会，全面建设小康，道德的规范和引导是不可缺少的。道德的强大精神力量对建设社会主义物质文明、政治文明、精神文明和社会文明具有极强的促进作用。孟子提出的"四心"对于人们的道德素质的形成有很大的作用。在道德教育中，良好的道德品质包括正直无私、忠诚守信、仁爱互助、勇敢进取、勤劳节俭、谦虚谨慎、遵纪守法、文明礼貌等。孟子提出的"四心"与良好的道德品质有一些相同的内容。在现代社会弘扬孟子提出的"四心"还是有很重大的意义，人们的道德素质得到提升，道德教育不断发展。

四、中国人的自我追寻之路

在中国人的发展之路上，我们一直都在追寻着幸福，一直在追求自我成长，自我实现，不断地实现自我超越。中国人一直在探索。在当代社会，中国特色的社会心理服务之路，我们要追求什么样的发展？

坚持善治思维，走中国特色的心理学社会服务道路。中国特色的社会心理服务道路的内涵很深厚。这是由我国当下的社会需求、经济政治的体制特点以及本土文化所决定的。当然这里提到的中国特色的心理学，更多说的是中国人是怎么看人的，中国人看人是把人性看成善的，而不是看成恶的。所以我们的社会治理走的是善治

的路线。

坚持依法治国，以德治国。以德治国前提是对人性有一种充分的相信，这是善治。如果觉得人都没有道德，都是坏的，那就无须以德治国，全部依法治国就行了。

中国是一个拥有深厚文化底蕴的国家。中华文明之所以历经五千年而不衰，得益于其开放和包容，以普世胸怀不断融合外来文明。中国是一个礼仪之邦，新时代承载着新使命。当前我国正处于全面建成小康社会的重要时期，中国特色的发展之路需要人们共同建设，中国梦的实现需要每个人的努力。

参考文献

1. 景海峰. 五伦观念的再认识 [J]. 哲学研究，2008（5）:51-57.

2. 刘艳. 孟子人际关系和谐思想研究 [D]. 河北经贸大学，2014.

3. 周兴茂. 孟子"五伦"的历史演变与现代价值 [J]. 湖北民族学院学报（哲学社会科学版），1999（1）:38-41.

4. 冯天瑜. "五伦"说：建构和谐社会应当汲纳的历史资源 [J]. 武汉大学学报（人文科学版），2008，61（2）.

5. 钱月. 孟子四端说解读 [J]. 黑河学刊，2018（1）.

6. 廖晓炜. 如何理解孟子的"四端之心"：兼与周海春先生商榷 [J]. 道德与文明，2014（1）:136-140.

7. 周海春. 孟子"四端"思想的伦理价值 [J]. 道德与文明，2013（1）:68-72.

8. 王秋梅. 论孟子的性善说及其现代意义 [J]. 广西民族师范学院学报，2003，20（2）:5-7.

第六节　社会心理教育的"大心育"策略探讨

一、德育与心育的定义

德育教育的定义，是对学校的学生进行思想、政治、道德、法律和心理健康等方面的教育，这也是中等职业学校的重要教育工作，德育与智体美等方面的教育密切关联，缺一不可。德育的目的是使学生形成正确的政治立场和观点，形成正确的三观和道德规范。德育能改变学生的意识形态，对学生的健康成长和学校工作的正常开展具有重要意义，而且，中等职业学校教育工作的核心就在于德育。

赫尔巴特强调道德对个体的重要性，他认为道德是人类发展的最高目的，教育是服务于人类发展的先锋事业，故教育的最高目的也是使人道德高尚。哲学大家苏格拉底认为，比技术和职业训练更重要的是道德的完善。综上所述，德育对于个体和社会，其重要意义都是不言而喻的。

心育指教育者采用一定的途径和方法，根据受教育者的心理特点及其发展规律，提高受教育者的心理素质，进而开发自身潜能，培养积极的个性心理品质，促进其心理发展的一种教育活动。心育是促进个体自我认识、完善和发展的重要过程，所以在练习的过程中，心育是一种技术性的服务过程，同时也是一种教育影响。

当下教育倡导的是素质教育模式，心育是其中的重中之重，而心理健康教育则更是心育的重要模式，所以说心理健康教育顺理成章地成为素质教育的重要组成部分。而且，心理健康教育还是国家实施"面向 21 世纪教育振兴行动计划"、落实跨世纪素质教育工程以及培养跨世纪高质量人才的很有分量的部分。有效率且有针对性地对学生开展心理健康教育，也是创建和谐社会、提高公民素质、提高全民综合素质和利国利民的新兴举措。

二、德育与心育的区别

1. 理论基础

从理论基础来看，心育主要是以心理学、医学、认知行为科学等为理论基础，德育主要以教育学、政治学、伦理学等为理论基础。

2. 培养目标

心育的培养目标主要在于开发学生的潜能，发展学生的个性，预防心理问题，培养良好的心理适应，提高学生的心理素质。心育的内容主要包括心理辅导、青春期教育、人际关系指导、职业规划辅导、情感辅导、抗挫力教育等。

德育是对学生进行马克思主义世界观与方法论的教育，让学生养成科学的无产阶级的政治观点与态度、政治方向教育与行为准则规范，培养符合社会要求的道德行为规范，从总体上提高学生的综合素质。

3. 教育方法

心育的主要方法是倾听述说法、鼓励法、辅导法与自由讨论法等。倾听述说法是教育者在耐心倾听述说者之后给予共情与帮助，让倾听者疏通内心积压的情绪症结，减轻心理压力。鼓励法是教育者鼓励学生大胆创新，敢于进取，激发学生的内在心理需求、动机等，调动学生自我教育，自我发展与自我实现。辅导法是在相互尊重、自由平等的气氛中，自由表达、自由参与，通过心理测验、讲座等方式提高学生的心理健康水平。自由讨论法是通过教师组建合适的讨论环境，提出某些需要思考的问题，让同学们自行探讨，鼓励其积极发表自己的观点，疏导学生在学习和生活中的心理困扰，让学生们以最快的速度，最好的状态适应学校中各个阶段的学习。

德育的最主要的教学方法是灌输、模仿和规范。灌输是从外部向学生传达一些知识，并教给其科学的复习与理解方法，使其将观点内化，从而达成教育目的的一种方法。模仿是教师通过榜样教育法，让学生在模仿中学习到正确的学习模式和行为模式，以达到教育目的方法。规范是教师要求受教者执行某些特定的规章制度，通过一些管理手段，使受教者逐步自觉遵守规则的德育方法。当然，在不同的场景，面对不同年龄阶段的学生，德育方法还可以是提供榜样、实际锻炼、说服教育、环境陶冶、批评表扬等。

三、德育与心育的联系

1. 人格的培养

德育与心育的内涵要求，老师要对学生的心理特点有一定的把握，要能通过多种德育方法培养学生的学习兴趣，引导其健康发展。教学工作中，德育与心育共同运用，以促进学生全面发展。

德育活动是一种引导学生确立人生理想、信念、世界观、人生观与价值观的教育活动。在德育中，要学会充分地应用心理学的理论进行指导，将学生的心态引向积极方面。开展德育的教师，要多多学习心理学的知识并运用在工作和教学中，以加强德育教育的效果。教师在心育的同时，也可以结合政治理论课、形势任务教育以及团队活动，有机地进行。

德育与心育的共同之处在于对学生人格的塑造，对学生身心发展的促进，和对学生心理素质的提高。心育与德育可以相辅相成，但不能相互替代。

2. 讲究科学性

德育与心育的开展要在课程设置和教育方法上有一定的科学性。

人的道德发展是与其智力发展同时进行的，德育的目标不能超越学生的心理发展阶段，所以针对不同年龄和心理发展阶段的学生，我们要提出不同的德育目标，切忌好高骛远。心育亦然，心育过程中，教师要同时具备专业学科知识和心育能力。所以说，培养学生心理素质和心理健康水平，同样要有规划和技术，这些都是科学的。把握好德育与心育的科学性是提高学生心理素质的关键。

四、以心育德，以德养心

德育与心育，两者是需要协调发展的，概括来说就是八个字，以心育德，以德养心。

德育主要关注个体的思想观念、行为规范，提高个体的思想道德素质。在个体的发展过程中，个体思想道德的形成与发展是一个逐步实现的过程。在这个过程中，人的道德认知、道德情操、道德行为和道德意志四方面协同发展。道德内化是德育的核心内容，将道德要求转变为相应的道德行为。通过个体的内心进行多方面的选择、融合、顺应的过程，才会出现道德内化的结果，这一过程对人们的心理能力发展程度有一定的要求。所以，德育的良好发展，离不开心育的支持与补充，"以心育德"将是德育和心育共同发展的良好模式。

在心育教育中，要将德育作为指导，为有效实施心育提供一个好的理论指导。在心育教育过程中，既要对人们一般、基本的心理需求予以重视，同时也要对一些似是而非的观念予以澄清，引导他们用科学的理论与方法对自己的内心冲突进行正确的归因，找到自己内心冲突的原因，做出最适合自己的选择，符合他们的价值观，也满足他们的需要，促进他们后续的发展。这样，使心育的基层目标有效地延伸到德育这个层次的目标中，达到"以德养心"的效果。

五、心育与德育的协同构建

德育与心育之间有联系，它也有着本质区别。它们分属于不同的学科，理论基础与使用方法不同。两者之间不能相互代替，心育与德育需要协同构建。

协同构建不是简单地将德育和心育合二为一，完全整合，而是两者适当而合理地统合和互动。心育与德育的协同构建不是"心育问题德育化",也不是"德育问题心育化"。也就是说,不能将心理问题错当成品德问题,不能用品德教育来解决心理问题,德育问题需要用德育教育来解决,而不是用心理来解决。心理问题也要用相应的心理办法来解决。同时也不能过度地看待心育,认为它能解决所有的问题,把它看成万能钥匙,过度强调心理健康教育,忽视甚至淡化德育。

在心育与德育的协同构建中,要以受教者的成长需求为出发点,将多种德育方法适当运用于教育中,同时运用心理健康教育的各种活动或技术,培养学生优良的个性心理品质,让其形成良好的自我适应、自我认知、自我控制能力等。进一步将这些良好的、优秀的个性心理品质与优秀的意志、毅力等品质相结合,协同构建学生的积极健全人格。

在心育与德育协同构建中,人们认识到要用崭新的视角来看待这样的方式。心育与德育的协同建构有利于培养学生的全面发展,培养学生健康的人格,拥有自己的个性,将自己的个性与自己的特长相结合,促进自己的成长。让学生在现代化的社会中,能更好地适应这个社会。

在心育与德育的协同建构中,要将积极心理学的理念作为指导思想,将积极心理学的内容贯穿于教育中。积极心理学主张用积极的思想、积极的方法与技术,让人们看到事物的积极面,用积极的视野研究人的积极层面。在积极心理学的指导下,致力于挖掘人的发展潜能与美德。积极心理学的力量是帮助人们发现并且利用自己内在的资源,激发积极力量与优秀品质,让人们获得美好生活。培养积极的人格是心育与德育两者共同的目标,积极的价值取向让人们认识自己，在积极心理学的思想指导下，在尊重人的成长规律的前提下，发现人们的身心发展特点。心育与德育能让人们适应现在的社会，同时也能让人们满足自身内心的需求。

在德育与心育协同建构的框架下，要非常注重体验与感受，特别是情感体悟与发展。体验式的教育模式聚焦内化体验者的情感与道德体验心得，倡导用心体验和感悟，建议学生将积极体验内化为品质，在今后的学习生活中通过行为将这些品质表现出来。在体验中，学生作为一个独立的个体，有自己独立的人格，要以人为本，发挥学生在体验中的自主性，培养学生们在体验中的创造能力和实践能力。

心育与德育的协同建构要注重对学生进行引导与启发，而不仅仅是传授知识，这是有区别的。我们在发展德育与心育的过程中，要不同于以往的方式，创造一种新的方式来对人们进行教育，促进人的心理健康的发展。教育工作者要因材施教，循循善诱，针对不同类型的学生要找到他们的特点，用合适的方式来对待他们。在确定学生主体地位的前提下，要调动学生的主动性和参与意识，充分让学生认识到自己是生命的主人，学会做自己的主人，做好自己的每一个选择，要对自己负责。

心育与德育的协同建构需要人们用整体性与统一性去看待，不要将两者分开去看待，将心育与德育的优点相结合，取长补短，促使学生养成积极的学习、生活心态与积极的品质。事物中的积极面让我们看到希望，用乐观的态度看待人生。

心育与德育的协同建构需要全面渗透，创设积极环境，让人们在积极环境中形成积极人格。在学校、社会和家庭三者之间互相配合，形成教育合力，让整个环境都有利于人格的发展。

心育与德育的协同建构有利于素质教育的发展，让素质教育向纵向发展。德育与心育协同建构是一个需要相互协调的系统性工程。智、体、美、劳等方面的教育过程中，既含有德育过程，也含有心育过程。通过这种融会贯通的教学方式，学生的心理发展教育和品德教育的需要才能与智、体、美、劳等全面发展的要求结合起来，共同发展。

六、心育与德育的结合策略

德育与心育相结合是针对现代学校教育中的难题的解决办法之一。德育与心育的结合是推动人成长发展教育非常好的方式，对社会的和谐发展也具有重大的作用。

党的十七大报告提出："要全面贯彻党的教育方针，必须坚持育人为本，德育为先，实施素质教育，提高教育现代化水平，培养德智体美全面发展的社会主义建设者和接班人，办好人民满意的教育。"素质教育的发展需要德育与心育的结合。素质教育是指一种以提高受教育者诸方面素质为目标的教育模式，它重视人的思想道德素质、能力培养、个性发展、身体健康和心理健康教育。依据人的发展和社会发展的实际需要，以全面提高全体学生的基本素质为根本目的，以尊重学生主体性和主动精神，注重开发人的智慧潜能，注重形成人的健全个性为根本特征的教育。在这种教育背景下，我们要培养学生的各种素质，如思想道德素质、科学文化素质、专业素质、身心素质等。这些素质之间相互影响，统一于人的完整素质之中，构成人的整体素质。

德育与心育的结合，有利于促进德育工作的实效。心理健康教育的开展更有利于学校德育工作的开展，心育有利于缓解学校学生对德育工作的抵触心理。德育教育通常是强调外在的强化，重在说教，比较生硬，而忽视了学生内在的心理需求，学生在接受的过程中会出现一些抵触。而德育、心育相结合能很好地帮助学生内心接受德育教育。心育看重人的内心，人的内在心理需求是什么。通过德育与心育的结合让学生与老师的心理距离接近，了解学生内心的真实感受，易于把握学生的心理需求，找到外在要求与内在需求最好的结合点，促进学生的发展。

心育与德育相结合的发展需要将德育与心育的理论进行整合。心育的工作丰富了德育观的内容。在德育教育中，德育工作者是组织者和引导者，同时也是学生的朋友。站在学生的角度了解学生的真实想法、道德认知，接纳理解他们的想法。德育过程的基础是学习道德知识、练习并养成有素质的行为习惯，德育的重点在于挖掘学生的潜能、培养学生的认知能力及培养学生其他的积极人格特质。当然，在德育过程中，我们也用心育方式和理论，对德育的内涵和模式进行润色和扩充。

心育与德育相结合的发展需要将德育与心育的形式进行整合。一般的德育课程都是采取班课的形式，采用说教的方式，形式比较呆板，主要是让学生在思想道德、行为规范以及法律意识等各方面形成正确的符合社会要求的价值观。在这样的方式下学生参与性不高，积极性也不大，在这样的方式下学生是被动的，没有发挥他们的主体意识。而心育与德育的不同在于心育讲究体验，在课堂上充分发挥每个学生的主动性，让他们主动参与其中，提高他们的参与意识。这样的方式让每个学生都充分认识到自己是课堂中的主人，拥有主人翁的意识。在德育与心育的结合中，既有德育的课程，也有心理健康课。在心理健康教育的课程中，教师通过给同学们讲授心理学的基础知识，使学生们通过了解、发现和接纳自己，学会处理人际关系，学会适应环境，使学生的个性与潜能得到发挥。

在德育与心育相结合的策略中，要确定发展对象的教育目标，根据他们的目标有针对性地开展活动。不同的阶段有不同的烦恼，不同类型的人也会有不同的困惑。针对不同阶段的人群要设立不同的方法与策略，让人们更好地度过此阶段。

在德育与心育结合的过程中，针对不同学科的特点进行渗透。不同学科的教师可以根据自己的教学内容，找到其中的心理教育因素，对学生进行心理素质教育，塑造学生的品格与精神。比如在数学课上，鼓励学生大胆提出自己的想法，敢于批判，发表自己的意见，学会思辨，要敢于去证明，提升自己的自信心。

同时在学校要设立心理驿站，为那些有心理困惑的学生们提供一个场所，让他们述说自己的烦恼，让老师帮助学生们走出心理的困惑。德育与心育的结合让学生们更好地适应现在的环境，让学生们在一个更加和谐的氛围中度过求学时光。

参考文献

1. 李芳. 试论心理健康教育与德育的关系 [J]. 泰山学院学报，2004，26（2）:108-111.

2. 戴春平. 浅谈德育与心育的关系 [J]. 成才之路, 2007（21）:5-6.

3. 张建东. 德育与心育相结合是增强德育实效性的重要途径 [J]. 长春工业大学学报（高教研究版）, 2005, 26（1）:68-70.

4. 韩秀秀. 德育与心育 [J]. 基础教育研究, 2013（22）:9-11.

5. 梁光霞. 论德育与心理教育相互融合的构建 [J]. 九江学院学报（社会科学版）, 2006, 25（2）:115-117.

6. 王贤微. 论心育和德育的有效整合 [J]. 成才之路, 2010（3）:8-9.

7. 刘静, 叶丽霞. 论高职院校心理健康教育与德育课程的有效整合 [J]. 佳木斯职业学院学报, 2014（3）:264-265.

8. 刘文平, 孙延军. 谈中小学德育与心理健康教育的有效整合 [J]. 教育革新, 2010（8）.

9. 戴萍. 探索学校德育与心理教育结合的途径 [J]. 甘肃教育, 2006（1b）:9-9.

10. 张敏生. 论德育、心育、美育的有机结合 [J]. 学校党建与思想教育, 2009（6）:35-37.

第三章

本土化社会心理服务模式探索

第一节　运用积极心理学践行社会主义核心价值观

在十九大报告中，习近平总书记指出要培育和践行社会主义核心价值观。要以培养担当民族复兴大任的时代新人为着眼点，强化教育引导、实践养成、制度保障，发挥社会主义核心价值观对国民教育、精神文明创建、精神文化产品创作生产传播的引领作用，把社会主义核心价值观融入社会发展各方面，转化为人们的情感认同和行为习惯。

因此，如何使社会主义核心价值观落地生根，成为每一个中国人的价值追求和生存方式，对于国家、民族和个人来讲，都是一个十分重要的现实课题。积极心理学以研究人类的积极心理品质、关注人类的健康幸福与和谐发展为主导，其研究内容对于促进社会主义核心价值观的践行具有重要的作用。

一、社会主义核心价值观与积极心理学

社会主义核心价值观是特色社会主义的基本属性及公民基本道德规范的展现，但是在现实生活中，人们却把核心价值观束之高阁，没有对其形成强烈的情感认同，究其原因，还是人们对价值观的认识不够深刻。

积极心理学自从兴起之后，立马在全球范围内引起强烈反响，

还被誉为心理学领域的一场革命、人类社会发展史中的一个新里程碑。积极心理学主要研究人类的积极心理品质、关注人类的健康幸福与和谐发展。一大批学者、社会大众都对积极心理学抱着强烈的好奇心。这门学科让人们没有距离感，积极情绪、积极品质、人生幸福这些都是人们老生常谈的话题，也是人们内心向往的东西。

社会发展的历史证明：当一个社会处于稳定发展时期，会特别注意个人和集体的良好品德、幸福等；精神层面的满足将进一步促进社会的繁荣富强。所以，以积极心理学视角来践行社会主义核心价值观是非常值得思考的。

二、基层干部践行社会主义核心价值观面临的问题

基层干部作为最接近人民群众的一个群体，其所作所为都直接关系着群众的切身利益，其一言一行都代表着党和国家的形象。基层干部在践行社会主义核心价值观时，也会遇到一些问题：

1. 对社会主义核心价值观的内容认识不清

社会主义核心价值观的 12 个词、24 个字的含义目前在很大程度上只停留在墙面的宣传标识上，停留在会议上，离真正学习认识到位还有很大的差距。很多人还不清楚除了完成上级要求之外，社会主义核心价值观的"价值"到底在哪里。

新疆大学的赵亚峰曾对甘肃省静宁县的基层干部展开调查，发现问到"社会主义核心价值观是党在什么时候首次明确提出来"时，知道的人非常少。在有效参与调查的 481 名基层党员干部中有 35.97% 的人选择了"十七届六中全会"，17.46% 的人选择

"十五届六中全会"，18.09% 的人选择了"十八届六中全会"，只有 28.48% 的人选择了正确答案"十六届六中全会"。另外，针对"社会主义核心价值观三个层面的内容，您最认同哪些层面的内容"这一问题，只有 36.80% 的基层党员干部选择了"都赞同"，有 20.79% 的人选择"国家层面"，有 30.35% 的人选择"社会层面"，有 12.06% 的人选择"个人层面"。

由此可以看出，基层党员干部对社会主义核心价值观三个层面的基本理论内容认识不到位，或者说只停留在表面的一些认知上，没有真正理解社会主义核心价值观三个层面内容之间的相互联系、缺一不可的统一关系，从而导致了对社会主义核心价值观三个层面的价值要求缺乏认同。

2. 对社会主义核心价值观与自身的关系理解不到位

部分基层党员干部没能清晰领悟践行社会主义核心价值观对提高自身素养及加强基层工作的重要性，简单而言是跟自身关系的重要性没有搞清楚，对需要每位干部做什么也没有深刻思考。

在赵亚峰的调查中，虽然有 86.49% 的基层党员干部认为，自己毋庸置疑应该成为建设社会主义富强中国的一员，但也有 10.60% 的基层党员干部觉得富强的关键是实现个人的幸福，还有 2.91% 的基层党员干部认为国家富强是大人物的事，与他们没有关系。与西方发达资本主义国家相比较，一些基层党员干部甚至觉得社会主义并不比资本主义好，在他们眼里资本主义的某些方面是较为优秀的。可见一些基层党员干部对国家富强、和谐与自身的关系产生了怀疑，主要是因为他们对我们国家的国情理解不到位，导致对国家富强、和谐与自身的关系认识不清。

3.对践行社会主义核心价值观信心不足

我国长期处于社会主义初级阶段，社会各种矛盾凸显，基层干部疲于应付各类突发应急事件，便产生一种"无事就是本事，摆平就是水平"的思维。于是基层干部看不到践行社会主义核心价值观对于解决实际问题的作用，甚至怀疑真的有用吗？这不利于提高人们践行的积极性。

在赵亚峰的调查中，当提到对建设公正、法治的社会主义社会是否充满信心这一问题时，只有29.73%的基层党员干部选择"非常有信心"，54.05%的基层党员干部选择"比较有信心"，还有12.68%的基层党员干部表示"信心不足"。因此可以看出有些基层党员干部对社会主义核心价值观建设并没有坚定信念。

作为一直以来的社会关注点，基层党员干部们也纷纷表达了自己对公正问题的看法。只有9.15%的基层党员干部表示"从来没有遇到过不公正的待遇"，71.52%的基层党员干部认为自己在工作过程当中"遇到过不公正的待遇"，甚至有17.05%的基层党员干部觉得自己"一直都受到不公正的待遇"。可见，占很大比例的基层党员干部对建设公正的社会主义社会产生怀疑，导致信心不足。

三、从积极心理学角度解读基层干部面临的问题

关于基层干部践行社会主义核心价值观所面临的问题，我们可以从积极心理学视角来寻找原因。

1.基层干部因为自身素质参差不齐，普遍心理资本水平低，

表现在工作与家庭的方方面面。心理资本概念是由路桑斯等人在2004 年提出的，并将其定义为个体在成长和发展过程中表现出来的一种积极心理状态，健康的心理资本应包括四项积极的心理特征：自信、希望、乐观、韧性。根据资源理论，心理资本是管理与调整其他心理资源以获得令人满意结果的关键性基础资源。作为基础资源，心理资本自然是个体应对工作压力的重要源泉，也是影响个体工作满意度的主要因素。

笔者之前进行驻村干部的心理资本调查，发现扶贫地区村干部的心理资本水平越高，工作满意度就越高，体验到的工作压力就会越低。另外，贫困地区村干部的工作压力还可部分通过影响心理资本来影响工作满意度。具有较少工作压力的村干部，对自己会更自信，对工作会表现得更加积极乐观，对不良事件也能够理性应对，同时更容易感知工作的意义和价值，从而提升对工作满意的感觉。这说明，心理资本可以作为一种个人资源，在工作压力与工作满意度之间发挥缓冲作用。

一个人的价值观受到这个人的心理资本水平影响，一个群体的心理资本水平也影响着这个群体的价值观。基层干部心理资本水平低，对培育和践行社会主义核心价值观没有信心，自然会导致在践行过程中出现重重阻碍。

2.基层工作错综复杂，时刻充满意外情况，经常使干部们招架不住，被焦虑、愤怒等消极情绪占据，容易产生职业倦怠。近年来，基层干部心理疲劳的问题比较突出，压抑、烦躁、紧张、消极等不安全、不稳定情绪增多，职业倦怠感加重，这种状态很大程度上影响了他们的工作、学习和生活。

社会主义核心价值观从感性到理性的积极认知，离不开积极的情绪体验，积极情绪体验可以给个体带来愉快幸福的感受，能拓展人的注意、认知和行动范围，促使个人面对情境采取一种非固定行动的倾向。基层干部在践行社会主义核心价值观中缺乏积极情绪，自然不能身体力行。

3. 基层干部缺乏积极人格特质，甚至有些发展成为"山寨王""村霸"，把个人和家族利益凌驾于集体利益之上，没有处理好小家和大家的关系。从价值观接受的基本规律出发，如果把握好基层干部在价值观接受过程中的心理机制，重视他们的理性需要，就有利于形成乐观、勇气、希望等积极心理品质，这对促进基层干部社会主义核心价值的内化领悟具有重要作用。

四、基层干部践行社会主义核心价值观的方法

针对以上原因，我们需要做好三点：

1. 加强对基层干部的心理资本建设培训

基层干部代表的是上级领导的信任和支持，在组织工作中，肯定会面临人民群众的不理解和不支持，如果此时其个人的心理承受能力弱，不能理性地调节与人民群众的关系，那无疑只能落个"空有一身本领却无处可施"的悲哀！所以，驻村干部需要提升自身的心理品质，需要提升自身的心理能力。

心理资本包含四个积极品质：自我效能感（自信）、乐观、希望和韧性。这四个积极品质是保证基层干部工作顺利施行的精神动力。基层干部在工作中肯定会遇到一些难题，如果他们能够迎难而上，能够自信从容，那对于政策的顺利实施必定是一个转机，

这就涉及自我效能感的内容。乐观，指对当前和将来的成功做积极归因。基层干部能够乐观看待自己的工作，看待上级组织对自己的信任，看待自己作为基层干部的工作和使命，那么他们必定安心在农村扎寨，必定在工作中恪尽职守。希望，指坚持目标，为了取得成功，在必要时能够重新选择实现目标的路线。基层干部能够相信党组织，相信自己能够在 2020 年实现脱贫工作的完成，能够理性看待工作中的挫折和困难，对农村未来的发展、对新农村建设充满希望。韧性，当基层村干部遇到问题和困境时，能够坚持、很快回复和采取迂回途径来保证政策的顺利执行。

2. 激发基层干部的积极情绪

社会主义核心价值观从感性到理性的积极认知，离不开积极的情绪体验，积极的心态培育。减少社会中的被害妄想心态，从而使社会中人与人之间的信任感、公平感和正义感提高。

（1）与村民施行战略互信

社会中人与人之间的"战略互信"是社会和谐幸福的基础。落实中央决策，在 2020 年摆脱贫困帽子，对于村委来说并非易事，但也并非无计可施。水可载舟亦可覆舟，只要村干部和村民团结一致，拧成一股绳，形成"战略互信"就一定可以办到。

谈到战略互信，起先的主要功能是与他国实行合作共赢的外交政策，就是要尊重和照顾彼此的重大利益，建立一个有效军事联络沟通机制，切实有效地维护双边和地区的和平稳定。对于扶贫村而言，建设新农村，共同奔小康，是一个战略目标，村干部和村民需要为这个目标共同努力，如果彼此没有互信，都觉得自己的利益受到了侵犯，那么只能是一盘散沙，哪怕有最好的政策、最牛的策划，那也只能是一纸空谈。

村干部要相信村民，依靠村民。干部来源于群众，也要服务于群众，当村干部和村民的利益相冲突时，要以村民的利益为主。群众对干部的信任也是对国家的信任，对政策的信任。一旦村干部和村民联合起来，形成战略互信，扶贫先扶志，志就提上去了，那么扶贫工作就好实行了。

（2）心理合作社

说起心理合作社，就需要先了解农业合作社和经济合作社。农业合作社主要是为了解决人们的温饱问题，经济合作社是为了恢复经济生产而成立。但是随着经济的快速发展，企业之间的竞争机制愈演愈烈，人与人之间的信任感开始急剧下滑，心理疾病也日益攀升。据有关报道指出，全国约 3000 万人患上抑郁症，八成未接受正规治疗。所以，我们需要解决心理问题，需要成立心理合作社。

农业合作的目的是生存，经济合作的目的是发展，那心理合作就是为了幸福。在扶贫村，村干部除了重视经济外，也不能忽视村民的心理问题。夫妻之间的相亲相爱、亲子之间的和谐相处、邻里之间的友好往来、干部群众之间的关系距离都是需要关注的。所以，村干部不能只盯经济，也要看生活，听心声。心理合作社就是尽村干部最大所能，要为村民的生活提供方法和指导。

（3）展示自我风采

有性格的人是迷人的，敢于展示自我风采的人是优秀的。村干部虽然是国家政策的执行者，但同时也是一个独立的个体，一个有血有肉的人物。既然是独一无二的，就会有发光发亮之处。

那么如何展示自己的特点，如何和群众拉近距离就显得尤为重要。所以，做自己所做，想自己所想，勇于展示自我，也不失为一种身心和谐。不管是运动也好，养花也罢，旅游也行，做饭也可，只要你是在做自己，那就是适合自己的生活。村干部的人生不一定只有文件表格、会议酒桌、走街串巷、访问民情，也可以有情调有特色，有生活有诗意。

3. 加强基层干部自身积极人格的塑造，提升基层干部自我素质

只有尽力强化基层党员干部自我完善，方能为社会主义核心价值观认同提供有力后盾。

积极心理学相信在每一个人的内心深处，都存在着两股抗争的力量。一股力量是消极的——它代表压抑、侵犯、恐惧、生气等；另一股力量是积极的——它代表喜悦、快乐、和平、爱等。这两股力量谁都可以战胜对方，关键是看个体在给哪一股力量创造适宜的生存环境。积极心理学强调人格心理学必须研究人内心所存在的积极力量，只有人所固有的积极力量得到培育和增长，人性的消极方面才能被消除或抑制。基层干部在践行社会主义核心价值观时，只有自身的积极人格得到提升，人性的消极方面得到抑制，才能为社会主义核心价值观认同提供有力后盾。

总之，第一，基层干部作为村民的领路人，其自身心态得到提高，在政治、经济方面的决策也就更有把握、更有信心，就更有能力带领村民脱贫致富。第二，基层干部和村民的联系也会更紧密，更能心系群众，切实解决好群众问题。第三，基层干部作为党和政府的一线代言人，其自身的素质得到提高，思维模式得到改善，也会让群众对政府更加信任，从而更加配合政府的工作。

第四，基层干部的积极心态得到提升，也会在潜移默化中影响村民的思维模式，从而促进村民自身提高积极心态。

参考文献

1. 赵亚锋. 基层党员干部社会主义核心价值观认同研究 [D]. 新疆大学，2016.

2. 刘艳琴. 大学生社会主义核心价值观培育和践行的心理学研究 [J]. 当代教育实践与教学研究，2016（12）:40+42-43.

3. 农毅. 网络心理学视域下大学生社会主义核心价值观培养 [J]. 社会科学家，2014（6）:123-126.

4. 崔美玉. 大学生社会主义核心价值观现状调查 [J]. 中国健康心理学杂志，2013，21（12）:1854-1857.

5. 韦志中，卫丽，邓伟平. 扶贫地区村干部的工作压力与工作满意度：心理资本的调节和中介作用 [J]. 中国健康心理学杂志，2019，27（02）:128-131.

6. 潘文祥. 基层干部心理疲劳的原因及对策 [J]. 政工研究文摘，2007:73-74.

7. 张轩辉. 积极心理学视阈下青年社会主义核心价值观培育研究 [J]. 湖北经济学院学报：人文社会科学版，2015（12）:11-12.

第二节　心理茶馆

　　社区心理服务模式探索是很有意义、很有必要的一项工作，也是社区心理服务体系建设中的当务之急。为什么这么说呢？因为在社区里开展心理服务或社会服务体系的工作，落脚点就在社区。要在社区里开展活动，就需要在社区里形成一种系统的服务模式。我预计会在 1 ～ 3 年的时间内形成这种心理服务模式，就是社区心理服务模式探索——心理茶馆模式。

　　过去我们也开展过幸福社区建设，社会服务创新建设等。如今，各个地方想要开展社会心理服务或者说在体系下建设社区服务都需要进行模式的创新，并且这种创新模式一旦形成便可以得到广泛的推广与普及，这是什么意思呢？就是说，这套创新模式在这个社区可以实行，在另外一个社区也能实行，即它具有可复制性，可以被应用在任何一个社区里。

　　除此之外，这种社会心理服务模式还要具有科学性、可操作性、有效性、教育性和服务性，这样才能称之为模式。假如这种心理模式虽然有效果，但是让人感到不舒服，这便是没有考虑到人的舒适性，不符合人文性的模式也是不行的。

一、心理茶馆的定义

　　现在全国许多社区有知识性的团体，每周开展一次活动，作为公益性服务，没有固定的地点，也没有成为一个系统的社区服务项目。因此，我们提出了在服务模式的探索过程中获得的经验和感受，供目前全国正在进行社会心理服务体系建设的试点城市参考。现在我们将这种社会心理服务模式固定下来，并重新更换了名字，叫心理茶馆。

心理茶馆，顾名思义，就是带有心理服务性质与功能的茶馆。目前中国人正走在追求中国特色社会主义伟大复兴的道路上，那么我们全体的心理学工作者，都应该投身社会心理服务的实践活动中去。有人渴了我们请他们喝杯茶；有的人找不到自己的亲人了，我们为他写个寻人启事；有人没有信心了，我们给他谈谈心、鼓鼓劲。

心理茶馆实质上就是中国人追求幸福、实现幸福这条康庄大道上的心灵驿站。

二、心理茶馆的性质

早在 2012 年，我们便开始在社区里开展心理服务，但是我们的服务不是临床心理学视角的，我们的服务内容不是治疗，不是预防，不是咨询，不是教育，而是支持。因此，我们将支持的性质固定下来。

为什么在社区的心理服务是支持性质的呢？因为这正是社区居民所需要的。支持，就是在陪伴人们的过程中，对他们的生活，对他们的心理给予无条件的支持，帮助他们实现对幸福生活的追求。

三、心理茶馆的服务形式

当创新的心理社会服务的性质固定下来后，我们再来看服务形式。2012 年，我们根据实践经验确立了以社区团体为主，个体辅导为辅的工作方式。原来传统的心理咨询的主要方式是个体为主，团体为辅。

在社会知识性的社区心理服务里面，我们为什么要有这样的转变，采取团体为主，个体为辅的工作方式呢？

以团体为主，是因为社区本身不适合深度治疗，即不具有深度治疗性，反而更注重的是要对社区的居民进行普及性的、知识性的和陪伴性的工作，以及一般性的心理关怀。只有这样，才能把心理社区服务模式的效果最大化。

对社区居民进行团体性质的心理服务，以人与人之间交互的方式，利用团体动力，帮助他们成长。在影响力方面，团体咨询的感染力更强，影响范围更为广泛，团体成员之间相互作用、相互影响，并借此来解决自己的问题；个体咨询中来访者仅受到咨询师的影响和启示。

人类是社会性的群居动物，在讲解、分享和互动的过程中，这些支持还具有普及知识的作用，具有教育的功能。

在效率方面。团体形式的效率更高，开展一次活动的受众更多，省时省力，相对于个体形式一次只能解决一个来访者的问题，团体在解决问题方面，在时间和精力上是很有效率的，且团体咨询的复杂性会给成员其他收获。

在效果方面，社区团体给居民们提供了一个人际互动的环境，拉近了咨询与生活的距离，因此，咨询效果容易巩固；而个体形式无法提供真实的人际互动，因而实践性较差。在受众的归属感方面，团体的组织形式给成员们提供了归属的满足，个体形式则不能。总之，在团体中，人可以运用对参与者的帮助，来提高居民参与社区活动的活跃度。因此，它有多个效果是优于个体的。

为什么又要以个体形式为辅呢？

因为，个体形式也具有自己独有的优势。在处理个体差异方面，每个人都是独一无二的个体，个体形式能很好地针对人的特殊性，但团体却很难顾及。在保密性方面，社区团体中成员较多，不利于保密工作的开展，个体咨询中保密原则可以很好地保证这一点。在对个人隐私的保护方面，团体中比较敏感的成员可能会因为其他成员的某些言行而受到伤害，个体中便不存在这样的顾虑。

这一部分在支持性团体服务中不能解决的问题，就可以以个体的形式单独处理和解决。因此，团体是普及、是撒网，个体是捡漏，去拾起那些被遗漏掉的疑难杂症。

四、心理茶馆的服务载体

在服务性质方面，心理茶馆是支持性质的。在形式方面，心理茶馆以团体形式为主，个体形式为辅。那么在社会团体服务的内容上面，我们需要考虑到采用什么样的载体，这很重要。"载体"通俗的解释便是在社会团体模式过程中，我们需要做些什么，开展什么样的活动。

心理学有四大流派，有600多种心理咨询技术。比如说，有的通过绘画艺术表达和绘画技术进行心理治疗。有的用沙盘技术，带领当事人排列并进行心理分析，让来访者重新认识自己，打通他的情感联系，还有的用舞蹈、用雕塑等。也就是说在心理咨询的过程中，有各种具有独特性的载体。

现在，我们开展的并不是咨询，也不是治疗，而是支持性的社区心理服务模式。我们也需要一个好的载体。比如说一起干一件事，一起来摆个沙盘，等等。

鉴于陪伴性、知识性和支持性的服务模式，那么我们的载体便要立足于本土文化。在本土文化背景下，人们更愿意接受什么样的活动内容？比如说，和你关系密切的朋友不开心，想找人聊聊，然后来到你家，你们可能会抽着烟，吃着小菜，喝着酒，兴致来了便无所不谈，抒发情感，彼此安慰，心里恢复平静便高高兴兴回家继续好好过自己的日子。这一载体便属于传统家常，很生活化，这就给了我一个灵感——喝茶。

茶是中国人用来款待客人、礼尚往来、交流情感的重要载体。喝茶既是文化的又是社会的，既是生理的又是心理的。

茶是社会的。茶是中国社会人们普遍使用的待客之物，是招待客人的一种礼节。茶又是文化的，茶文化是中国优秀传统文化的重要组成部分，深入中华民族文化的骨髓。它既是我们的文化基因中的一个符号，又是社会现实中一种待客之道，所以它既是文化的又是社会的。

茶是心理的。人与人在喝茶的过程中会产生心理的安慰。喝茶过程中，一个人为另外一个人倒茶，无论是站着还是坐着，倒茶的姿势都是身体向他人倾斜，这种小细节不仅拉近了人与人之间的距离，也在不知不觉中拉近了心与心的距离。倒完茶，我们举起茶杯，相视微笑，相互支持，彼此产生微妙的、不易让人察觉的心灵感应。

茶是生理的。我们在喝茶的时候，首先我们能品尝到它的甘苦，先苦后甜，沁人心脾。其次，茶水的温度进入我们的身体，经过我们的五脏六腑，有温暖身心的效果。

更深层次来说，人的情绪受两个大脑的影响，一个是通常意义上的大脑，即我们神经系统的一部分，另一个是胃部的"脑"，即我们的情绪系统。情绪不好，精神压力大时，肠胃容易出现问题，产生胃痛、胃胀等症状。当温热的茶进入我们肠胃里，感受到温暖的肠胃便会舒展开来。

我们总说禅茶一味。"禅"指的就是人们的大脑。心静下来以后，人会达到一种定的状态，定能生静，静能生慧，这就属于禅宗里面讲的禅定。

为什么禅茶一味？喝茶的时候茶进入人的身体，让人感觉到茶水沁入心脾的时候，有一种如沐春风的感觉，这种味道就和禅宗坐禅的时候，体验到的意境是一样的。这种体验按照现代心理学的人文主义的思想观念和积极心理学理论来说，就是巅峰体验和福流的状态。

喝茶的过程中既有心理的治愈又有生理的治愈。因此，喝茶是心理社区服务模式探索中，我认为最适合的载体。

当然，因为我们是专业的支持性和陪伴性的心理服务，所以，这里的喝茶就不像我们平常在家里或者在茶馆喝茶。我们要把心理学的访谈沟通技巧和喝茶有机结合起来，变成一整套系统的、有组织的、专业的，以喝茶作为载体的社区心理服务流程。

五、心理茶馆的设置

心理茶馆的服务形式与服务载体确立了以后，我们接下来就要确定服务的整个过程。第一步，我们要确定空间环境。要有一间 15～50 平方米的房子。作为心理茶馆，空间不能小于 15 平方米，空间太小让人感觉密闭和压抑，心里舒适感和舒展度不够，也不能大于 50 平方米，空间太大，当人数少的时候，不利于团体动力和氛围的营造。考虑到我们是团体性质的喝茶，在 50 平方米的空间里是最合适不过了。

然后，进行区块的划分。在整体空间里划分出两个区域。一个区域用于个体访谈和个体接待，负责接待少数来访者，一个到三个不等，在一张茶桌边喝茶访谈。如果茶桌上有两个位置，一个是背对着门的不安全位置，一个是安全位置，那么心理工作者应该在不安全位置上，将安全位置留给来访者。

他们彼此坐下呈 45～90 度对角，这就类似于在心理咨询室一样，不是面对面坐也不是对排坐。因此，我们设计的茶桌就不能是四方桌，也不能是圆桌，而是一张不规则形式的茶桌。比如说半莲花瓣形。一边是平的，给泡茶的人，也就是心理工作者坐，另一边做成花瓣，来访者一人坐在一片花瓣前喝茶，最多不超过 4 个来访者，也就是只有 4 片花瓣。这种茶桌是专门设计和制作的。我们正在跟生产心理设备的企业合作，生产这种专门进行社区团体服务的茶桌。

这种量身定做的茶桌不光是喝茶，来访者坐的椅子不仅可以直坐，还可以后靠和半躺，轻便而不占位置。另外，每一把椅子都配备一个音乐按钮，可以自行播放睡眠音乐，在现场进行一些放松性质的活动。当然，上面还会有一些具有文化底蕴的标识和装饰。

提到心理茶馆要分成两个区域。前面说了小区域的布置安排，接下来介绍团体区域的特点。顾名思义，团体区域的空间位置更大，是一片至少能围坐20～30人的集体区域。这时，桌子也变成了多功能的变形讲桌，桌椅能够拆分，从而让来喝茶的人自由地坐在周围。

集体的临时性上课形式依然是以喝茶为主，接访者在主桌上泡茶倒给大家喝，来访者围绕着接访者半环形地坐着，每人面前有一个巢，可以放茶。团体旁边还设置有另外一个区域，在这个区域里摆上书柜，可以作为一个小型的图书馆，平时不开课的时间，可以在这个区域安静地喝茶看书。

空间和茶桌准备好之后，接下来我们要准备茶。目前有两种方向，一种是准备着各种类型的茶，例如红茶、绿茶、花茶等，但是以红茶为主。另一种是独创的人生五味茶。我们采取云南古树茶，私人定制加入五种天然的味道——酸甜苦咸辣。我们会为这种茶注册商标，从此这种茶就成为心理茶馆中独创的一门心理技术。

假如一个在生活中失意的人来到茶馆，他想谈谈心，抒发内心情感，这时，你可以问他想喝哪种味道的茶？又或者根据情况为他倒上一杯苦味茶，喝着这份"苦"，细细讲述他人生经历的苦味故事。讲讲故事，喝喝茶，当然里面还包含着详细的指导操作。

泡茶的茶具也是有讲究的，茶杯不要用功夫茶杯，杯子握在手中要有掌控感。茶壶不同于往常家里喝茶的小茶壶，而是要特制的大茶壶，以便于茶水长喝长有，一边喝着茶一边慢慢述说和聆听。

六、心理茶馆的服务流程

在喝茶的过程中，来访者主要负责述说，而接访的专业心理服务老师则说得较少，主要负责认真聆听来访者的倾诉。其实最好的心理服务就是在整个过程中，首先你要看见他，看见他意味着你尊重他、接纳他、认可他和支持他，其次你还要听懂他，听懂他意味着真正地理解他，与来访者之间产生共情。这就与传统的心理咨询区分开来了，你只要"看见了""听懂了"就可以了，并不需要告诉他这道理那道理。社区心理服务模式不需要带有太多过去心理咨询的特点。

其实能来心理茶馆的人，心中难免带着熊熊怒火。我们先让他按顺序喝下三杯茶，一边说一边提醒他喝茶，每一杯下肚都有新的感觉和新的变化，当他将三杯茶喝完以后，心中的火不知不觉地被浇灭，心情自然也会开始平静下来。接下来，我们就可以心平气和地进入访谈的正题。

接访的时间控制在一个人 50 ～ 60 分钟。前 30 ～ 40 分钟都是他说你听，偶尔轻微地引领，不做任何干预和有意无意的改变。你不是一个给别人出主意的咨询师，即使来访者不断问你这该怎么做，那该怎么办，你也只需要平静地对他说："你别急，喝喝茶。"最后让他将自己说的东西消化掉。所以，在这个过程中所有人的问题都是在自己内心消化掉，不是你去改变的，你也改不了。

总之在这 40 分钟里，你唯一的任务便是一边倒茶一边倾听。

40 分钟过后，当来访者表达得差不多的时候，我们可以做出一个共情反应。这个共情是大共情，是在大背景下做的文化的心理共情回应。表达共情时，代表个人的观点仍然不多，没有评价，没有建议，而是将你听见的有关来访者的情感情绪提取出来。模式流程简单，别节外生枝，让它变得复杂。当然，这不是绝对的，这是我们普遍性的和一般性的心理服务。当特殊情况出现时，我们也需要采取其他的特殊方法。

我们提前规划好开馆时间。比如说每周一、三、五做个人访谈，可提前预约；每周二、四、六开展心理服务模式技术课堂，可报名参加；周日则开展团体活动。但是，茶是贯穿其中的，你来了就喝喝茶看看书。心理茶馆的性质类似于心理咨询服务中心，并且有着文化功能、社会功能、心理服务功能，有科学的流程和具体的服务方法。心理茶馆符合中国人的文化心理，它不仅包括原来传统的心理咨询的一些特点，同时进行了改良又发挥着文化心理的功能。

因此，心理茶馆是连接人民群众的心理驿站，是全体中国人民在党和政府的带领下，实现中华民族伟大复兴，在中国梦的大道上争相奔走的重要体现。跑累了，进我的茶馆里喝喝茶，谈谈心，净化心灵充足电量，重新整装出发。这就是我们对心理茶馆大性质、大功能上的定位。

七、心理茶馆的工作者

作为一名"接访者"，接访对象既可以是上访者，也可以是寻求心理咨询的来访者，又或者是任何需要我们调解的人。接访者需要面对或解决各种问题，只要是老百姓有问题了，想和我们谈，统统来，有什么需要帮助的，接访者为你接洽。解决问题的方法也是多种多样、多功能的。例如当来访者遇上经济困难，我们可以联系社会公益组织来帮助你，甚至为你提供工作赚钱的途径，等等。心理茶馆不单是喝茶谈话的地方，你在这里谈话的内容中重要及可以改变的方面，我们都会一一记录并分析汇报。

我们还需要培训一大批社会心理服务工作者。首先选拔 5～10 名心理志愿者，进行专业培训。培训模式参照网校的学习模式。在网上报读一个学位学习一年的理论知识，之后在地面上进行系统性的专业上岗培训，实地演练茶馆服务模式。最后在实践中进行严格的、系统性的督导。这一批人就属于心理社区的社工。招募的来源可以是网校学员，也可以面向社会号召积极主动的爱好者们加入这个有意义的团体，之后便开始上述一系列的培训流程。技术成熟的工作者负责接收个人访谈，仍需要继续学习的工作者在旁边倒茶以及观察学习，轮班制进行工作。

八、心理茶馆的追求目标

其实早在 2017 年，我们已经开办了首期心理茶馆的培训班，发展至今天已经趋于成熟，这背后包含了许多元素，包括上面谈到的性质方面、服务流程方面等。但这不代表我们已经停止了脚步，我们还在不断改进和发展，在支持性的服务流程的科学塑造下，将社会心理服务模式探索真正做好，并打出带有自己的文化特色的真正的服务品牌。心理茶馆模式具有可操作性、科学性、让群众愿意参与的文化性等。

有了完整的过程以后，我们还得追求良好的效果，或者说时效性，最后变成令人津津乐道的心理茶馆。当老百姓有事无事都能想起来，想去心理茶馆喝喝茶，那么我们的品牌便建立起来了。甚至能吸引别的社区居民来我们社区的心理茶馆喝茶聊天。

最后，心理茶馆的工作人员即社会心理服务的接访老师们成为当地远近闻名的"明星"，成为服务标兵，就相当于早期光荣的劳动模范。我们要把茶馆里所有的工作者打造成劳动模范，他们运用心理学的知识和技能服务社会、服务社区、服务人民，使心理茶馆变成一道极具特色的、靓丽的风景线。

这样的茶馆才是我们的目标，就像一面旗帜一样，引领号召群众。这就是我们所追求的心理茶馆的作用和效果。当然这个过程中，还需要不断进行案例分析，开展专业性的座谈和研讨会，经历一至三年的打磨和成长，心理茶馆的模式就完全建立起来了。

九、心理茶馆的发展展望

很多人有一个特点，就是"无事不登三宝殿"，因此我们还需要培养社区居民有意识享受这种高端的生活精神服务，需要找心理茶馆的赞助商，进行各种资源的对接等。这就是目前我对心理茶馆模式的设想。

因此，接下来我们要认真对待的事务包括三个方面：第一，为社会心理服务体系建设，培养专业性人才；第二，研究出先进的服务模式；第三，开发新系列的心理技术。我的社区服务这堂课程便是致力于这三方面的落实和实施，就是呼吁在这个行业中的所有组织者、管理者和工作者们，我们已经向着这个方向进军，不是站在自身机构的经营得失和利益上面，而是在为社会心理服务体系建设添砖加瓦的工作贡献自己的力量。

至于在这项探索活动中，我们最终能够得到多少，我认为作为一名学者来说，最重要的是你的思想、理论和技术方法能否为人民服务，然后才是考虑到在这个过程中，你自身的经济回报，或者其他的外在利益。我们的与众不同，正是因为我们的心理学团队这么多年来一直带着的这种思想。

下一步，我们准备打造一个示范点，地址预备选择广东东莞市，或者安徽阜阳市，又或者是山东莱芜市。东莞市的雅园社区已经挂上了心理茶馆的牌子，但是目前那里的条件还不够。因此，我们还要确定一个合适的地点成为实践研究单位。

最后，在打造心理茶馆的过程中，我们还要编辑出版一本名为《心理茶馆的操作手册》的书籍，再结合实操性质的社区"254"心理服务技术、运用心理学践行社会主义核心价值观为主要内容的书籍，共同构成了社会心理服务体系的指导教材，涵盖了详细的、具体的关于社会心理服务模式——心理茶馆的方法、技术、模式以及理念。在实践的过程中，我们还会继续完善新社会心理服务背景下心理志愿者的培养机构，从而形成完整的心理茶馆模式和社会心理服务体系。

第三节 "254"社区心理服务技术

"254"支持性模式，结合解决问题模式与积极干预模式双方的优势，弥补不足，同时根据我们社区服务的现状，尝试提出的一种新的社区心理服务模式，是一种中国本土化视角下的社区服务模式的新探索。"254"模式是将"2""5""4"进行系统的整合与汇集。

"2"代表自我与重要他人，是着重于现在服务对象对自我，以及自我与重要他人关系的解读和呈现。目的在于增进服务对象对自我的认识，同时改善其人际关系模式，达成与重要他人的和谐相处。

"5"即中国传统"五伦"思想的集中体现，并且根据现实社会生活做了恰当的调整，总结出"父子有亲、夫妇有顺、长幼有序、同事有义、朋友有信"的新五伦思想。着重呈现服务对象过去在原生家庭、亲密关系、兄弟长幼关系、同事及朋友关系中的得失感受。这五种关系是人们支持系统的核心，在过程中澄清服务对象的五种关系模式，并且通过相应的技术理顺其中的情结，可以真正实现服务对象心理生态系统的和谐，大幅度提升成员的心理健康水平。

"4"即积极心理学理论中的"心理资本"思想，并且根据社区居民的特点总结出"乐观、坚韧、感恩、希望"四种心理资本的元素，运用相关技术，以心理训练的形式，在彼此的支持和鼓励中，提升心理资本，增强其面对生活的信心和勇气。

一、"254"模式的特点

1. 整合过去、现在、未来

"254"模式中的"2"所代表的自我和重要他人，主要侧重于呈现个体当下的状态和与他人的关系，"5"代表的是五伦关系，主要侧重于个体在过去成长过程中与父母、夫妻、朋友、同事、兄弟姐妹的关系及对其的影响。"4"代表心理资本，是指向未来的，强调拥有强大的心理资本是走向未来幸福生活的基础。三部分的结合，就是对个体过去、现在、未来的立体呈现和整合。

2. 问题模式、积极干预模式及支持模式结合，互补长短

"254"模式中的"2"是以心理学传统的问题解决模式为基础的，呈现个体自身及其与重要他人相处中可能存在的问题，并进行疏通、解决，但"254"模式反对过度挖掘问题，或者过分关注个别成员问题的解决，认为成员间相互的支持和团体场的动力，是修复创伤的最好方式。"5"所代表的五伦关系正是每个个体生命中最重要的支持系统，从这一角度进行的澄清和修复，是支持模式最集中的体现，完善个体支持系统后，能优化个体的心理生态环境，达到长期预防的目的。"4"是以积极心理学的基本理论观点为基础的，操作中也以积极的心理训练为主，以提升个体心理资本为主要目标，包含积极的人性观和人性向善、生命向上的理念，是积极干预模式的集中体现。

3. 中国传统文化思想与现代心理科学结合

中国传统的"五伦"文化是由我国著名的思想家孟子提出的，他是中国的积极心理学家，这一思想观念也是古代中国民间心理学思想的集中反映和体现。中华五千年文明给予我们的，有礼物也有包袱，如何运用好这些"礼物"，我们做了一个大胆的探索，提出"254"模式，将五伦思想融入其中。同时，结合现代心理科学中经典心理学的自我与重要他人理论，以及新生的积极心理学理论，同时整合进我们的模式中，真正做到"古为今用"，完善我们的理论体系，以期更好地为大众服务。

4. 东方与西方结合

中国心理学思想多来源于民间，富有哲理，整合程度高，但实证分析不足，操作性较差，"五伦"思想是这一特点的集中代表。相反，西方注重实证研究，强调每一理论的现实和实验依据。因此，在科学心理学诞生之后，我国传统的心理学思想，一直很难发扬和传播。我们尝试提出的"254"模式，同时也是东方和西方结合的尝试，将西方心理研究的科学方法，运用于我国传统心理思想的研究和操作中，并且得出分析数据，实现科学验证，能够实现心理学领域的"洋为中用"。

二、"254"模式的意义

"254"支持性模式是在中国社会文化背景下探索社区心理问题的解决之道，强调心理技术在社区工作和活动中的应用，在吸收国内外团体心理咨询和治疗研究成果的基础上，尝试提出一种新的具有本土特色的社区心理服务模式——"254"支持性模式。

并将这种模式应用到社区工作和活动中。"254"模式中的心理学知识与技术既有利于社区居民的个人成长，也有助于社区心理服务团队建设，进而帮助实现社区心理的三个和谐——个人的和谐、家庭心理和谐、社会心理和谐，提高三个社区（健康社区、和谐社区和文明社区）建设的水平。

"254社区心理服务模式"作为一种可借鉴的，适用于社区的服务模式，通过实践证实，对增强社区凝聚力，提升社区居民心理素质，构建社区和谐氛围有明显作用。这种模式既有理论分析，也有具体操作实例、注意事项等，可操作性强。

三、"254"模式的具体内涵与技术

1. "254"模式之"2"

（1）自我与重要他人的概念

"254"支持性模式中的"2"是指自我与重要他人的重要关系。从自我与重要他人两个社区居民最关键的维度来阐述问题解决模式服务社区的具体操作。

自我是心理学中的一个重要概念，指的是一个人对自己所有方面的认知，是一个独特的、持久的同一身份的我。

重要他人是心理学和社会学都关注的概念，指在个体社会化以及心理人格形成的过程中具有重要影响的具体人物，重要他人可能是一个人的父母长辈、兄弟姐妹，也可能是老师、同学，甚至是萍水相逢的路人或不认识的人。

（2）"自我"主题中的操作技术——人格面具

检验成员对自我的了解程度，让成员在保护自己的人格面具

的过程中，反思自己的人际交往模式，创造安全、接纳的团体氛围，使成员可以尝试摘下面具，做真实的自己。

人格面具具体操作过程

流程	目标	导师引导	注意事项
制作面具	成员在制作面具的过程中检验对自我的了解程度。	①现在人手一张A4的白纸，我们在白纸的一面写上自己愿意展示给所有人看的人格特点，或者是其他人对自己的印象。在白纸的另一面写上只有自己才知道的人格特点，这些特点是我们很怕别人知道的，是我们要小心保护的。②写完之后在纸上挖两个洞做眼睛，用一根绳子穿过这两个洞，然后将面具戴在头上。	导师引导后，给成员充分的时间思考和制作，保持安静的环境。制作面具、戴上面具的环节工作人员可示范。
偷看面具背后的"秘密"	让成员在偷看他人的面具和保护自己的面具的过程中，反思自己的人际交往模式，和面具对于自己的意义。	所有成员戴好面具后，走动起来，看看你迎面走来的人的面具是怎样的，同时，可以想尽一切办法偷看对方面具背后的内容。当然，你需要注意保护自己面具，避免他人偷看到你内心的秘密。	注意防止现场混乱，同时避免强行偷看，强调成员间的尊重和真诚。

流程	目标	导师引导	注意事项
摘下你的面具	让成员在挑战将自己的另一面展现给大家的过程中，尝试做真实的自己。	①现在我们原地站着不动，静默一会，体会自己内心的感受。我现在要将灯关掉，这样我们谁也看不见其他人的面具。在这个黑暗的环境中，你可以遵从自己内心的选择，决定要不要将自己面具的背面呈现给大家，让大家了解另一个你。②调整完之后，静静地体会自己内心的感受：是释然，是恐慌还是担忧，等等，什么都不要想，专注于自己内心的感受，尝试与自己的内心对话。③我现在要打开灯，尊重你内心的选择，为你要呈现给大家的样子做出最后的选择。	①引导语真诚温和，同时注意不强迫成员的，尊重成员的选择。②保持安静、真诚的氛围。
分享"我的面具"	分享成员内心的想法和感受，同时在分享中获得认同和支持。	成员自由分享自己"人格面具"的内容，以及刚才过程中的感受和想法。	导师也可选择情绪触动较大的成员先分享，注意引导其他成员认真听，专注、接纳。
成员相互支持	做真实的自己需要勇气，成员真诚的接纳和支持能给予彼此力量。	大家可以站起来，给予需要支持的成员鼓励和拥抱，或者去向他（她）表达你内心的敬佩和感谢。	可导入恰当的音乐。
总结、升华	最后的总结和升华可加深成员对自我的认识，升华成员的内心情感。	解读人格面具。	导师需要对人格面具的内涵有充分的了解，这一过程切忌演变为批判"人格面具"的虚伪等情况，需要站在成员的角度，以促进成员成长为前提。

（3）"重要他人"主题中的操作技术——谢谢你的爱

通过疏通和重要他人的关系，学会感恩，和谐人际，快乐生活。贵人，是在生命的长河中对我们的人生有帮助的人。他们可能是我们的父母、亲人，也可能是我们的老师、朋友、领导、同事，有时甚至是我们从未见过面的一个人，但是，正是他们为我们做的一件事，或者说过的一句话，在人生关键时刻，引领我们成长，引领我们走向了成功的方向。

"谢谢你的爱"操作步骤

流程	目的	引导语	注意事项
寻找生命中的贵人	模拟现实生活中的寻找过程，将成员带入此时此地的场景中。	睁开眼睛，看看周围的人，在人群中寻找一个比较安全和温暖的人，觉得可以靠近，跟他在一起会很舒服、愉快。将他们排出第一、二、三名。锁定第一名后，举手示意，然后放下。找到之后可以再确定一下，确定他是不是那个最能让我们感觉安全和温暖的人。	①整个过程保持安静。②整个过程要一直扯住衣角，不要松手。因为，这是一个把内心的情绪投射出去的过程，只有把手放在上面，体验者才能够体会得到。③在这个过程中，体验者扯住的人也许要去扯住别人，体验者自己也可能被别人扯住，都不要管，只做自己，扯住就好。
扯衣角	扯着衣角，站在身后，这看似并不适合成年人的动作，却让我们有机会从另一个角度去思考我们的人际关系。	走到他（第一名）的身后，轻轻扯住他的衣角，并跟随他在人群中寻找他那一个温暖安全的人。你找的贵人可能也会寻找让他安全温暖的人，可能也会有其他人扯住他，也会有其他人来扯你的衣角，都没有关系，跟随着他的脚步，只要记住一直扯住对方，不要放手。	①注意整个过程中一直扯住，不说话，强调体会内心感受。②会心状态的建立是这一环节成功的关键。③导师尽量用轻柔、舒缓但又带有说服力的语气来引导，将成员带入情境中。

流程	目的	引导语	注意事项
投入体验	体验内心感受，才能真正尝试去发现自己的人际关系模式。	今天相会的每一个人，都在现场找到了自己生命中的贵人。现在静静地继续拉着他的衣角，认真地觉察体验内心走过的情绪情感，时间是一分钟。	轻柔、真诚的话语引导。
分享此时此刻真实的内心感受	分享旨在澄清感受，同时增强成员凝聚力，获得相互支持。	①导师轻轻地走到团体之中，逐一邀请成员分享（情绪触动大的可稍做引导），简短点评回应。②升华。每一个人站在贵人的身后，他代替的就是你生活中的某一个人，在我们生命中给我们爱、支持、榜样、力量的人，我们从未能站在他的身后，抓住他的衣角，跟着他走。今天我们用心理学的方法，去抓着他的衣角，体会站在他身后的感受。	①学员分享重在感受而不是过程。②对于团体中没有说话的人，需要给予一些关注和鼓励，但并不宜过多干预，尊重成员自己的选择，着重强调成员自己的醒悟和主动表达。③尽量让每个成员都有表达的机会。
继续觉察体验	给予成员充分的时间去觉察和体会，引发内心的情绪表达。	看着"贵人"的背影，静静地体会，可以有一到两次机会让成员充分的体会、感受。站在一个"贵人"的身后，扯着他的衣角，体会当下的感受，这时心中流淌过的东西都是非常珍贵的，值得仔细体会。	①安静的环境。②导师只做引导，不做过多的干预，整个过程都强调成员亲身的参与和体验。
分享此时此刻的感受	进一步分享、表达。	跟前后左右的"贵人"交流一下，想对对方说的话，尽情分享。	——

流程	目的	引导语	注意事项
升华结束	为成员提供看待事情的新视角，完成由澄清、表达到转化的完整过程。	陪伴我们成长的贵人，让我们觉得安全，觉得温暖，感谢贵人的陪伴，珍惜这一段陪伴。播放歌曲《我只在乎你》，成员可跟唱。 看看身边的人，走动起来，表达内心的感谢。一路给予支持和温暖，让心灵不再孤单。尽情拥抱，表达感谢。	这是再一次的升华和转化。同时强调获得支持和给予支持。

2. "254"模式之"5"

(1)五伦关系的含义

五伦关系涵盖父子、夫妻、同事、朋友和长幼五种中国人最主要的关系。理顺五伦关系是提升社区居民幸福感，增强社区凝聚力的最佳途径。

(2)"父子有亲"主题的操作技术——我的父亲母亲

在支持性团体中，以亲子连接技术为第一主导，导师引领团体成员，抱团取暖，团员之间以爱唤醒爱，让每个团员在爱的暖流中，袒露内心的障碍死角，清除遮盖亲情管道裂痕的心灵垃圾，修复与父母连接的情感通道。达到洁净心灵、规整心房、阳光心态，使参与者提升心理资本的终极目的。

"我的父亲母亲"具体操作

流程	内容	目标	导师引导	注意事项
写诗《我的爸爸妈妈》	以《我的爸爸妈妈》为题作一首诗，直接抒发自己对父母的感情。	以诗歌为载体，帮助成员直接表达和抒发内心的情感和感受。	在中国的传统文化中，我们是不习惯直接表达自己的感情的，但是每个人对于父母都有各种各样复杂的感情，将这样的感情表达出来，在相互分享中得到升华，有利于促进或改善我们与父母的关系，同时优化我们的亲密关系。	不要求诗歌优美，也不要求韵律严谨，保证有诗歌的流畅感觉。
分享	成员相互分享自己的诗歌	在分享中进一步澄清和升华自己的情感。	下面我们分享自己所写的诗歌，要求用诗人读诗的语气，饱含感情地来读自己所写的诗歌。	大组分享和小组分享相结合。
选歌	让成员选一首歌唱父亲母亲的歌，分头练习。	选择歌曲也是一种投射，是成员对父母感情的另一种表达。	在你所能想到的歌曲中，选择一首歌唱父母亲的，最能打动你的歌，甚至是在某个当下让你泪流满面的歌。默默地想，细心地挑选。	——
分享并说明理由	分享自己所选的歌。可以唱出来也可以读歌词，并且说明选这首歌的理由或故事，并进行简单的拉票。	唱歌是第二层次的抒发，是更加直接的表达方式。	你为什么选择这首歌曲而不选择其他的？你选的歌曲最打动你的部分是哪里？这些看似简单的问题，其实都有深刻的心理学意义，抓住这个表达的机会，会让你跟父母走得更近，进而使你的亲密关系更和谐。	——

流程	内容	目标	导师引导	注意事项
合唱	采用投票的方式共同选定一首歌，全体成员合唱该歌曲来结束这一主题的团体活动。	共同选择、合唱，都是团体的高潮，融合团体成员的相互关系，升华成员的内心情感。	每位成员自己选择的歌曲，肯定都是最能表达自己对父母的情感的。现在我们就投票选择一首大家最认同的歌曲。然后，一起合唱，将这首歌献给我们最深爱的爸爸妈妈。	简单练习之后再合唱，并录下合唱的场面刻成光盘给成员留作纪念。

（3）"亲密爱人"主题的操作技术——甜言蜜语

"甜言蜜语"具体操作

流程	内容	目标	导师引导	注意事项
爱情放大镜	找出对方的6个优点以及这段夫妻关系的6个优点。	转换成员的视角，避免婚姻关系中相互抱怨，让双方相互欣赏、赞美。	每个人都有需要成长和提高的地方，每一段关系也有不完美的地方，关键是我们从什么角度去看待，我们现在就来回忆曾经的美好。	播放积极温柔的音乐。
分享	相互分享另一半的优点和这段婚姻关系的优点。	在相互分享中进一步澄清和转化。	平常我们都不习惯说另一半的好话和优点，觉得说不出口，其实这样的话语，对对方和自己都是一种激励和肯定，有利于夫妻关系的健康发展。	如果另一半在现场，效果会更好。
绣香囊	学习绣香囊，并认真绣一个香囊送给对方。	在绣的过程中体会为对方制作礼物的心意，同时升华彼此间的情谊。	绣香囊是中国传统文化中表达爱意的方式，一针一线都能将自己的心意灌注其中。认真地去绣这个香囊，并且体会自己在整个过程中的情绪变化。	播放适合情境的背景音乐，如《最浪漫的事》《知心爱人》等。

流程	内容	目标	导师引导	注意事项
分享并赠送	分享自己香囊的特色，以及自己在绣香囊的过程中的所思所感。将香囊赠送给对方。	赠送和分享，都是重要的仪式，既郑重，又能升华香囊的意义。	绣香囊的过程中有怎样的情绪和感受走过你的内心？可以跟大家做一个分享。同时，将香囊赠送给对方，完成这个重要的仪式，将对我们的亲密关系有重要的积极意义。	最好有正式的仪式，渲染夫妻恩爱的气氛。

（4）"长幼有序"主题的操作技术——我家的老人

"我家的老人"具体操作

流程	内容	目标	导师引导	注意事项
画简笔画	画一幅家中最重要的老人的简笔画。	通过画画将对方具象化，能形成回忆。同时，简笔画简单易学，方便勾勒出对方的重要特征。	闭上眼睛，回想家中对你最重要的老人的样子，记下他的重要特征。然后用简笔画的形式将他画出来。	社区可以寻找志愿者教简笔画。
分享	分享自己的简笔画和自己与画中人的故事。	帮助成员回想与老人的故事，澄清并形成对老人的敬爱和怀念之情。	大家手中所画的老人，一定与你们有重要的联系，你与他之间也有很多的故事。与大家分享一下这些动人的故事，让大家都认识一下这位值得尊敬的老人。	

流程	内容	目标	导师引导	注意事项
隔空对话	与简笔画中的老人对话，把没有机会对对方说的话做一个淋漓尽致的表达。	直接表达对画中老人的情感，升华尊敬之情。	看着你所画的老人，想象他现在就站在你面前，你想对他说什么？他又是如何回应？当你的内心有这些话语呈现的时候，站到中间来，把老人的画像贴在凳子上，跟他做一个表达。	①按照空椅技术的引导方式进行铺垫和引导，力争让成员进入情境，真实表达。②"以点带面、点面结合"的形式进行。先找一个成员作为代表进行这一环节。再引导成员在组内表达，尽量让每个成员都有表达的机会。
相互支持，升华团体内容	相互分享、支持，可能的话将团体中的表达对现实生活中的老人说。	进一步升华主题，并将团体效果延伸到生活中。	大家自由走动，自由表达。同时，在本期团体结束之后，尽最大的努力找到这位老人，将你在团体中所说的话当面对他进行表述。	如果老人已经去世了可以鼓励成员去拜祭一次，表达自己的感受和怀念之情。

（5）"同事有义"主题的操作技术——志同道合之士

志同道合之士具体操作

流程	内容	目标	导师引导	注意事项
找成语	让成员寻找最能代表自己心目中同事关系特点的成语。	成员寻找的成语实际是一种投射，是成员对同事关系的处理态度或愿望的体现。	在你心目中，同事关系应当是怎样的？或者你现在的同事关系是怎样的？找一个合适的成语来形容它。	准备一些成语做提示，但不局限于已有的成语。

流程	内容	目标	导师引导	注意事项
分享成语的含义并陈述原因	让成员解释自己所选成语的意思以及自己选择的原因。	这一过程实际是成员进一步澄清对同事关系的看法和期望的过程。同时，也能在相互分享中彼此获益。	没有无缘无故的缘分，那么多形容人际关系的成语，为何你偏偏选中了这个？这个成语对你而言又有怎样的特殊意义？分享给大家。	——
反躬自省	促使成员反思自己对同事关系的看法是否恰当，是否为自己理想中的同事关系做过努力。	成语只是一个媒介，结合生活，反思自己的同事关系相处方式哪些地方做得好，哪些地方需要改进才是主要目标。	每个人都有自己的经验和教训，做得好的地方和需要改进的地方。现在我们在一张A4纸上对这些内容做一个整理，形成一个属于你自己的同事相处"秘籍"。	事先准备好印好条目的A4纸。
评选获奖成语	评选最能代表良好同事关系成语的前5个词语，共同熟记它们的意思。	评选出的成语实际是大家向往的目标和努力的方向，会在潜移默化中对成员的同事关系造成积极的影响。	我们有这么多成语，现在就来投票选出我们团队认为最能代表良好同事关系的成语5个。	准备好投票的纸，公平起见可以采用不记名投票的方式进行。
总结、升华	总结小组内容，升华主题。	引导成员身体力行，为理想中的同事关系努力。	在人际关系中，很多时候我们都习惯等待，等待对方主动，等待对方改变。同事关系中也是如此，我们希望与同事同舟共济、共同进退，却很难主动表达友好和支持。改善同事关系，还是必须从我们自身做起。	——

（6）"朋友有信"主题的操作技术——朋友质量

具体操作

①引导成员选择自己最看重的九大品质如幽默、感恩、自律等。

②排出九大品质之后，将自己所有的朋友按最突出的品质进行分类，可用九方格进行，参考下表。

九大品质朋友分类表

幽默	感恩	自律
谦虚	谨慎	宽容
热情	勇敢	真诚

③组织成员讨论感受和心得。

3. "254"模式之"4"

（1）心理资本的含义

"心理资本"是借用一个商业名词，寓意人的心理状况。如同人的物质资本存在盈利和亏损的状况，人的心理资本同样存在盈亏，即正面情绪是收入，负面情绪是支出，如果正面情绪多于负面情绪便是盈利，反之则是亏损。

人的所谓幸福，实际上就是其心理资本足够支撑他产生幸福的主观感受。心理资本包含乐观、坚韧、感恩和希望等。

（2）乐观主题的操作技术——掌控练习

具体操作

①导师引导成员分类。哪些东西是可以掌控的，哪些东西是不能掌控的，例如自然现象、生老病死不能掌控，是否早起，是

否注意身体健康是可以掌控的。

②分组讨论自己所想到的事件，结合掌控类型为每一事件各选择一个象征物。

③在一张大白纸上写出事件和对应的象征物。

④讨论不同事件的应对方式，应当选择的心态。

（3）坚韧主题的操作技术——人生五味

具体操作

①准备材料，泡好酸、甜、苦、辣、咸5壶茶，成员围圈而坐，随着轻柔的音乐，导师引导大家品茶。

②每个人手中拿一个杯子，先上第一杯苦茶，引导成员不能闻也不要提前喝。

③引导者喊"开始"，大家一起一饮而尽。

④喝下去之后，顺着身体的感觉，静静体会自己内心的感受，回忆这种感受是否和自己曾经的一段经历有相同的地方。

⑤依次分享自己想到的事情。

⑥按照苦、酸、甜、辣、咸的顺序上茶，一饮而尽，静静体会，然后依次分享各自的故事。

⑦喝完5种茶之后，顺着自己的体会和感受，作一首诗，题目就叫《人生五味茶》。

⑧分享诗歌。

⑨一起唱一首能表达所有人心声的歌，例如《驿动的心》等，结束活动。

（4）感恩主题的操作技术——感恩拜访

感恩拜访具体操作

流程	目的	导师引导	注意事项
暖场	成员彼此相识、互相认同、消除沟通障碍，激发成员参与团体活动的兴趣，增强成员参与愿望。	可选用任意热身游戏，打破彼此隔膜。	注意控制时间。
全体成员圆圈围坐地上，导师带入情境	让成员进入当下，处于此时此地的状态。	导师："在我们的生命历程中，会遇到很多对我们很重要的人，他们爱我们、保护我们、帮助我们。可是，随着时间的流逝我们却慢慢地淡忘，让他们沉在了心底。今天，我想请大家找出1～2个特别需要感恩拜访的人，并说出感恩的原因及拜访的目的。"	注意声音轻柔温暖。
话题引出，全体成员思考5分钟	思考的过程是重温，重现感受当时的正能量。	导师可在此过程中分享自己或者自己身边的人的"感恩故事"。	在一段时间后让成员举手示意，直到所有人都找到为止。
分享	分享是再一次表达，能够加深感恩情感。	①每个人说出自己要感恩拜访的人的名字。②分组分享自己的感恩故事。	控制分享时间，但尽量保证每个人都充分表达。
每个人写一封信给自己想感恩拜访的人	表达内心的感激，有助于升华情感，获得积极的能力。	用第二人称，给你想要感谢的人写一封信，将你想说的话真诚地对他说。	要求活动结束后成员能够真正地做一次感恩拜访，并且坚持每月能做一次，可以拜访不同的人。
结束阶段，互相拥抱、互相鼓励	相互支持，充分表达。	大家今天能在此相聚也是缘分，也是值得感恩的幸运。向你身边的成员表达你内心最真挚的感情。	——

（5）希望主题的操作技术——人生规划

引导成员画三种类型的生命线，来进行人生规划。

生命事件线

①在一张白纸上画一个纵坐标，一个横坐标，将纸分为 4 个区域，在左下角的区域中取一个点标上 0 岁，代表出生。以此点为起点，在 4 个区域的范围内按照个人意愿随意画一条线，在与左边的横坐标交接的点上终结，最后一个点代表的是以现实（家族年龄、所在地区的平均寿命、自身健康状况等）估计的死亡年龄。在死亡年龄所代表的地方，画一个墓碑，写上一段墓志铭。

②由此形成的 4 个区域中，横坐标以下的区域代表过去，横坐标以上的区域代表未来。

③在连成的线段中随意地标一些点。这些点代表的是我们的生命旅程中经历的重要事件、遇到的重要的人。可以闭上眼睛冥想一会儿，在你眼前出现的场景和人们，都一一记录下来。在每个点上做一个标注，没有与横坐标相交的点是生命中特别的事件，可做重点标注。

④完成生命事件线。

人生追求线

按照与生命事件线相同的步骤，在生命事件线内，画一条人生追求线，即线上的点所代表的是你对人生的过去和未来的目标和追求。同样，在线上取一些点标明具体的目标，与纵坐标和横坐标相交的点代表生命中非常重要的目标或追求。

横坐标上面的线条部分代表的是未来的目标，横坐标下面的点代表的是过去的追求。

人际关系线

按照与生命事件线相同的步骤，在生命事件线内，画一条人际关系线，即线上的点所代表的是在过去和未来会对你有重要意义的人或关系。同样，在线上取一些点标明具体的人以及关系类型，与纵坐标和横坐标相交的点代表生命中非常重要的人或关系。

横坐标上面的线条部分代表的是未来的关系，横坐标下面的点代表的是过去的重要他人或关系。

第四节 心旅伴心理旅游

近年来，随着我国旅游市场的日趋成熟，人们自主意识的增强和消费观念的改变，越来越多的人会选择旅游。据相关部门统计，2017 年上半年，国内旅游人数达 25.37 亿人次，比上年同期增长 13.5%；入境旅游人数 6950 万人次，比上年同期增长 2.4%；出境旅游人数 6203 万人次，比上年同期增长 5.1%。虽然国内旅游人数的增幅最大，但其满意度却处于最低水平，为 78.90（入境游满意度指数是 81.07，出境游满意度指数是 88.52）。旅游人数和旅游质量不成正比，这背后反映的问题不得不引起大众的反思。

旅游的本质是身体位移与身心放松，如果这一主要功能实现不了，那旅游的价值就无从谈起。现在的旅游市场参差不齐，各种低价团数不胜数，再加上快餐式的消费，人们总是想在有限的时间内去很多想去的地方，种种原因就导致了快餐旅游的兴盛。但是跑得越快，人就会感觉越累。我们和景色的互动没有了，留下的只是自己中意的几张美照；我们和文化的互动没有了，剩下的只是我们对景区的失望和抱怨。这所有的一切都可以归因于我们的旅游心态问题。

心旅伴是中国第一旅游心理学品牌，创始人是韦志中。心旅伴是致力于打造"与心同行，一样的风景，不一样的感受"高品质旅游行程，是运用心理学思想，把心理学与旅游相结合开展的心理学旅游项目，使个体与自然互动，团体与自然互动，个体与团体互动，在互动中呈现其在社会中的问题，继而提升心理资本和幸福感。

心旅伴与传统旅行的区别在于：传统旅行只是走马观花地看景，心旅伴是运用心理学的技术和方法，完成心灵与自然的连接，体会内心感受，不但使人们的心灵愉悦，而且获得成长，让人们的整体心理健康水平得以提高。

一、心旅伴的主要内容

心灵旅游线路，有两条线，一个是实线，就是具体的旅游风景线，一个是虚线，就是心理文化线。其实选择合适的旅游形式就是心灵旅游的实线，风景与文化的互动就是心灵旅游的虚线。

1. 选择合适的旅游形式

（1）自由出行

自由旅行，也称散客旅游，它是由游客自行安排旅游行程，零星现付各项旅游费用的旅游形式。散客旅游与团队旅游最大的区别在于旅游行程的计划和安排不同。散客旅游由散客自行安排和计划，自由度大，形式灵活，选择性强。而团队旅游是由旅行社或旅游服务中介机构安排的，活动受到限制。

现代旅游者之所以要花费时间和金钱，去过一段不同寻常的生活，为的是寻求补偿和解脱，从日常生活所造成的精神紧张中解脱出来，去接触一些日常生活中接触不到的事物，做一些日常生活中想做而没有条件去做的事情。散客旅游在身心解脱方面，占有很大优势，这种旅行形式不必跟着导游从早到晚地跑，不必随着导游像过客一样匆匆地来匆匆地走。

旅行不是简单的一次行走，也不是简单的去哪个地方，而是一场愉快的心灵之旅。自由行能保证自己自由自在的状态。当然自由行要多做一些准备工作，才不会出现窘迫的状态。

（2）抵制不合理低价游

"不合理低价游"是我国旅游业发展的一大隐患，主要是指以低于经营成本的价格招徕游客，而在旅游过程中通过对游客进行强制额外收费、强迫购物消费、强行增加景点等手段获取利益、扰乱旅游市场秩序。虽然现在旅游者对出行方式的选择趋向多样化和个性化，但由于受到信息不对称、经济条件等因素制约，仍然有较多游客选择低价的团队旅游方式。

对于这种不良现象，有关部门成立了"不合理低价游"专项行动小组，严打不合理低价产品、严查合同签订、严管购物场所，建立专门台账，实行挂牌督办，责成相关省市区旅游主管部门依法严查旅游企业违法违规行为，仅半年就依法处罚违法企业166家，处罚金额485万元。

作为游客，要明白低价团的旅游费比其他团低，只能通过在旅行途中强制消费来弥补成本。所以，为了避免低价游带来的不良体验，也为了我们的旅游心情不受污染，低价游最好避开。

2. 自我与风景的互动

现在大部分人选择去某地方旅游时，一定会通过某些渠道，如网页搜索、朋友介绍、图片搜索等方式对这个地方进行了解。通过了解，就会形成一个期望值。于是游客们就带着这个期望值兴致勃勃地奔赴目的地。

但是结果往往不遂人意，要么是自然原因，阴雨绵绵；要么是交通原因，行动不便；要么是客流量原因，人山人海；要么是人为原因，破坏或污染严重。面对这些不可控的因素，我们往往会有"被骗"的感觉，心中的期望值一下子就会降为负数。古人云："夫耳闻之，不如目见之；目见之，不如足践之。"从别人那里得到的经验不如自己亲眼看到的，亲眼看到的又不如亲自去做的。当我们真实感受到心中的美景时，我们其实应该感到庆幸，因为它不再是别人眼中的美景，不再是"画中物"和"心中物"，而是实实在在存在我们眼前的，是我们长途跋涉、千里迢迢赶过来欣赏的"宝物"。所以，当我们觉得景色不如想象中完美时，我们不要忘记前来的目的，不要忘记自己的旅程。我们应该享受当下，随遇而安，与美景进行互动。

互动时，我们要全身心投入景致，放下一切的遗憾，丢掉所有的不满，感受大自然对我们的馈赠，或者是能人巧匠的鬼斧神工。为什么我们不愿意待在钢筋水泥中？为什么我们不愿享受都市的灯红酒绿，反而对既费时间又费金钱的旅游情有独钟呢？这就要说说风景的独特魅力和我们的心理潜意识。

人类学家做过一个统计，迄今为止在我们这个星球上生存过的人约有 800 亿，其中 90% 是采集狩猎者，6% 是农业生产者，工业社会的成员只占 4%。这就告诉我们，这 800 亿人口的 90%以上，都是生活在迁徙状态之中。这种游行的意识世代相传，左右着人类的行为和生活。现在的人们，厌倦了一成不变的生活，回归自然是放松心情的有效方式。山清水秀，鸟语花香，这些自然美景、美声，可以陶冶我们的情操，净化我们的灵魂；古色古香，古楼古阁，这些历史的沉淀，又何尝不是让人耳目一新、神采焕发？所以，我们需要生存，但我们更需要生活；我们需要生活，但我们更需要有滋味地活着。风景名胜，就是我们的增味剂，就是我们心灵的归属。

朱自清笔下的荷塘月色，不仅仅是指清华大学的那一池荷花，也是其自我心灵的折射；杜甫的"会当凌绝顶，一览众山小"不仅仅是指泰山的高大，也是作者豪情壮志的宣誓；孟浩然的"气蒸云梦泽，波撼岳阳城"又有摄人心魄的气势，这何尝不是作者被自然美景所震撼、心胸激荡的表露？

一方山水养一方人，一方美景动一方情。不管我们对旅游抱有多大的幻想，也不管自然风光是多么的不尽人意，只要我们诚心地欣赏它，它就会为我们带来不一样的际遇。

3. 自我与文化的互动

中国的旅游产生于中国这一具有特殊社会特质的文化之中，带着鲜明的区别于别种文化的地域和时代特性。不管是生态旅游、文化旅游、参与性旅游还是休闲保健性旅游，本质上都是文化活动，都涉及旅游者遇到的跨区域文化适应问题。如广西龙脊梯田的壮族农耕文化；丽江古城的民族习俗和娱乐活动；西双版纳的生态文化和自然特色……

作为行走在路上的人，需要的不仅是用照相机记录下美好的山水，还需要和美好山水进行互动，当旅客和山水进行心灵互动时，感受到的不仅仅是唯美，还有文化底蕴。如《桂林山水》中："漓江的水真静啊，静得让你感觉不到它在流动；漓江的水真清啊，清得可以看见江底的沙石；漓江的水真绿啊，绿得仿佛那是一块无瑕的翡翠。"这样的画面，这样的心境，才是诸多游客向往的境界。

入乡随俗是旅游中非常重要的内容。比如我们看见一座山，大家都知道这是一座客观存在的山，但是这座山背后的故事又有多少人懂得呢？懂得故事或传说就是懂得这座山的文化，就是懂得当地的民俗风情。当我们了解背后的文化时，眼前的山就不是山了，佛学讲究三种境界，"看山是山，看水是水；看山不是山，看水不是水；看山还是山，看水还是水"。当我们在和自然互动时，又何尝不应该注重欣赏这三重境界呢？如果我们只是单纯看一看美景，这就是第一重境界"看山是山，看水是水"。当我们与背后的文化互动，对这些自然美景有自己独特的理解时，就已经达到"看山不是山，看水不是水"的境界。如果我们了解这些文化后，重新审视这些美景，这时的心情就是"看山还是山，看水还是水"的最高境界了！

所以，当我们游览大江山川，只看到美景的骨时，我们是表面的肤浅观赏；当我们品读了当地文化，懂得了美景的魂时，我们才是深入的欣赏；当我们把风景和人文结合起来，美景的骨和魂融为一体时，我们才能达到天人合一的最高境界。只要我们经历了这三重境界，那我们的旅游效果就接近完美了，我们既可以在风景中洗礼自己，又能够在文化中滋养自己。

所以，要想提高旅游质量，首先我们需要端正自己的旅游心态，不忘自己的旅游初衷，在旅游形式、文化互动和景色互动方面多下功夫。

二、心旅伴的原理解析

心旅伴的主要心理学原理来自生态心理学。

生态心理学认为，自然是有心理价值的。自然的心理价值主要是指自然具有对人的发展、人的疾病治疗、人的精神需要的满足和人的自我满足等方面起作用的价值。生态心理学家要寻找自然对人类的心理价值，寻找治疗之外的力量。

生态心理学家关注的重点集中在关系和关系周围的环境上，从关注患者转移到对患者周围关系的注意，从内部治疗走向外部治疗，提倡用生态疗法去医治人的心理问题。

生态心理学家认为，自然世界塑造着人类的心理世界，人类的心理世界也塑造着自然世界。生态疗法以大自然作为一种治疗介质帮助人们重新适应社会，把人们与他们自身、社区以及环境连接起来，其重点是，重新建立与大自然的连接，让人们接触大自然，与自然沟通，建立有环境责任感的内心和平，体验生活的意义，带来积极的情绪和幸福的感觉。

生态疗法包括园艺疗法、野生动物保护、荒野疗法等。人的生物性使人更偏爱自然的要素，拥有绿色植物和水体的环境具备积极的心理品质，人与这些特定自然环境接触会产生"恢复反应"，这些恢复反应包括减少压力、减少攻击性，以及恢复健康和能量。自然环境中储存了现代生活所需的心理资源。一些研究显示，看到自然环境能减少患者对外科手术的紧张和焦虑。

生态心理学倡导园艺疗法，园艺疗法提供给参与者很多机会去看到植物世界中的各种奋斗实况，就像他们自己每日生活所经历的情况。在花园中，人与植物是相互依赖的，人用双手、大脑、心灵、爱心、注意力去关注呵护植物，植物通过发出各种信号来表达自己所需。例如萎蔫的叶子表示需要多浇水，细弱的茎表示需要多施肥，或者需要更多的日照。通过这些互动，人与植物连接在一起，人在培植植物的过程中看到了生命的成长、生命的顽强，也在进一步培植自己的生命，获得了自我的心理成长。

美国心理学学者提出，景色有治疗的意义，不同的旅游景点因其特色不同，对舒缓个人不适心理状态将产生不同的作用。旅游已被公认为亚健康人士改善不良情绪、脱离郁闷环境的有效方法之一。因为人的注意力在旅行中，不得不放在各种各样的景色或人物上，能让人脱离造成其情绪恶劣的生活环境，获得心理学上所谓移情易性的效果。

而心理旅游能通过休闲游、积极的社交把这种易性的效果放大数倍，这也是它与普通旅游的最大不同。草原，平宽而深远，可以给人一种与自然合而为一的安全感。对于孤独者来说，大草原的空旷能使人感到恐惧，有助于其主动认识人与环境的关系，以及人与人之间的感情。所以从心理学角度讲，草原对于改善神经衰弱、孤独症、人际关系紧张、自卑及无助人群的心理状态会起到良好的效果。大海，波澜壮阔，奔腾汹涌，面对一览无余的大海，感受着海浪的不断冲击，能够激发人的一种亢奋力。

在这种兴奋点的刺激下，人往往会有一种冲动或搏击的欲望。人们一旦有悲观失望、心情压抑、无助无望以及无法面对现实等情绪的时候，采取到海边旅游的调理方法，一定能够重拾信心。比较原始优美的地方容易唤起人美好的感觉，激发人向上的动力，唤醒工作激情。如仰望巍峨高山可以让人感到自我的渺小，有益于成年人体会亲情的重要性，更好地处理婚姻家庭和儿女教育等问题。放眼平坦宽阔的草原，有利于人在宁静中深思，增强对他人的容忍度。有的企业高管，在穿越罗布泊大漠时，眼见昔日宽广无垠的湖泊竟变为一望无际的沙漠，心中顿时百感交集，痛感世事无常，忍不住放声大哭，从而一吐多年来积压在心底的烦闷。

三、心旅伴的地区选择

到过西藏旅游的朋友对我说，在那里，他的身体在地狱，眼睛在天堂，我问他的心灵呢？朋友说他仿佛经历了一次心灵的进化。

只要出家门远行的人都会感觉到，地域地貌的不同，气候环境的不同，民族文化的不同，历史沉积的不同，如果将这些因素总称为自然人文环境，那么，不同的自然人文环境带给旅游者的心理感受显然是不一样的。

勇者喜山，智者亲水。也就是说，每一地的每一个旅游景点，对人们精神心理的影响是有一定区别的。

世界有近 60 亿人口，每个人都是不一样的，是唯一的。这种不一样不仅仅体现在样貌、性别、职业等外在层面，更体现在内在的心理人格层面。有的人内敛善于观察；有的人外向善于表达；有的人正在感受心灵孤独，需要获得被需要感；有的人正在感受虚无，需要寻找生存的意义和价值；有的人被生活事件引发的焦虑压得喘不过气来，想要逃跑；有的人正享受天伦幸福，精神上需要更上一层楼……人的内心状态不一样，需要也不一样。因此，不同的旅游产品对不同需要的人，显然有一个匹配度要求。

一个地方，一方水土，一种文化，吸引着有共同精神心理需要的旅游者。比如丽江，带给游客的心理需要是什么呢？具体来说就是放松、自由、一切皆有可能。人们在自身生活的城市和圈子里，墨守成规，面对好多不得已，生活的烦恼和工作的焦虑，让心灵生锈了，迫切需要一个可以让自己无忧无虑的地方，需要一个没有太多责任感，可以让身体和心灵都自由的地方。需要一个不是一切已经知道，而是一切皆有可能的地方。丽江就是这样的地方。

再比如西藏，对在拥挤的城市、狭小的空间生活烦躁的人，是一种心灵的震撼；对在竞争中尔虞我诈、私欲膨胀、失去信仰的人，是一种心灵的洗礼；对向往蓝天白云、空灵圣洁的人，是一种心灵的归属……

到了康定，你自然是携着对爱情的感悟而归的；如果要修复与母亲之间的关系，最好是去美丽的湖边；如果要寻求挑战，自然是登山；要开阔心胸，规划未来的方向，应当去看看海，或者去草原上策马奔腾一番……水温柔、包容，山险峻、有担当，海和草原博大、宽广。自然之景，也都是有生命和品格的，摸清它们的品性，才能更好地与它们互动。

同样的景也是有差别的，比如山与山之间的差别：东岳泰山巍峨险峻，气势磅礴，被尊为五岳之首。孔子曾有"登泰山而小天下"之叹，而唐代诗人杜甫则写下了"会当凌绝顶，一览众山小"的豪言壮语。南岳衡山地临湘水之滨，林木苍郁，景色幽秀，享有"五岳独秀"的美名。西岳华山，险居五岳之首，"自古华山一条路"，登临犹比上天难，不吃豹子胆，只能望峰叹。北岳恒山则山势陡峭，沟谷深邃，交通不便，偏是深山藏宝，"悬空寺"便隐匿其中。中岳嵩山雄险有之，奇秀有之，似乎突出在一个"奥"字上。嵩山留下了覆盖经济、文化、艺术、宗教、科技全方位博奥精深的历史文化遗产，"佛、道、儒"三教荟萃，"天、地、人"竞相生辉，"山、寺、貌"互补争艳。你的性格更像五岳中的哪一岳呢？去山中找自己，可能会跟我一样对自己的个性特征有新的认识。

根据自己的性格、目标、当下的心情和心灵的需要，选择合适的旅行地，是一次成功有意义的旅行的重要保障。

当然，最重要的是将眼前的景与物都当作有生命、会回应你的对方来看待，要与它们对话、交流，而不是不停地拍照，马不停蹄地赶路。在山中大喊出心中的苦闷；在海边真正跟海水做游戏，当一回最天真勇敢的弄潮儿；在湖边述说对母亲的感激和思念；去丽江给心爱的人寄一张真情满满的明信片……让自己与景真正融为一体，才能真正实现旅行效果的最大化。

人与人之间的情感，人与自然之间的情感，人与自己之间的情感，最终体现在旅游者的精神心理找寻中。旅游中可以认识新朋友，也可能在静静的行走中重新认识自然与自身的关系，还可能在不经意间走进自己的心灵世界。

同时，别忘了，风景在旅途中，不要只盯着目标，过程中的风景或许会更美。成长在过程中，旅行不只是眼睛看，手按快门的过程而已，而是需要全身心地投入和参与，跟一起出行的人们一起参与当地的民俗活动，才能有真实的感悟。如此，自然就能改变在不知不觉中了。一趟旅途带给你的成长，甚至不会亚于参加心理培训班。

这个境界的旅游，就不仅仅是身体的旅行，时空景致的变换，而是天人合一的心灵之旅。

参考文献

1. 张招存. 论散客旅游心理与管理策略 [J]. 现代经济：现代物业下半月，2008，7（8）:150-151.

2. 胡抚生. "不合理低价游"的成因及治理对策 [J]. 价格理论与实践，2017（2）:32-34.

3. 马丽卿. 旅游心理机制的文化学剖析 [J]. 学海，2005（4）:122-126.

4. 李巍. 旅游与文化的互动：对旅游人类学再认识 [J]. 沈阳大学学报（社会科学版），2006，8（2）:116-118.

5. 韦志中，卫丽. 提高旅游质量的三部曲 [J]. 旅游纵览（下半月）2018，269（04）:26+28.

6. 韦志中. 幸福干预：一生受用的 26 堂幸福课 [M]. 清华大学出版社，2013.226-231.

第五节　扶贫干部的心理资本建设

一、精准扶贫的背景

党的十八大明确提出了 2020 年全面建成小康社会的宏伟目标。为了实现这一目标，以习近平同志为核心的党中央领导集体提出了一系列重要论断，做出了一些重要部署。推进精准扶贫，消除贫困人口，是社会主义制度本质的内在要求，是建设中国特色社会主义事业的重要任务，也是全面建成小康社会、实现中华民族伟大中国梦的重要保障。

党的十八大以来，以习近平同志为总书记的新一届中央领导集体，将扶贫开发作为国家"十三五"规划中的一号工程，作为推进"四个全面"战略布局的重要内容，作为实现第一个百年奋斗目标最艰巨的任务，并从党和国家政治方向、根本制度和发展道路的高度，提出了一系列新思想、新论断和新要求。

2013 年"精准扶贫"基本方略被提出后，扶贫开发工作被纳入"五位一体"总体布局和"四个全面"战略布局，成为实现第一个百年奋斗目标的重点工程。2013 年 10 月，李克强总理在国务院常务会议部署加强扶贫资金管理时强调，对扶贫对象要建档立卡，确保项目资金要到村到户。2013 年 11 月，习近平总书记在湘西调研时强调，扶贫要实事求是，因地制宜，要精准扶贫。

业内普遍认为这是精准扶贫一词的首次明确提出。精准扶贫包含
6个方面的精准：对象精准、项目安排精准、资金使用精准、措施
到位精准、因村派人精准、脱贫成效精准。

2014年政府工作报告中提出："实行精准扶贫，确保扶贫到
村到户。"传递出国家扶贫开发方式创新转变的新思维、新思路。
2014年1月发布的《关于创新机制扎实推进农村扶贫开发工作的
意见》，提出了改进贫困县考核机制、建立精准扶贫工作机制、改
革财政专项扶贫资金管理机制。2014年3月，习近平总书记在参
加全国两会代表团审议时强调："要实施精准扶贫，瞄准扶贫对象，
进行重点施策。"进一步阐释了精准扶贫理念。

2015年1月，习总书记在云南调研时强调，坚决打好扶贫开
发攻坚战，加快贫困地区、民族地区经济社会发展，不能让困难
地区和困难群众掉队。5个月后，习总书记又在贵州强调要科学
谋划好"十三五"时期扶贫开发工作，提出了"四个切实"，强调
"贵在精准，重在精准，成败之举在于精准"，要求确保贫困人口
到2020年如期脱贫。2015年6月，习近平总书记在贵州与部分
省区市党委主要负责同志座谈时强调：扶贫开发贵在精准，重在
精准，成败之举在于精准。各地都要在扶持对象精准、项目安排
精准、资金使用精准、措施到户精准、因村派人（第一书记）精
准、脱贫成效精准上想办法、出实招、见真效。2015年12月，
《中共中央　国务院关于打赢脱贫攻坚战的决定》确立了精准扶
贫、精准脱贫的基本方略，在"六个精准"的基本要求中，进一
步突出了"因村派人精准"的重要性。

2016年2月1日至3日，习近平总书记在春节前夕赴江西看

望慰问干部群众时指出，扶贫、脱贫的措施和工作一定要精准，要因户施策、因人施策，扶到点上、扶到根上，不能大而化之。他强调，在扶贫的路上，不能落下一个贫困家庭，丢下一个贫困群众。2017年2月21日，中共中央政治局就我国脱贫攻坚形势和更好实施精准扶贫进行第三十九次集体学习，习近平总书记在主持学习时强调，言必信，行必果。农村贫困人口如期脱贫、贫困县全部摘帽、解决区域性整体贫困，是全面建成小康社会的底线任务，是党中央做出的庄严承诺。要强化领导责任、强化资金投入、强化部门协同、强化东西协作、强化社会合力、强化基层活力、强化任务落实，集中力量攻坚克难，更好推进精准扶贫、精准脱贫，确保如期实现脱贫攻坚目标。2018年2月12日，习近平总书记在成都召开的打好精准脱贫攻坚战座谈会上的讲话中，特别强调"不放松、不停顿、不懈怠，提高脱贫质量"。

在党的十九大报告中，习近平总书记提出，"让贫困人口和贫困地区同全国一道进入全面小康社会是我们党的庄严承诺。要动员全党全国全社会力量，坚持精准扶贫、精准脱贫，坚持中央统筹、省负总责、市县抓落实的工作机制，强化党政一把手负总责的责任制，坚持大扶贫格局，注重扶贫同扶志、扶智相结合，深入实施东西部扶贫协作，重点攻克深度贫困地区脱贫任务，确保到2020年我国现行标准下农村贫困人口实现脱贫，贫困县全部摘帽，解决区域性整体贫困，做到脱真贫、真脱贫。"思想高度重视，做实做细前期各项工作，实现精准识别、精准建档的目标。

精准扶贫是党中央、国务院根据目前扶贫工作中的新情况、新问题而对扶贫工作提出的新要求，是打好新一轮扶贫开发攻坚战的根本方法和指导方针，对进一步加强和改善新时期的扶贫攻坚工作有着极其重要的作用。

二、扶贫驻村干部的任务

随着国家精准扶贫配套政策的不断完善，驻村工作队、驻村干部和第一书记成为农村扶贫的中坚力量，也成为扶贫干部的主要组成部分。2015 ～ 2016 年，各地共向贫困村选派驻村工作队12.8 万个，派出驻村干部 54 万人，全国选派 18.8 万名。优秀干部到贫困村和基层党组织薄弱村担任第一书记。在距离 2020 年全面脱贫不到三年的时间内，扶贫干部的工作起到至关重要的作用，扶贫干部正在演变成为中国扶贫攻坚的核心力量。

驻村干部作为乡镇或帮扶单位下派到农村社会中，不仅为农村带去各种资源，还最大限度地发挥自身能力帮助贫困村（户）脱贫致富。在某种程度上讲，驻村干部是精准扶贫"最后一公里"的关键一环。党的十九大报告又具体提出，确保到 2020 年我国现行标准下农村贫困人口实现脱贫。各级抽派干部驻村是落实十八大精神的重要举措，对加快同步小康建设有着十分重要的意义，十九大的"脱贫攻坚"对于驻村干部来说是一个机遇，政府重视且保证脱贫基金的安全，但是在这短短三年时间内，如何全面落实中央决策，保证脱贫工作的顺利完成，对于驻村干部来说，无疑也是一个巨大的挑战。在面临压力与挑战时，如何调整自己的心态，对于驻村干部来说，就显得尤为重要。精准扶贫明确了驻村干部的脱贫任务和责任，提升了贫困村扶贫脱贫能力，能够有效加快贫困村脱贫效率和速度。

　　驻村干部要深入开展"一联五帮"活动。"一联"：就是要密切联系群众。通过驻村蹲点，做到下得去、待得住、面对面、心连心，真正培养和建立起与基层群众的深厚感情。

　　一要切实转变作风。驻村干部每周驻村时间不得少于 5 天。做到"三进三同"，通过进农村、进农户、进田间，与群众同吃、同住、同劳动，做到同群众距离上接近、情感上贴近，真正与群众打成一片。

　　二要强化群众观点。要始终想群众之所想、急群众之所急、干群众之所需，一切以群众满意为最高标准。要视群众为衣食父母，把群众当"自家人"，把群众的事情当"自家事"，尽己所能为群众办实事办好事。

　　三要了解村情民意。深入开展大走访活动，做到一家不少，一户不漏，对每户家庭的基本情况，包括人口构成、收入来源、健康状况、所需所忧所盼等，都要了如指掌，熟记于心，并记好"民情日记"。通过走访，对群众的认知率要达到 70% 以上。

　　四是要提升自身能力。要扑下身子、放下架子，甘当"小学生"，把群众当老师，虚心向群众学习、向实践学习，学做"农村人"，学说"农村话"，学办"农村事"，不断提高解决实际问题特别是复杂问题的能力，提高做群众工作的本领。

　　"五帮"：就是立足帮扶村实际，从群众想得到、看得见、摸得着的事情入手，从群众自身解决不了的问题抓起，从群众要求最迫切、最能立竿见影、最能赢得民心的问题干起，帮助单位做好帮扶工作。

　　一帮民生改善。把防病治病、提高人民健康水平列上日程，每年组织村内 50 周岁以上的群众进行健康查体；结合"结穷亲"活动，定期走访慰问结对户，帮助解决实际困难；积极协调相关部门，解决好村民吃水、走路、就医、上学等问题。

二帮环境整治。以"三清三化"为目标，帮助改善村容村貌；充分调动群众参与新农村建设的积极性，充分利用"一事一议"政策，抓好村级办公场所及健身广场、露天影院、公园等文化娱乐设施建设。

三帮班子建设。积极参与村级各项事务，亲自参加村里各项会议、重大活动；结合村"两委"换届，帮助健全村里各项规章制度，不断提高村级管理制度化、规范化水平；要加强对村"两委"干部的教育和引导，实现村"两委"关系协调，战斗力和凝聚力明显增强。

四帮脱贫致富。要采取有效手段，帮助村"两委"班子解放思想，转变观念，学习先进经验，厘清发展思路，立足自身资源优势，大力发展集体经济，实现农业增产，农民增收；注重发挥供销社自身优势，用好各项惠农强农政策，为群众致富提供指导和帮助。

五帮和谐稳定。积极做好村内不稳定因素的排查化解工作，把矛盾解决在基层，消灭在萌芽状态；积极做好新形势下的群众工作，采取正面宣传、说服教育、典型引导等多种方式，消除隔阂，增进团结，维护和谐稳定；大力宣传党的方针政策、法律法规、健康知识、农业科技知识等，不断提高村民素质；积极组织群众开展喜闻乐见、丰富多彩的文体活动，倡导村民移风易俗，文明生活。

三、扶贫驻村干部的幸福感与心理资本的关系

党的十九大已明确提出加强社会心理服务体系建设，培育自尊自信、理性平和、积极向上的社会心态。村干部是农村基层干部的主体，在促进农村发展，农民增收的过程中发挥着重要作用。随着国家"脱贫攻坚"战略的提出，扶贫地区的村干部面临着越来越多的压力和挑战。由于扶贫地区的村干部队伍从事一线领导和管理工作，其自身工作状态直接影响国家政策的顺利实施和村民脱贫致富的顺利进行，所以研究扶贫地区村干部的工作压力以及心理状态至关重要。驻村干部作为基层干部，其一言一行都会对人民群众产生深远影响，如果其心态不平和、不乐观、不自信，就容易造成工作失误，且影响干部形象。

驻村干部首先作为独立个体，自身的心理状态和幸福感觉是息息相关的。如果自己的心理资本强大，能够感觉到积极的情绪，体验到和谐的人际关系，能够拥有专注的工作状态，能够体会到工作的意义，那他肯定是一个幸福的人。当然，驻村干部既是上级组织的排头兵，也是农村建设的领导人，所以注定不是一个"简单"的人。驻村干部想要幸福，需要在工作中投入饱满的热情，需要在政策执行中，灵活调节各方关系；需要在农村建设中，深入农民群众、广开村民言路；需要在扶贫任务上全心全意地去投入，贡献自己的力量；需要在工作中及时调节自己的情绪，做好自己的工作，感受到自己工作的意义，为人民谋福祉。

清华大学心理系主任、行为与大数据实验室彭凯平教授及其团队曾对"幸福"主题进行研究和解读，结果发现，幸福与经济

发展没有必然联系，最幸福的城市里既有杭州、广州，也有很多
欠发达城市。在比较贫穷的地区，幸福指数随着经济发展而迅速
上升，但在人均 GDP3000 美元左右存在一个"幸福拐点"，人均
GDP 超过这条线后，幸福将不会随着经济发展而得到很快提升。
"人并不是越有钱就会越有幸福感"，在经济发展到一定水平后，
不能再以经济发展为唯一目标了，必须开始考虑能够提高幸福感
的其他因素。收入与主观幸福感并不总是成正比，当收入达到一
定的水平，无论财富怎么增加，幸福感都不会再提高了。所以，
幸福作为一种主观的心理状态，并不能和经济发展画等号。

对于驻村干部而言，提高自身的心理资本，培养健康心态，
找到工作的意义无疑是最持久的幸福。另外，驻村干部由于长期
和家人分居，在情感上要忍受相思之苦；再加上对当地农村的文
化不了解，需要不断学习和走访；有些驻村干部还会面临语言障
碍，各种困难都会接踵而至。所以对于驻村干部而言，提升心理
资本并不只是工作所需，也和人生的幸福挂钩。

四、扶贫驻村干部需要提升自身的心理资本

驻村干部代表的是上级领导的信任和支持，在组织工作中，
肯定会时不时地和村两委发生一些意见的冲突与矛盾，也肯定会
面临人民群众的不理解和不支持，如果此时其个人的心理承受能
力弱，心理资本不够，不能理性地调节和村两委以及人民群众的
关系，那无疑只能落个"空有一身本领却无处可施"的悲哀！所
以，驻村干部需要提升自身的心理品质，需要提升自身的心理能
力。如前所述，心理资本包含 4 个积极品质：自我效能感（自信）、

乐观、希望和韧性。

这4个积极品质是保证驻村干部工作顺利施行的精神动力。驻村干部在工作中肯定会遇到一些难题，如果他们能够迎难而上，能够自信从容，那对于政策的顺利实施必定是一个转机，这就涉及自我效能感的内容。乐观，指对当前和将来的成功做积极归因。驻村干部能够乐观看待自己的工作，看待上级组织对自己的信任，看待自己作为基层干部的工作和使命，那么他们必定安心在农村扎寨，必定在工作中恪尽职守。希望，指坚持目标，为了取得成功，在必要时能够重新选择实现目标的路线。驻村干部能够相信党组织，相信自己能够在2020年实现脱贫工作的完成，能够理性看待工作中的挫折和困难，对农村未来的发展、对新农村建设充满希望。韧性，当驻村干部遇到问题和困境时，能够坚持、很快回复和采取迂回途径来推动政策的顺利执行。扶贫先扶志，这里的"志"就涉及积极品质的提升，如果驻村干部自身对扶贫工作都不自信、不乐观、没韧性、没希望，何谈带领村民建立新农村呢！

对于扶贫工作，驻村干部是难受、是接受还是享受，这3个"受"就涉及心理资本的不同水平。如果驻村工作是被上级领导强行指派的，自己又违反不得，心理的不情愿投射在工作上，就会得过且过，马马虎虎，就会施行懒政、庸政，这是驻村干部心理资本的低级水平，这对于村民和政府来说，都是不希望看到的。如果驻村干部欣然接受扶贫工作，但是在施行过程中看不到希望，看不到自信，这是心理资本的中级水平，这类干部乐意承担自己的工作使命，乐意为扶贫工作奉献拼搏，但由于方法不得当，心态不平和，自己也会弄得遍体鳞伤。第三类人是享受的人，他们把农村当成家，把村民当成兄弟姐妹，能够以平等的姿态来对待每一个人，善于发现村民身上的闪光点，在面对工作时，能够充满自信和希望，能够乐观积极，能够坚持不懈，这就是心理资本的高级水平。

五、扶贫驻村干部需要如何提升自身的心理资本

驻村干部作为上级的特派员，初来乍到，肯定会受到村干部和村民的排斥及不信任。如果此时驻村干部不能严守自己的职责，无法在怀疑的目光中开展工作，那么这个驻村干部注定是失败的。只有坚定地相信自己的能力，相信自己可以为村民谋福利，相信自己可以帮到村干部摘掉贫困村的帽子，这样才能进一步地开展工作。

当遭到抵制时，除了要增强相信的能力，还需要入乡随俗，了解本村的文化和习俗，这就需要热情和好奇心。驻村干部如果带着两成热情，两成好奇心，那么获得村两委和村民的信任就指日可待了。在理解本土文化风情后，驻村干部就需要慢慢开展工作，当然作为一个村外人，此时工作的开展肯定还会遇到一些阻力，甚至有时候还会产生无助感和无力感，这时候就需要发挥韧性的功能。一方面要对工作充满希望，另一方面要坚守自己的工作岗位，坚信自己的工作计划，通过各方面渠道与村民产生关系连接，形成纵横交错的关系网。这个过程是相互融合的过程，是获得村民和村两委信任的过程。

当然在这个过程中，驻村干部不能忽略一个词：尊重。尊重

村民，尊重村两委，想别人所想，急别人所急，爱别人所爱。投其所好，就能其乐无穷。在工作中，把群众当亲人，与群众零距离，心贴心，站在群众的角度看问题，帮助群众获得美好生活。与人民群众保持密切联系，形成良好和谐的关系，获得积极的情绪体验，在扶贫工作中看到群众的可爱。

统计资料表明，良好的人际关系，可使工作成功率与个人幸福达成率达 85% 以上。驻村干部如果和村两委及村民建立良好的人际关系，并坚定不移地相信自己的工作，那么最终会收获信任和支持。驻村干部在抵制—了解—受挫—支持的心路历程中，需要心理资本的保驾护航，需要心理资本的层层推进，需要心理资本的无限动力支撑。所以，心理资本对驻村干部尤为重要，驻村干部需要提升心理资本建设。

参考文献

1. 夏书明，吴晓燕 . 精准扶贫研究现状综述 [J]. 西南石油大学学报（社会科学版），2017，19（2）:31-37.

2. 杨宜勇，杨泽坤 . 习近平精准扶贫思想探究 [J]. 武汉科技大学学报（社会科学版），2018，20（1）:8-15.[3].

3. 蔡晓良，谢强，陈宝国 . 习近平新时代精准扶贫思想研究 [J]. 广西社会科学，2017（12）.

4. 侯飞 . 习近平精准扶贫思想研究 [J]. 河南农业，2017（15）:50-51.

5. 杨刚，杨静 . 精准扶贫视域下驻村干部研究述评 [J]. 贵阳市委党校学报，2018，No.159（02）:32-37.

6. 卢冲，庄天慧. 精准匹配视角下驻村干部胜任力与贫困村脱贫成效研究 [J]. 南京农业大学学报（社会科学版），2016，16（5）.

7. 郑洁. 推行镇干部驻村制度的实践和启示研究 [J]. 才智，2018（1）.

8. 王益彬，张静. 心理资本视角下贫困户心理脱贫对策研究 [J]. 现代交际，2017（24）:68-69.

9. 吴莹，张黎，曲桂宇. 村干部心理资本与工作满意度的关系分析 [J]. 中国农村卫生事业管理，2015，35（2）:209-212.

10. 王益彬，张静. 心理资本视角下贫困户心理脱贫对策研究 [J]. 现代交际，2017（24）:68-69.

11. 彭凯平. "幸福中国"大数据研究 [J]. 心理技术与应用，2014（8）:3-4.

12. 周艳红，高金金，陈毅文. 心理资本调节工作满意度对工作绩效的影响 [J]. 浙江大学学报（理学版），2013，40（3）:355-361.

13. 王雁飞，朱瑜. 心理资本理论与相关研究进展 [J]. 外国经济与管理，2007，29（5）:32-39.

14. 韦志中，卫丽，邓伟平. 驻村干部需要提升心理资本建设 [J]. 农技服务，2017.

15. 韦志中，卫丽，邓伟平. 村两委的积极心态培育 [J]. 农民致富之友，2018，588（19）:229.

第六节　基层民主会议的合作对话模式

现代社会日新月异，审视社会中人与人之间的沟通方式，可以发现一种现象，即人们在日常沟通的过程中，多数沟通者之间没有形成多个回合的沟通，即不能有来有往地进行沟通，而且这种现象越来越明显，似乎已经成为社会交往中约定俗成的沟通模式。

其最明显的特征表现为：沟通中的 A、B 两方，沟通者 A 提出一种观点或做出一个决定，沟通者 B 往往只会有两个反应，好（同意）或者不好（不同意）。而沟通者 A 和沟通者 B 不会就这个观点或决定做进一步的商量和探讨。

但社会活动中的个体之间的常规交流，应该是互相探讨、互相磨合的，需要沟通的双方分别提出自己的诉求，表达自己的态度和价值观念，甚至倾诉自己的情感，然后得到对方的回应，若有分歧，可以继续探讨，以达到求同存异的效果。这比起冰冷生硬地同意或反对的沟通模式，更有深度和意义。

一、"井水不犯河水"的沟通方式

在社会交往或者基层管理中，如果缺乏健康科学高效的沟通方式，则可能会滋生出一些不良的社会现象，例如沟通的双方不能互相表达真正的自我态度、内心真实的诉求、价值观甚至情感，沟通者互相有所忌惮，担心若是表达了不符合对方意愿的真实想法，可能会引起对方不悦。故通常，沟通的双方为了避免冲突，往往三缄其口，压抑内心，以求和平共处。

上述的这种双方没有提出意见以进行互相商讨的情况，只是"井水不犯河水"沟通方式中的一种，还有一些别的"井水不犯河水"的沟通情况，即有合作对话之名，无合作之实，结果是"合而不作"。例如，沟通者 A 提出问题或者做出决定，沟通者 B 没有当场提出反对意见，但事后不执行不配合，则这次沟通是单向的低效的。或者等到事件进入关键程序中时，沟通者 B 突然做出违反当初双方默认决定的行为，甚至做出对沟通者 A 或整个事件进程不利的行为，则 A 和 B 之间的沟通反而是负面的。这些都是在"井水不犯河水"的沟通方式下可能产生的后果。

二、合作对话机制建立的必要性

平等合作的对话机制有必要建立，而建立的需要来自此种模式对基层民主管理方式的影响，改善对话机制能促进基层民主会议的活跃度和管理效益。在基层各级的会议进程中，各级领导召开会议的意义，现在大部分只剩下上传下达的功能，基层领导、干部和基层群众彼此既不互相伤害，也不过度自我保护，能够把问题在表面上探讨出来，但这种相安无事的沟通方式，完全可以得到进一步的改善。

为什么我们在探讨社会心理服务话题时，会涉及一些相关的系统理论？因为在社会心理服务的个体访谈、团体的教育等沟通发生的过程中，需要一种非常平等的符合当下情境的沟通策略，来促成事件积极发展，如果没有这样的沟通策略来润滑和助推，那么管理过程中的很多事情和观念推行不畅，也收不到满意的践行效果。

反思这些效果欠佳的沟通过程，让人们意识到其中隐藏的问题，一旦事件的参与者之间沟通出现障碍，整件事件的发展受阻，就难以看到事件正面的效果。如果换个角度，用合作对话的模式取代之前惯用的"井水不犯河水"的沟通模式，在双方甚至多方沟通中，开启更大的语言对话空间，创设一个自由积极且真诚的对话氛围，或许会收到更好的沟通效果。

如今社会的沟通方式上，更多的对话双方保持着封闭内心语言的状态。若是换用新的沟通模式，即合作对话模式，则沟通的双方都需要做好必要的心理建设，不惧怕对方的直言谏语给自己造成的心理冲击，不把对方的客观评价当作对自己的人格和能力的评价，以从容的态度理智面对对方的真实想法。如果做到了这一点，那么沟通双方可以畅所欲言，表达诉求、态度、意见甚至做一些必要的情感宣泄，双方一起合作探讨提出的问题和观念，创造更多的内容观点可能性，甚至生成更为优质的问题解决方案。至此，合作对话的沟通效果立竿见影，应用合作对话的模式来促进社会服务体系的发展，也成为一种趋势。

三、借鉴后现代心理学中的合作对话方式

我们仿佛失去了一种真诚的能力，这种能力也是一种对事不对人的觉悟。后现代合作对话的创始人是安德森，他是家庭治疗领域的大师，因创建合作对话实践治疗闻名全球，也是国际著名

的临床督导与家庭治疗师，是一位被全球认可的后现代心理治疗的领导人物。

合作对话不仅致力于提供更符合个案需要的治疗服务，同时也广泛应用于教育、医疗、社区、督导、组织咨询和教练等领域，合作对话实践以后现代哲学和社会建构理论为基础，其核心精神是充满希望的、非病理化的、不刻板的合作取向。

持有合作取向的治疗师，其哲学立场在于与对话的对象一起存在，以对话的对象为导向，与他们建立关系，一起思考，并且回应他们，有效挖掘来访者本身的资源。

四、操作层面的实事求是

基于社会心理服务的大背景，在基层一线社区的服务实践，与一线群众沟通的过程中，需要借鉴心理学，尤其是后现代心理学中合作对话的学习方式，即坚持平等、尊重、真诚、实事求是，将事件推向有效的、积极的结果导向，各方人员进行有效沟通，没有芥蒂和隐患，而埋下隐患的原因，往往是因为对于诸多问题，大部分人不敢真实地表达心中所想，对于说了真话的后果有所顾忌。

以学校里的评课工作为例，一位接受公共课考核评估的 C 老师讲完公共课后，听课老师们对其课堂影响和教育效果进行评价，基本上所有参与评课的老师都会对 C 老师表现良好的方面进行好评，表现不尽如人意的方面也不会给予差评，更不会提出批评意见。这种评课现象产生的原因是什么？症结在于忠言逆耳会惹人不悦，若说者赤诚无心，听者心有疙瘩，非但不会使听者修正自身，反而引起其内心不悦或者同事之间的人际冲突，得不偿失。

结合开头所述的"井水不犯河水"式的沟通现象和上述的合作对话的原理来看，似乎不难发现，在操作层面上，合作对话的顺利执行还存在着一些需要解决的矛盾。何种矛盾？即沟通者内心的直言顾虑与有效沟通势必会产生矛盾。通俗而言，意见表达之后对方听了不高兴，而不表达就得不到积极而有质量的沟通，这就是一种矛盾。如何解决这种矛盾？关键在于解决沟通中的"不高兴"，把"不高兴"变成"高兴"，矛盾则迎刃而解。

合作对话的语言要是一种可以让人处于内心打开状态的语言，通过合作对话，沟通双方可以发掘更大的可能性，对话的内容也更具建设意义，对话双方的思维更为发散，具有更大的创造性。这种变"不高兴"为"高兴"，说出真话且不伤人的方法，就是"实事求是"法。这里的"实事求是"就是客观的描述，沟通者以客观事情本身为立场，而非站在自己的利益和价值立场上，有了这个出发点，沟通者所践行的"实事求是"，就是互相尊重的，不是对立的，沟通者可以理性地阐述当前的状况，提出从大局观出发的看法以及如何处理的方法和决定。

以两位沟通者 A 和 B 为范例，沟通者 A 尊重对方 B 所表达的任何观念和内容，沟通者 B 表达得正确、恰当、符合沟通者 A 的观念和内容，沟通者 A 积极倾听和接纳；而当沟通者 B 表达出来的内容不符合沟通者 A 的意愿或者表达得不恰当时，A 和 B 可以共同商榷，不注入自己过多的情感、好恶、得失、地位、社会的习俗和官僚思想，亦不带有个人情绪色彩的内容，只有这样，这种合作对话才是完满的。

五、对话双方的主观能动性

正确的沟通模式如何实现？即"实事求是"地求同存异，商讨出一个结果，把对话双方真正的心理态度、心理活动呈现出来，摊开讨论，就事论事地发表观点。如此沟通，事情在推动的过程中才不会埋下隐患，才能朝好的方面发展。

将这里所说的"实事求是"运用于对话中，从表面上看，类似于传统意义上的"对立"，但又有不同。我们的模式是在存异中求同，具有主观能动性，用传统意义的术语表述即为合作对立交互对话，也就是说对话中的合作是基础，但并不摒弃"对立"。双方积极地"实事求是"地抛出对问题的各自观点，对于"对立"的对话内容能采取商讨的方式进行沟通以寻求一致。

尽管含有"对立"意味，但这种"实事求是"的沟通可能促进双方深入思考，不过对立的局面却不是合作对话要达到的目标。合作以达成双方共同认同的一致决定是对话的目的，也是对话得以持续进行的重要机制。第一，合作对话的双方之所以要对话，是双方均抱有沟通的愿望，"合作"首先要求沟通者自觉自愿，因为任何强制性的对话都无法使沟通双方真正投入其中，如果沟通者之间缺乏真正的互动，缺乏坦诚而深入的对话，合作对话便无法进行下去。因而在寻求对话的最终结果的过程中，双方都希望通过对话消除对立并形成较为一致的认识。第二，对话过程中合作是对话得以持续的保障。合作包括聆听对方所谈的内容，分析对话中的各种要素，并且尽可能地让对方站在一种探究的角度而不是被迫接受的角度进行对话，这样的方式也就是合作对话的本质所在。双方的沟通愿望和合作诉求即为他们的主观能动性，也是对话双方能够认识客观问题和解决重要事件的动力机制。

"对话"意味着互动，没有对话就没有互动，沟通者之间运用语言、文字、图像等进行对话，彼此交流与分享，从而产生新的思想与认识，"对话"强调关系的民主和思想的开放。

正如迈克尔·富兰所说："当人们相互争论、对他们的看法产生异议时——即当他们觉得看法有冲突、困惑和寻找新的答案，但仍然有意愿相互讨论和倾听的时候，会相互激发新的想法。"合作对话过程中往往会出现冲突和争论，这就需要对话双方调整角色，暂时搁置判断，也即不要急于判断对方观点的对错，而是先认真倾听对方的想法，彼此抛开成见，敞开心扉，从对方立场和事件的客观处境看问题，以推动讨论的进一步深入。如果现阶段的讨论暂时无法达成共识，可以留待下一次合作对话再进行探讨，如此往复，最终达成共识，形成新的共同认可的问题解决方案。

六、合作对话模式的品德要求

本章用了大量的篇幅强调在合作对话的过程中，沟通者们应该站在何种立场，这是理论意义上的说明和建议。那么，如何将合作对话这个高深的理念和策略落地，应用到实际生活的沟通过程中，则是接下来要努力的重要方面。合作对话的沟通模式，应用于社会服务的方方面面，需要时间和实践来助其调整。若从沟通者自身的角度探讨"实事求是"的要求，则需要沟通者具备包括勇敢、真诚、同理心和尊重等在内的一系列的品格和特质，以此作为沟通得以顺畅推进的内在支撑。如果沟通者不具备真诚品格，沟通过程中则难以建立开放的沟通氛围，难以有"实事求是"的现象发生；如果沟通者心口不一，合作对话便没办法顺利进行，其沟通的效果也差强人意；如果沟通者不具备勇敢善良的品德，就不会体谅对方的处境，可能还会以自我为中心，难以接受对方的提议；如果沟通者没有只论事件不掺杂个人情绪和利益的初心，其也不能做到以客观情境为依据来进行客观的、为双方考虑的交流。所以，"实事求是"需要有上述的这些品格作为支撑。有了这些品质，就能做到合理的高效的合作对话，而基层民主会议的民主之风则会更盛，基层的社会服务工作也会开展得更好。

当然，人无完人，沟通的双方不可能时时刻刻都具备勇敢、真诚、同理心和尊重等一系列好的有利于交流的品质，他们只需要在沟通中保持这些优良品德的基本素养，那么高质量的合作对话便有可能顺利进行了。而且，每一场合作对话所需要沟通者们具备的品德也不同，并不需要全部具备，如若不然，开展一场合作对话的要求便过于苛刻了。

按照社会交往的中沟通设定，只要在合作对话中有一方抛出了好好说话、积极讨论的橄榄枝，对话的另一方按照其素养和觉悟，一般都会积极回应并自然而然地推进整个谈话进程的发展。以品德为基础，以主观能动性为动力，以双方互动为基本形式，问题的解决也只是时间问题而已。

七、基层管理实践中的"实事求是"

合作对话中的"实事求是"，有着丰富的基层管理实践范例来支撑。在此用两位伟大的领导干部服务于民众的事迹来彰显"实事求是"合作对话的实践作用。

在共产党早期领导人刘少奇同志的工作生涯中，"实事求是"是其很重要的个人人格和党性的体现。刘少奇同志在进行群众思想指导、主持社会管理工作时，其沟通能力，一般人难以望其项背，鲜有其沟通不了的问题。他能以客观理智的立场，真心地替对方考虑，有很强的同理心，这一点对于合作对话而言是至关重要的，其留下的宝贵的沟通管理经验，一直在被后来人效仿和学习，"实事求是"的工作作风和沟通模式也日益进入基层干部的管理工作中。投身于社会心理服务工作，若是沟通者不具备合作对话的沟通姿态和沟通方式，则很难服务好其服务的对象，进而各项工作也难以得到高效的推进。刘少奇同志的基层工作便是鲜活的、有说服力的"实事求是"的应用。

焦裕禄不仅是一位带领着当地群众治理风沙、盐碱、内涝三大自然灾害的共产党人的楷模，也是一位铁腕反腐、深受百姓爱戴的优秀干部。他善于沟通，心系民众。1963 年雨季，兰考县因多日降雨形成严重内涝。在治理涝灾时，大家发现洪水有一条主要的外排通道，位于兰考和曹县交界地带。焦裕禄提出，排水不能转嫁水害，为此派人到曹县所归属的山东菏泽地区跟临县群众的领导进行沟通协商。有人担心跨省不好谈，但焦裕禄认为这两个县的根本利益是一致的，曹县和兰考县是党领导下的兄弟县，完全可以从客观的洪涝需要及时外排的紧急状况出发，两县合作对话，有什么问题是不能沟通的？他对大家说："我想好了，咱们按照十六字方针走不会错，圈要跑圆，理要讲全，心平气和，抓紧时间。"最终由水利部协调召开了两县治水联席会，顺利达成排水协议。

焦裕禄说的"理要讲全，心平气和"，完完全全符合合作对话的"实事求是"原则，道理讲清楚，站在大局的立场上，心平即理性，气和即淡定，控制好情绪，有冲突不要紧，坚持"实事求是"便能达成一致，问题迎刃而解。

八、基层民主会议的合作对话模式展望

目前，未能引起重视的基层管理工作中，会议工作的开展可能还会存在泛泛而谈、只传达字面意思而不解释和探讨文件精神的状况，这需要改进。我们想象这样一种朝气蓬勃的会议进程：回忆中基层领导与群众之间存在着默契的对话平衡点，双方就事论事地达成共识，在人格上平等，不存在强迫性和说教性，这就是领导和群众之间建立的共信氛围。这样有利于社会服务工作更加有效地开展。

我们有理由对基层民主会议中的合作对话的应用充满期待，然而这需要多方面人员朝一致的目标共同发力。

首先，政府部门和相关的领导干部培训部门，需要对基层干部进行意识层面的、品德方面的积极导向培训。在意识层面，主要培养领导干部们的民主意识和辩证思维，在原则范围内与民众磨合和探讨更为贴近生活实际的社会服务方式，用马克思主义的唯物辩证发展观对待事物的发展和事情的进程，将自身的思维灵活化和创新化；在品德方面，着重强调平等待人和尊重他人的品德，民主法治的社会需要更高素质的一线工作人员来和群众对接

与磨合，人格魅力在合作对话的过程中经常起着举足轻重的作用，这里的人格魅力便通过沟通过程中领导干部的态度和言语来表现，从人格上尊重群众，那么就会与之形成平等对话的氛围，更加有利于工作的顺利推进和政策的有效执行。

其次，借鉴优秀的社会服务工作范例，国家要对基层领导和干部进行实操层面的指导示范，纸上得来终觉浅，绝知此事要躬行。通过示例讲解、角色扮演、心得体会，针对性地给基层领导和干部一定的行为示范，有利于其运用于日常的管理工作中。主要坚持两个原则：1. 坚持"实事求是"原则。即以事件或政策的客观状况为出发点，不掺杂对对方个体的评论或者看法，就事论事，立场中立而理性。2. 坚持沟通形式多样的原则。可以以理服人，可以互相博弈，可以实践示范，甚至可以头脑风暴或者沙龙会议，这些都是形式上的不同，但都围绕着工作或者会议的主题开展，形式活泼，也能使会议或者服务工作的内容更加丰富和具有深度。

最后，我们要在社会层面倡导合作对话沟通氛围，努力将合作对话发展成为一种普遍的大众层面的社会文化，使基层群众也学会并且应用合作对话的沟通模式，这样也为基层民主会议中的合作对话模式发展奠定了深厚的社会底蕴和群众基础。在这一方面，要注意唤醒民众的主人翁意识，使其理性敢言，言之有理。受中国几千年的传统文化熏陶，中庸之道和无为而治的思想已经深深烙印在民众的骨血里，"忠君"意识也深埋在大家的集体潜意识中，以至于大多数人缺少与干部和领导进行对话的需求和冲动，缺乏合作和沟通的精神。我们要以合作对话的社会意识为向导，打破基层中领导干部与民众之间的交流壁垒，让大家积极主动参与到基层社会服务的合作对话中，也积极实践到基层民主会议中去。

合作对话的沟通模式应用在基层民主合作会议中，能促进会议进程，甚至在与会人员的思想碰撞中创新解决方案，这是很值得推行的一种沟通模式。我们可以跳开沟通这一个既定范畴，把合作对话看作是一种方法和技能。基层民主合作会议中，合作对话能产生良性推进，同样地，会议的契机让合作对话这一方法和技能得以更加成熟。由此可见，社会服务工作和合作对话是相辅相成、共同发展的，也许，在全面应用合作对话的趋势下，社会服务工作将会发展出更为高效的理论和操作范式！

参考文献

1. 刘忠华. 需要"合作对话"，也需要"诵读感悟"：语文阅读教学方式的文化社会学审视 [J]. 湖南师范大学教育科学学报，2009，8（01）:107-111.

2. 周举坤. 合作对话：高校德育模式的新取向 [J]. 教育探索，2009（04）:98-99.

3. 乔茂林. 世界性的真正开端：佩里·安德森后现代性思想研究 [J]. 马克思主义与现实，2016（06）:102-111.

4. 赵国新. 佩里·安德森及其后现代观念 [J]. 外国文学研究，2004（01）:24-31+169.

5. 谢济光. 佩里·安德森的后现代主义追溯 [J]. 广西社会科学，2006（07）:140-142.

6. 崔允漷, 郑东辉. 论指向专业发展的教师合作 [J]. 教育研究,
2008,（6）:78-83.

7. 周正, 许超. 对话与合作: 米德与哈格里夫斯教师文化理论
的比较与反思 [J]. 教育理论与实践, 2013, 33（10）:45-48.

8. 迈克尔·富兰. 变革的力量: 透视教育改革 [M]. 北京: 教育
科学出版社, 2000.

9. 焦裕禄的"为政之道" [J]. 福建党史月刊, 2014（17）:31.

第七节 积极婚姻辅导模式

一、婚姻和家庭的界定

婚姻是两性之间的爱发展到最高潮的产物，是恋爱双方想要把相互的爱，以道德和法律的形式固定下来的一种模式。在人类历史的发展中，人们对婚姻的认识和了解也经过了一个漫长的过程。

在近代早期，哲学家格劳秀斯最先从契约论的角度给婚姻下了定义。在他看来："依据同意而合伙，人与人之间就具有了支配权。合伙的形式是多种多样的，其中最自然的合伙形式就是婚姻。"格劳秀斯对婚姻的这种说法，在一定程度上有其真理性。康德也曾对婚姻下过定义，他认为："婚姻是两个不同性别的人为了终身占有对方的性功能而产生的结合体。"这种界定具有自然主义特征，把婚姻看成是对人的生理上的性欲的一种满足形式。但我们也应看到，康德强调了由婚姻建立起来的夫妻关系是一种平等的关系，强调了夫妻双方对人身和财产的占有的平等性。

在伦理学上，对婚姻做出比较科学定义的是黑格尔。黑格尔认为："婚姻是具有法的意义的伦理性的爱。"黑格尔对婚姻的这一界定直到现在仍然具有现实意义，是社会上比较认可的，具有系统性和科学性的一种定义。这个定义提出了婚姻中最基本的要素和特性：首先，爱是婚姻的基础。只有以爱情为基础的婚姻才是道德的。其次，黑格尔对婚姻的界定还强调了婚姻的"法"的意义，即以法的形式将恋爱双方的关系固定下来，从而保护婚姻双方当事人的权利。再次，婚姻除了是法律规范下的爱之外，它还具有伦理的意义。它的伦理性表现在，婚姻要受到伦理的规范，要符合伦理的原则。

而关于家庭的定义，历史上也有许多学者和专家对其进行过理论上的探讨。最早是从哲学和社会学的视角对家庭进行研究，最早研究的人是亚里士多德，他在《政治学》中对家庭下了这样一个定义，"家庭是人类社会为满足日常生活需要而建立的社会基本组织"。在近代思想家中，黑格尔对家庭问题的研究是最具代表性和典型性的了，黑格尔说："婚姻的自然结果是家庭的建立。"所以他把家庭称之为"直接的或自然的伦理精神"。马克思从人类交往关系的角度解释了家庭，他指出："这种家庭起初是唯一的社会关系，后来，当需要的增长，产生了新的社会关系，从而人口的增多又产生了新的需要的时候，这种家庭便成为从属的关系了。"

总之，婚姻家庭作为人类社会发展到一定阶段的产物，是受物质资料的生产方式决定的，人类的两性和血缘关系借以建立、赖以确定的社会形式。具体地说，婚姻是男女两性结合的一种社会形式，其结果形成了当时社会制度所确认的夫妻关系，家庭是存在于夫妻及其子女后代等人之间的一种社会生活的共同体。婚姻是男女两性间的一种社会关系，家庭既体现着这种以两性为特征的社会关系，又体现着另一种以血缘为特征的社会关系。

二、中国传统文化背景下的婚姻家庭模式

　　人是社会性的动物，人与人之间总是处在某种关系中，家庭作为最基本的社会生活单位，其中包含着的关系是人类最基本和最普遍的关系，这种关系既具有自然性，同时又具有社会性。在家国一体的传统观念孕育下，婚姻家庭在中国传统道德中有着极其重要的地位。

　　中国封建社会的全部伦理道德是在基本的纲常伦理，即三纲五常的基础上发展而来的。君为臣纲、父为子纲、夫为妻纲的"三纲"中，有两项就是用来规范婚姻家庭关系，中国传统人伦关系"五伦"即君臣、父子、夫妇、兄弟、朋友中，有三伦属于婚姻家庭道德关系范畴的，而君臣是父子的强化，朋友又是兄弟的推衍，即使最基本的道德原则"仁义礼智信"也是家庭伦理的扩展。可以说家庭伦常是我国传统伦理道德的基础和核心。传统的婚姻家庭伦理规范主要表现在父子、妻子和兄弟三对关系中。

　　尽管夫妻关系不是中国传统家庭关系的核心，但它依然是家庭的基础，没有夫妻就没有家庭，因此中国传统社会特别重视夫妻纲常名分的设定。夫妇伦理规范，比较集中地体现在礼制中。夫妇伦理首先体现在婚姻上。《礼记·昏义》中规定："昏礼者，将合二姓之好，上以事宗庙，下以继后世也。"婚姻的目的是联结两个家庭的利益，传宗接代，祭祀祖先。在这里夫妇双方的情感和幸福不在考虑之列。个人利益必须服从家族利益，以此为基础。

　　关于夫妇之伦的规范主要有：第一，夫妻好合，如鼓琴瑟。

夫妇之间不存在血缘关系，它是一种相互爱慕的关系，需要相互调节才能保持长久恩爱。因而夫妻伦理中情与理的关系乃是个关键。

传统的夫妻人伦，比较重理，这"理"主要是"三从四德"的"夫为妻纲"的宗法伦理。虽然传统伦理并不否认夫妻之情的重要性，但反对溺于情，而坚持以义理制情，把义理放在首位，夫妻双方都应使自己的行为符合义理。夫妻关系除了爱情之外，还有许多义务和责任，这包括对孩子的责任，对家族的责任以及对配偶的责任。因而儒家思想反对把情作为婚姻关系的最高要求，而是认为夫妻之间的义理应当更为重要。这无疑是对婚姻关系的社会性的正确认识，它作为调适婚姻关系的一条重要规范，在中国现代社会仍然具有合理性。当然儒家的传统伦理所论的义理是封建社会体制下的，要求夫妻之情完全服从家庭利益，妻子绝对服从丈夫，这是应当抛弃的糟粕。

第二，夫妇有别，相敬如宾。何谓"夫妇有别"？据《礼记集说·哀公问》引方氏曰："夫妇有内外之位，故曰别。"这或许是"夫妇有别"的一种解释，"夫妇有别"应当更有刚柔之别、尊卑之别等含义。"夫和而义，妻柔而正"，夫妻各有各的伦理义务，为夫者应该和乐、守义、纯朴、厚道、坚定，为妻者则应该勤勉、忠贞。

主张"夫妇有别"，进而提倡夫妇相处要"相敬如宾"，这是顺理成章的。由于中国传统社会中夫妻关系主要是夫主妻从，妻子并无自己的独立人格，"相敬"主要是强调妻对夫的尊重与顺从，而不可能是双方平等的相互尊重。《易经》曰："若非依法离异，势必偕老终身。"这里的意思是强调夫妇当有终生之义，夫妻应当"感恒"，但这种"感恒"是与"夫为妻纲"伦理要求相结合的，表现为传统婚姻家庭文化中极致的夫权和"妻对夫"的永久随从关系。因此中国传统社会中的夫妻伦理虽然强调夫义妇顺，但其显著特征是妻子对丈夫的顺从、服从。

随着中国君主专制的不断加强，男主女从、男尊女卑、夫尊妻卑的伦理规范也随之被强化，最终发展成一种统治与被统治的关系，即所谓"三从四德""夫为妻纲"。夫为妻纲突出地表现了传统家庭夫妻之间的从属关系，妻以夫的人格为自己的人格，甚至成为人母之后，她对自己子女的教养、主婚等权利仍然受夫权制约。唯一能受到某种尊敬的是她与夫的婚姻行为是"合二姓之好"，"万世之嗣"祖宗的一点血脉，能够借妻之体而延续。这种对妻的生殖功用的尊敬实质上是对祖宗的尊敬。

三、中国婚姻家庭模式的现代变迁

辛亥革命前后，以及"五四"新文化运动中，一批先进思想家提出家庭革命理论，他们批判中国封建君主制度下的传统婚姻家庭模式，以及演变出来的伦理。他们的观点主要有以下几种：第一，家长制独尊夫权，压抑个性，妨碍青年人的自由发展。第二，男性统治女性，妇女处于依附和家庭奴隶的地位。第三，祖先崇拜和封建性家教不利于科学理性的传播，与世界相隔绝。第四，愚昧的包办婚姻与贞节观念，造成人性的扭曲和许多人间悲剧。

传统社会是家族社会，国是放大了的家，国与家是一体的。现代社会是公民社会，强调公民的平等权利和义务，废除以血缘为社会关系的主要纽带。把每个个人从狭小的家族体系中解放出来，放到更广阔的社会事业之中。因此，传统宗法等级社会的君权、父权、夫权、族权必须予以废除，传统伦理中的妇女以顺从、守节为荣的观念，以及其他许多束缚个性、违背平等自由的观念，必须加以改变，这是合乎时代潮流的。

中华人民共和国成立以来，我国的婚姻家庭关系发生了巨大的变化，废除了包办婚姻，这为建立和睦的家庭奠定了基础，但是传统婚姻家庭观念依然存在，而且十分普遍。自20世纪80年代以来，中国婚姻家庭生活出现了一些新的趋势，在现实生活中表现为：婚姻家庭模式多样化，例如单亲家庭、丁克家庭的大量出现，婚姻稳定性不断下降、离婚率呈上升趋势，婚外恋显著增加等复杂现象。

一般说来，家庭作为社会的细胞，婚姻家庭领域作为人类社会的基本领域，婚姻的演变过程与社会的演变过程是相一致的。这一过程既反映出人类文明发展过程的进步与成就，又反映出这一过程中所遇到的困难和矛盾。进步与成就可以从现代夫妻关系趋向民主、平等，夫妻通过婚姻与性的关系而享受到更多的亲密、愉悦和健康等方面体现出来。而从遇到困难和矛盾方面来看，不可避免地冲击了家庭和睦、志同道合等婚姻家庭伦理的主流形态。婚姻家庭模式走向多样化，是当代中国社会婚姻家庭结构的一个主要发展趋势。据统计，目前中国社会中的婚姻家庭结构主要由传统的大家庭、联合家庭、单亲家庭、核心家庭等形式所组成。这说明，传统大家庭一统天下的格局已经从根本上发生了改变。

我国延续了几千年的传统的、封闭式的宗法家庭是建立在父为子纲、夫为妻纲、长幼有序、等级森严的家长制基础上的大家庭结构。随着我国改革开放的不断深化和发展，随着国家宏观政策和社会观念的变化，当代社会的婚姻家庭模式出现了核心化或小型化的发展趋势。

婚姻家庭的稳定性还呈下降趋势。目前，相对于某些西方发达国家而言，中国仍然存在着非常高的夫妻关系满意度。据调查，在城市，夫妻关系的满意度是 59.1%，在农村则高达 64.8%。但随着社会的发展，个体自由和平等意识的增强，情爱在家庭生活中的分量增加，婚姻家庭关系的稳定性开始逐步下降。

这主要表现为离婚率不断上升且年龄趋于多层次化。从 1949 年以来，我国出现了三次离婚高潮。第一次是 1950～1953 年，新婚姻法颁布后，取消了买卖婚姻、包办婚姻，实行了自由婚姻。第二次是 1976～1979 年，改变了以前社会生活中劝和不劝离的做法，以前积累的家庭婚姻问题因为社会开放度的增加，造成离婚现象的增多。第三次是 20 世纪 80 年代中期开始至今。目前的离婚高潮有以下几个方面的特点：第一，增长速度更快。第二，离婚的原因更复杂，其中一大部分原因是"第三者"插足或者婚外情。第三，人们对离婚的态度更开放、更宽容以及更加理性。

婚姻家庭关系的稳定性持续下降，不可避免地引发了人们对家庭离异的伦理因素的界定、对离异家庭孩子的伦理保护等问题的思考。在这些问题上，一旦处置失误，必然要造成一系列的社会问题。正因为如此，没有一个社会主动鼓励和号召离婚，当离婚现象危害到了国家的利益和社会稳定，国家政权和主流意识形态甚至要进行干预。所以现代社会的两难选择就在于：既要满足人们对情感的要求，鼓励婚姻要以爱情为基础，情感破裂的婚姻可以用离婚的方式去解决，又要考虑婚姻家庭的义务和责任，随时准备应付因此而带来的家庭解体和社会动荡的挑战。

从上面的内容我们可以看出，目前中国呈现的这种婚姻家庭生活模式的新变化和新发展反映了中国传统婚姻家庭模式同样面临着社会现代化的挑战。中国的传统婚姻观念受到冲击，陷入了无法回避的婚姻家庭道德困境。

四、影响婚姻家庭的因素研究

关于影响婚姻家庭模式的因素，我也曾经发表过相关内容的文章——《夫妻婚姻质量、性别认同与沟通方式的关系研究》。这篇文章中，通过调查问卷的形式，对 301 名群众做了有关夫妻婚姻质量、性别认同与沟通方式三者的关系的研究。

夫妻作为家庭最核心的成员，其婚姻质量直接影响着家庭和谐与孩子成长。有关研究表明，父母婚姻质量既可以直接影响儿童对社会的适应，也可以正向预测青少年外化问题，而夫妻解决冲突的方式、与亲友的关系可以预测子女的心理健康水平，所以研究夫妻的婚姻质量意义重大。

夫妻之间的沟通模式会影响婚姻质量，这已被大量研究所证实。以往的研究都揭示出建设性沟通可以正向预测夫妻婚姻质量，回避型沟通和要求回避型沟通往往可以负向预测夫妻婚姻质量，但是究竟哪种沟通方式对婚姻质量的影响力大却很少有人探讨，而这对引领夫妻良好沟通，有针对性地提高婚姻质量是很有必要的，本研究将在此问题上做进一步的探讨。

另外，随着女性越来越多地进入社会参与工作，男女角色的社会分工已没有明显的边界，传统的"男主外女主内"思想已受到了挑战。夫妻一方对另一方的性别角色态度也随之发生改变。国内学者张春兴对性别角色态度的定义包括两个方面：其一，指社会文化影响下人们对男性或女性角色所持的态度。其二，指个体对自己作为男性或女性角色所持的态度，亦即个人对自己身为男性或身为女性的看法。已有研究证明性别角色态度影响婚姻质量，其会导致结婚率下降和初婚年龄推迟。性别角色态度已成为影响夫妻婚姻质量的重要因素。

夫妻的沟通模式和性别认同都会影响夫妻质量，但性别认同和沟通方式存在怎样的关系却很少有人研究。所以我的这篇文章就假设夫妻双方对自身及对方的性别认同越平等，夫妻之间的建设性沟通就越频繁。为了证明这个假设，对301名已婚人员进行调查。

从我们的调查研究中，从总体情况看，夫妻的婚姻质量良好，性别认同处于一般水平，建设性沟通的频率不高。夫妻消极的沟通方式对婚姻质量的影响最大。消极沟通对婚姻质量的危害作用主要表现在：首先，夫妻双方不愿意主动表达自己的想法，遇到问题总是抱着防御或回避的态度，这种消极态度不利于夫妻关系的良好发展。其次，完全回避沟通不利于夫妻之间相互了解，交流感情。第三，完全回避沟通实际上是对对方的不信任和不尊重，久而久之，夫妻关系就容易出现裂痕。

双方没有平等的性别认同，在沟通问题时就容易产生矛盾，当双方产生冲突时，往往会以对方不理解自己为借口拒绝和对方做进一步交流，从而就造成了完全回避沟通。但是本研究没有发现平等的性别认同和建设性沟通存在的关联，这还需要做进一步的探讨。

五、积极婚姻技术本土化的探索

家庭治疗是心理治疗的一种形式，它将所存在的问题或症状从个体转向了关系。积极家庭治疗是以积极心理学思想为导向，运用积极心理学技术方法，围绕家庭文化、积极品质、亲密关系、家庭未来开展积极心理建设工作，以实现对家庭不良状况的改善和建设。

在塑造家庭文化时，需要终止不良"遗传"、完结心理仪式、树立核心价值及维护良好动力。在提升积极品质时，宽容、尊重、进取及创新是不能忽视的。在平衡亲密关系时，需要充分发挥积极语言、积极行动、积极倾听及积极表达的作用。在展望家庭未来时，需要围绕这四个方面：积累财富、树立理想、传承美德、走向"大我"。

当然理论只是思想的碰撞，要想充分发挥积极心理学对婚姻家庭的影响，关键还要靠应用、靠技术。我们在注重理论探索的同时，也注重技术的创新。夫妻辩论会、积极家庭小道消息、爱情放大镜、积极语言频次统计等都是具有本土化特色的技术演练。

积极婚姻家庭技术需要结合本土化进行开展。结合以往的实践经验与当前婚姻家庭存在的主要问题，我们总结归纳了本土化的家庭治疗技术需围绕"四大方向"加"十六个主题"进行开展。

积极家庭治疗是以积极心理学思想为导向，运用积极心理学

技术方法，围绕家庭文化、积极品质、亲密关系、家庭未来开展
积极心理建设工作，以实现对家庭不良状况的改善和建设。第一，
塑造家庭文化。家庭文化即所有家庭成员在一起生活、学习、娱
乐以及与其他人交往中共同建立和创造的物质财富和精神财富的
总和。第二，提升积极品质。积极的心理品质，能够促进个体产
生积极情绪与行为。第三，平衡亲密关系。家庭成员能够彼此影
响对方，并且互相依赖。最后，展望家庭未来。对现在的家庭进
行积极的建设，为未来的家庭做一些积极的行动。

　　在四大方向的基础上，进行主题的归纳与开发。每个方向归
纳出 4 个主题，共有 16 个主题。

　　1. 终止不良"遗传"。停止原生家庭的不良作风。

　　2. 完结心理仪式。对原生家庭进行情感分离，情感重心要放
在现在的核心家庭。

　　3. 树立核心价值。树立的是现在家庭的核心价值。

　　4. 维护良好动力。维护家庭的动力场。

　　5. 宽容品质。家庭成员之间要彼此谅解，相互宽容。

　　6. 尊重品质。尊重家庭每一个成员的独立性。

　　7. 进取品质。成员要努力进取，为以后的幸福生活打下基础。

　　8. 创新品质。成员之间要善于制造小惊喜、小浪漫。

　　9. 积极语言。对待家庭成员应多说赞美、鼓励的话。

　　10. 积极行动。多做积极的行为，例如组织家庭郊游、全家大
扫除等。

　　11. 积极倾听。多倾听成员的心事、心声。

　　12. 积极表达。多进行积极的情感表达。

13. 积累财富。虽说金钱不是万能的，但没有钱是万万不能的，高质量的婚姻家庭还是要建立在良好的经济基础上的。

14. 树立理想。每个成员都对未来的生活进行构思和展望，树立理想。

15. 传承美德。美德要传承下去。

16. 走向"大我"。从"小我"走向"大我"，实现自我价值。

六、积极婚姻辅导技术和模式

最后，我们为大家总结出几个婚姻辅导技术和模式：

1. 戴高帽技术

关于夫妇相处有一句箴言，只要坚守这一句箴言，你的婚姻绝对可以白头偕老。箴言是："从结婚以后，只看对方的优点，不看对方的缺点。"

听到这句话，也许有人马上会眉头皱起来，回答说："好难啊！"也许有人会回应："没有优点。"所以我们要冷静一下，障碍不在外面，障碍在自己的内心。此处借鉴"戴高帽"技术，便是出于这样的考量。以学习和发现他人的优点，学会欣赏他人的积极品质，促进相互肯定与接纳作为目标。

具体的操作方法：5～8人一组围坐成圆圈。请一位成员坐或站在团体中央，戴上纸糊的高帽子。其他人轮流说出他的优点（如性格、相貌、处事……）。被称赞的成员说明哪些优点是自己以前觉察到的，哪些是不知道的，每个成员到中央戴一次高帽。规则是必须说优点，态度要真诚，努力去发现他人的长处，不能毫无根据地吹捧，这样反而会伤害别人。参加者要注意体验被人称赞时的感受如何，怎样用心去发现他人的长处，怎样做一个乐于欣赏他人的人。

2. 夫妻辩论会

著名心理学家莫里诺认为每个人都有内在的感受、一个内在的小孩，当一个人孤独或无人可倾诉时，很可能就会与自己对话。替身技术能让成员们进入主角的内心深处，帮助主角去澄清与表达更深的情绪与潜意识意念。替身是一个特别被挑选来扮演主角内在自我的一位辅角，故替身可视为主角的一部分，是主角的扩大延伸，可提供更自发的自我以弥补主角此时此刻的不足。真正的理解和沟通，是需要创设一个情境，并且提供给当事人新的思考角度和思维方式的，夫妻辩论会的优势就在于此。夫妻双方虽然不直接参与辩论，但是每一个替身所说的话都将敲在他们心中，引发他们思考，打破传统两人相处模式中的认知局限，让双方不得不反思自己。

同时，也尝试站在对方的角度去想对方所想，急对方所急，真正做到换位思考，发自内心地去理解对方，接纳对方。而每一个参与的替身，代替当事人说的话时，其实也都是自己的思维和想法的"投射"，即将自己的价值观和理念都融入其中，所以，在来来回回的辩论中，替身之间也在发生观点碰撞，每个人都能从其他人的观点中吸收经验，又不得不印证自己观点的正确和合理性。当然，也不得不反思自己在婚姻关系中的角色定位是否准确，是否真正理解对方，真正让对方感受到自己的爱等问题。

"替身技术"的具体操作：以其中一对夫妻为主角，其他成员都做参与者。夫妻双方陈述3分钟，可以讲自己夫妻相处的问题，可以表达感受，由双方自行决定。搬两张椅子，夫妻相向而坐，丈夫坐一张，妻子坐一张，中间留出过道。其他成员做出选择，可以做妻子的替身，也可以做丈夫的替身。坐到自己选择的当事人身后，模仿当事人的动作，然后，感受其心情，调整自己的心情，尽量与自己的当事人保持心情一致。替身感受自己当事人的心情和想法一分钟。替身辩论：替身有想说的，就举手发言，代替自己的当事人说话。当事人听替身说完之后可以纠正或补充。按照此规则进行多轮辩论，直到双方达成真正意义上的沟通和理解。给夫妻双方一分钟时间，分享各自的感受和想法。以一首契合主题的歌曲结束，例如《知心爱人》等。

3. 粘贴画

粘贴画是毕加索、布拉克等人所创的现代美术绘画。日本的粘贴画疗法是森谷宽之在箱庭疗法（沙盘疗法）的启发下，在1987年5月开发的。箱庭疗法当然是非常有效的疗法，但是需要准备沙盘和玩具等设备，为了能在没有箱庭疗法设备的情况下也能进行心理治疗，森谷提议用平面的绘画和相片来代替立体的玩具，进而开创了粘贴画疗法。

方法虽然非常简单，但应用的范围十分广泛。现在在日本，从少年儿童到老年人，从健康人到精神病患，都有广泛的利用。不知道大家有没有过这样的经历：观看一场演出、一场音乐会、一幅图画后，有股莫名的暖流在心里游动。艺术除了能带来美的享受，还有一股魔术般的力量。艺术也是心理咨询师的工具，引领你走入内心，欣赏灵魂映入心海的光影。

具体的操作步骤：首先要预告主题，说到"知心爱人"这个题目，你的头脑中会浮现出一幅什么样的画面？我们现在有机会自己动手制作一幅粘贴画，它可以是立体的也可以是平面的，它比普通绘画更直观、更形象。然后是剪裁，按照主题，在废旧的杂志、报纸上选择喜欢的图片，剪裁下来。再次，将剪裁下来的图片重新排列和拼接，形成一张新的图画。最后，引导成员们回答问题，故事发生在什么时候？故事的内容是什么？故事是在哪里发生的？

参考文献

1. 李佳澍. 中国传统婚姻家庭的现代嬗变 [D]. 西南大学，2007.

2. 韦志中. 幸福干预：一生受用的 26 堂幸福课 [M]. 清华大学出版社，2013.

3. 韦志中，卢燕博，周治琼. 社区心理学：254 模式理论与实践 [M]. 武汉大学出版社，2016.

第四章

社会心理服务的人才培养探索

第一节　心理学家使命感 × 专业能力 = 心理学服务社会的效能

当下社会治理的过程中，心理学服务的效能越来越受到关注，人们不再满足于理论的指导层面，更多地希望心理学能实打实地从日常实践中为社会解决各种问题。

本章从心理学家的角度出发，通过提高其使命感，增强其专业能力，进而提高心理学服务社会的效能。

一、当代中国社会心理工作者

"中国当代的社会心理学者"是哪一群人？要在理解中国当代高速发展的社会背景下，联合实际从而充分发挥自己的能力，服务当代社会。党的十九大报告提出了加强社会心理服务体系建设，培育自尊、自信、理性平和的积极心态的发展目标。也就是说，我们的目标已经转向了社会治理的层面，转向了社会服务的层面。这种认知的转变，目标的转变是每个社会心理学学者必须要意识到的。

在西方哲学发展历史进程中，柏拉图是强调国家大于个人的，亚里士多德却认为人们天生是具有社会性的。像司马迁在《报任安书》中所说的一样，"人固有一死，或重于泰山，或轻于鸿毛，用之所趋异也。"在我国悠久的历史中不乏为了国家利益、民族利

益和群体利益而献身的伟大人物，文天祥、岳飞、袁崇焕等都是
其中的代表人物。

我们新时代的社会工作者不能只是做科学研究，也要参与到
社会的具体事务中，参与中国各地幸福城市的建设工作，积极地
投身于心理学知识的社会应用中。心理学的科学研究工作者，尤
其是致力于社会心理服务的心理学者，就一定要投入社会实践。
在民盟就有这样的先例，费孝通教授、潘光旦教授、梁漱溟先生
都热心于参加社会实践活动，把自己的学问、思想投入社会建设。

梁漱溟先生在北大教书的时候，中国正处于剧变时期，梁漱
溟先生毅然决然地辞去北京大学教授一职，到山东邹平去乡村建
设研究院进行办学。梁漱溟先生即使到了八十多岁，依然担任民
盟主席、全国人大副委员长和政协委员职务。中国社会文化背景
下的学者，都有一种士人精神，只有拥有这种精神，才可以将他
们的科学知识和能力发挥到最大。

这也正是麦独孤的社会心理学中，个体影响群体，群体影响
社会的积极体现。在亨利·塔杰菲尔等人提出的社会认同理论中
也提到，社会认同中的3个主要程序步骤（类化、认同和比较）
中的比较步骤可以帮助提高个人自尊。因为人们在努力追求都保
持一种积极的社会认同，而这种追求需要来自内群体与相关外群
体之间进行的有利比较。也就是说，人们通过对和自己拥有相同
社会属性的他人进行比较，从而提高个人自尊或将符合内群体的
特征进行提高。在面对比较对象拥有更加优秀的角色属性时，个
人会根据突出群体成员的状况来定义和要求他自己。这就是榜样
的力量，通过对同社会属性下杰出优秀人物的学习，可以提高社

会责任感和使命感，发挥出更大的力量。

中国社会的心理学体系下的社会心理服务体系所需要的心理工作者，既要具有科学体系的理论、知识技术的理论，还要具有为社会服务的心，这个"心"就是社会责任感。纵观心理学的发展历史和我国的历史文化、社会文化可以看出，心理学的发展和应用离不开科学的方法论，离不开对社会、文化、习性、意识形态等因素的思考，更离不开对人类高级目标的不断追求。

二、科学家的奉献与专业

在历史上，很多伟大的、杰出的科学工作者都是具有强烈的社会责任感的。例如我们伟大的两弹元勋邓稼先先生和钱学森先生。在 20 世纪 50 年代，为了面对来自帝国主义势力和严峻国际形势的双重压力，以毛泽东同志为核心的第一代党中央领导集体做出了果断的决定，即发布我国的"两弹一星"的战略性决策。在这种大背景下，一批国内优秀的和身在国外心系国内的科学研究工作者纷纷报名，组成了一个 23 人的技术开发研究团队，其中就包括了钱学森先生和邓稼先先生。

邓稼先先生 1924 年 6 月 25 日出生于中国安徽省怀宁市。从西南联大毕业后，他在北京大学任教，并于 1948 年到美国普渡大学进行进修学习，1950 年获得物理学博士学位。毕业后仅仅 9 天，他就回到了新成立的中华人民共和国开始加入与"两弹一星"相关的开发研究小组中。

从 1958 年开始，邓稼先先生花费了 20 多年的时间与一群年轻的科学家秘密合作，为中国研制核弹和氢弹。最终分别在 1964

年和 1967 年取得了成功。不幸的是,在一次实验当中,他受到了核辐射的污染,身患直肠癌,于 1986 年在北京不幸逝世,享年 62 岁。在 1999 年,他被追授了"两弹一星功勋奖章"。由于他对我国国防事业所做出的巨大贡献,被广大人民称为"两弹元勋"。邓稼先先生一生致力于核技术的开发研究,并为之献出了自己的生命,也为广大的科学工作者上了重要的一课。

钱学森先生 1911 年 12 月 11 日出生于上海。从国立交通大学(现已分为上海交通大学和西安交通大学)毕业后,获得了清华大学的第七届庚款留学美国的机会。进入美国之后,先是加入麻省理工学院航空系进行了硕士课程的学习,之后又加入加州理工学院的西奥多·冯·卡门小组,成为当时最伟大的航天科学家冯·卡门的学生。在获得航空以及数学博士学位后,任加州理工学院的助理教授一职。8 年后升任加州理工学院喷气推进中心主任、教授。

在 20 世纪 50 年代美国第二次红色恐慌中,美国联邦政府指责他同情共产党。尽管他的同事们提出抗议,但他还是被剥夺了参加机密研究的安全许可。与此同时,中华人民共和国成立的消息也传到了大洋彼岸的钱学森先生耳中。于是他决定返回祖国。就在他即将登上港口返回祖国之时,却被美国官员拘留并软禁于洛杉矶附近的终端岛。在被软禁了 5 年之后,他于 1955 年获释,交换条件是遣返在朝鲜战争中被俘的美国飞行员。1955 年 9 月他终于离开了美国,登上了"克利夫兰总统号"轮船,途经香港回到自己的祖国。

回国后钱学森先生领导和参与了用中近程导弹和近程导弹运载

原子弹的"两弹结合"试验,在火箭工程上取得了巨大成就,被誉为"中国导弹之父",并在 1999 年获得了"两弹一星功勋奖章"。钱学森老先生于 2009 年 10 月 31 日去世于北京,享年 98 岁。

"两弹一星"这项重大成就离不开无数科学家呕心沥血的努力,因为在他们之前我国在这个领域几乎是空白的,是他们的刻苦钻研才使这个奇迹得以出现。我国核武器的自主研发成功不仅对中国也对世界和平产生了重要的意义。由此可知,新时代背景下的科学工作者必须是具有爱国主义精神、奉献精神、利他精神甚至献身精神的。如果没有这些伟大科学工作者的努力与付出,就没有今天我们的美好与和平的生活环境。

由此可知,我们心理学研究工作者也是一样的。不但要在学术上、专业上做到钻研和精通,也要在勇于承担自己相应的社会职责。法国微生物和化学科学家巴斯德曾经说过:"科学无国界,科学家有祖国。"其中"科学无国界"的意思是指科学成果可以由全人类无国界地分享,而"科学家有祖国"是说作为一个科学家,要忠于自己的祖国,不能因为科学而背叛自己的祖国。这句话是巴斯德拒绝德国所颁发的一个奖项时所说的,而他拒绝接受这项奖项的原因是德国对他的祖国发动了侵略性的战争。

在对过往的导师班以及网课学员的培训过程中,我们发现凡是具有较强的社会责任感并且专业能力较强的个体都可以突出重围,最终成为心理学方面的专家。所以这是一个现象,这种现象背后其实折射出了一个规律。因此我们可以假设一下,是否拥有更强社会责任感的科学和心理学工作者就会创造出更加具有有效性、实用性、社会普及性和社会服务性的成果呢?

所以某种意义上来讲，你所创造的财富和你所取得的成就都会受到你个人胸怀、格局、人生观和价值观的影响，而不单单是由科学技术和学术水平所能决定的。所以我们就提出来一个专业能力乘以社会责任等于社会服务效能的观点。商人和企业家的区别正是在这里得到了充分的体现，商人和企业家的目的都是赚钱，但是企业家在达成赚钱目标的基础上还很好地承担了自身的社会责任，从而为社会的发展做出贡献。

三、高校心理学者的社会责任感

在心理学领域，这种社会责任感的缺乏会导致很多的问题。因此这也成为制约中国心理学发展的一个重要因素。如果每个心理学相关学者和工作者都是各人自扫门前雪，那就不可能完成发展中国特色社会主义心理学和为现代中国人民提供心理服务的发展目标。因为中国的心理学不只具有专业性，还具有人民性、服务性、时代性和政治性。

要想在中国做好心理学这份事业，就要走中国特色社会主义发展道路，要了解中国的思维方式、人情、国情和国民性。作为一名中国的科学心理学家，科学心理学工作者，我们必须意识到政治的重要性。注意这个政治是广义的，而不单单是指政治影响和政治形态，包含了我国的政治理念以及长久以来形成的人文思想、价值观和社会心态。

武汉大学的钟年教授曾经提出心理学家需要丰富的想象力，要有开放的思想胸襟和胸怀。在当下，心理学家还需要拥有社会使命感和社会责任感。我国一些致力于社会心理服务、社会心理研究的人没有意识到社会责任感的重要性，也没很好地掌握社会价值观、社会心态、民主意识、政治思想和意识形态等问题的分寸。这就是对社会责任感认识的缺乏所导致的问题之一。

　　社会责任感对于未来本土化心理学的发展是必要且重要的，当然还有一些心理学者既具有西方科学主义的高度，又具有东方人文主义的思想特征，例如清华大学社会科学学院的院长彭凯平教授。彭凯平教授毕业于北京大学的心理学专业，毕业后他先是选择了留校任教，之后又作为访问学者前往美国密歇根大学并在密歇根大学深造，取得心理学博士学位。然后在美国加州大学伯克利分校担任心理学系终身教授一职，也先后成为加州大学社会和人格心理学专业主任，心理学会科学领导委员会成员。

　　回国后，他成为清华大学心理学系教授兼心理学系的首任系主任，为 2008 年的清华大学心理学系复建做出了很大的贡献。彭凯平教授发表了超过 300 篇的学术论文，并获得多项论文奖。其中包括 2004 年美国社会心理学会最佳论文奖、2006 年美国管理学院最佳论文奖，更是在 2007 年被美国人格与社会心理学会评为全世界范围内论文引用最多的中青年社会心理学家。即使是这样，彭凯平教授也不忘慈善和公益事业，曾担任中国"幸福园丁"公益基金和中国积极心理学研究基金学术委员会主席。

　　彭教授曾经说过，人是一种社会性动物，每个人都难以脱离他人和社会而存在。也就是说每个人都要承担起自己身上的社会责任，特别是要做好新时代、新背景下的心理学工作，就更需要清楚意识到社会责任感的重要性和必要性。

四、对社会心理服务工作者的启示

儒学的终极目标就是做君子、培养君子。要完成这个目标，有两种途径，第一种是通过考试选拔这样的外部方法，古代的儒生就是这样从读书识字到考取功名，用贤者的标准要求自己，学习更多道理和知识，慢慢达到君子的境界。这种路径的本质即是外求，是向外寻求帮助的方法。第二种便是向内求，向自己寻求帮助。儒家自孔子起就强调"因材施教，有教无类"，认为每个人都是潜力股，只是被纷繁复杂的环境给影响了，或者因为天赋的不同而被耽误，所以需要跟自己的内心对话。这两条路的区别就是理学和心学的分歧所在。

经历了从理学到心学的发展变化后，我们可以看出当代社会心理服务工作者不仅需要认识到知识的重要性，还需要做到知行合一。在实际工作过程中，就需要拥有亲民的能力。在各级政府部门进行社会心理服务人员的选拔中可以发现，只有专业的科学知识是不够的，具有更强的社会责任感，更具有热情和奉献精神的人才才能把工作做好。

社会心理学本土化、普及化所带来的机会就要来了，但是我们需要清楚地意识到机会所带来的挑战，并为之做好准备。如果你没有做好准备，是无法顺利开展社会服务心理工作的。

特别是在社区里做心理辅导，心理服务工作者就是当事人，所以，一定要打好心理上的预防针，提前准备好预设设定，否则就会导致心理服务无法顺利展开，使社会心理服务流于形式。只有走进人民群体，走进社会，把自己奉献出来，才能成为社会心理服务体系建设的优秀心理学家。这就要求我们不仅要有专业知识和能力，而且还要有相应的使命感和责任感。

例如在社区进行社会心理服务时，工作者的身份不是官员，但是却要承担一定的政府责任，中间就会产生冲突，从而导致心理服务工作者的消极懈怠。所以工作者不能被来访者带偏，要具有一定的政治思想觉悟和社会责任感。所以要进行这个层面的教育，没有相应的社会责任感是无法担任这个领域的工作的。为人民服务本身就是心理成长的路径和境界，如果社会心理服务工作人员可以深入为人民服务的状态中，就可以达到心理成长和人格完善的目的。只有尊重知识，注重自身修养，做到知识和行动的统一，才能更好地服务社会和提高自己。

五、使命感让心理学家无惧

上述心理学家们的社会责任感，正是社会心理服务工作需要的专业态度，也就是常提常新的心理学家的使命感。那么，使命感究竟包括哪些内容？

心理学家的使命感决定了：心理学家应该为构建人们的新信念做出贡献；心理学家应当为教育改革和创造型人才培养做出努力；心理学家应当为创立具有中国特色的企业文化，推动我国一大批企业立于世界优秀企业之林，从经济上深层次地促进我国企业发展，为我国尽快成为经济强国做出贡献；心理学家应当在为促进社会人群的心理健康、预防和诊疗各种严重心理疾病上做出贡献；心理学家应当在开发青少年智力上做出贡献；心理学家应当在预防青少年犯罪的研究上倾注力量，在治理这一世界社会癌症上做出努力、做出贡献；心理学家应当在帮助戒除毒瘾、挽救千万个生命和破碎的家庭上做出努力，为破解这一世界难题做出贡献；心理学家应当在治疗网络成瘾上做出贡献，为迎战这一新的时代性的心理疾病、保护万千青少年顺利成人成材上有所作为；心理学家应当在民族心理的研究上下功夫，深入地认识中华民族的性格，为发扬我们博大精深的中华文化略尽绵薄之力。

总结以上的内容，可以发现，心理学就是要做"顶天立地"的事。"顶天"即为攀登心理科学的高峰，"立地"即为解决实际问题，理论和实践两手都要抓，而且两手都要硬。那么，心理学家包括心理学工作者在内，也要从"顶天"和"立地"这两方面提升自我的使命感。

在理论使命感方面，心理学家要把心理社会服务当作科学研究来严谨对待，要有理论的铺垫和指导，将一手资料和数据归纳上升到理论，要有为心理学理论做深入研究和创新补充的思想觉悟，要有吃透各方面理论知识的韧性和行动。在实践使命感方面，心理学家要尽可能真正地解决来访者的问题，不能有敷衍搪塞的想法，一个方法不奏效，可以换一种；一次来访解决不了，可以多次谈话，逐个击破；一个心理工作者解决不了，可以介绍转诊或者专家会诊甚至寻求督导。这便是合格的心理学家或心理学工作者应有的专业态度和使命感，理论求知孜孜不倦，实践求解负责到底，直面当前的社会热点问题，为国家的发展和国民的幸福做出应有的贡献是当代中国心理学家的历史责任。

有这样的使命感，心理学家心态摆正了，追求升华了，顺应了社会和时代的发展，底气足了，内心也就无惧了。心理学服务社会的过程中，多多少少会遇到实施的困难和阻碍，但心理工作者们已经怀揣着浓厚的使命感，内心便不会有太大的波澜或者抗拒，使命感让他们更加淡定从容、不悲不喜、客观理智，让他们成为无惧的勇士，在社会心理服务的风雨中稳步前进！

六、专业能力是无惧的资本

心理学的终极目标是提高人类生活的质量，那么心理学家就要以这一终极目标为最终高地而努力攀登。攀登途中，心理学家除了需要具备强烈的使命感以外，还要具备过硬的专业能力。只有这样，我们的心理学工作者们才能应对当代国民的心理求援，才能开拓并建立本土的心理服务体系，也才能产生心理学服务社会的最大效能。

那么，我们的心理学工作者要具备哪些专业能力？

首先，心理学工作者们要具备做理论和实证研究的全套技能：写作技能、策划能力、数据处理技术、系统的心理学专业知识储备和各种科学的研究方法，如实验法、问卷法、测量法等。这些能力，是作为一名科学的心理学工作者所必备的基础性能力。

其次，心理学工作者们要努力做到精通心理咨询理论和技术。要能够综合理解各个心理学流派的不同咨询方法，能根据不同的来访者的具体文化背景和心理问题，选择相应的、适合的方法"对症下药"，以达到个体咨询或者团体辅导的最佳效果。优秀的心理学工作者会表现出对新旧心理咨询理论的综合理解，全面理解心理咨询技巧和咨询过程，能针对不同人群进行有效的心理咨询。

再次，心理学工作者们要具备一定的社会交往技能，比如良好的沟通与合作能力、团体领导能力、接纳多元文化的视野和素养，以及助人成长的能力。也就是说，要具备渊博而深厚的关于人的成长和发展的综合性、专业性知识，通过应用这方面的知识来促进来访者学习，增进其幸福感。

最后，心理学工作者们要具备足够强大的内省能力。心理学工作者要定期反省自己在咨询和服务工作中的表现，检验自己是否有逾矩的、不合规范的操作行为或者服务心态。最常见的现象可能是，咨询师对来访者的移情产生了情感回应，这是不合咨询规范的，咨询师应当及时接受心理督导，如果能调整到正常状态，则咨询继续，如果无法做出调整，则咨询中断并及时将来访者转诊。若是在社会心理服务工作中，心理学志愿者或者工作者们遇到难以解决的问题，或者处理问题过程中没有做到态度端正和方法正确，事后就需要及时反省，并与同伴交流，这便是实践—内省—经验吸收—成长—再实践的过程。

以上述要求为目标，以先贤前辈们为榜样，努力从各方面提高自身的研究能力、咨询能力、社会交往能力以及内省能力，不积跬步无以至千里，日积月累的磨砺和吸收，会让我们的社会心理服务工作者们快速成长。我们说有使命感就像有了前行无惧风雨的安全感，其实这个安全感的前提还有一个——过硬的专业能力。有了靠谱的、有效的、融会贯通的专业能力，理论、实践样样精通，写作、演讲字字珠玑，只有这样，我们才有资本，才有无惧任何不理解和不认同眼光的资本，才有将社会心理服务全面推向公众生活的底气！

七、效能就是专业与态度的共同作用

效能一词的近义词有：效果、效率。这里的效能是心理学服务于社会的效能，更进一步解读是，心理学能为社会大众解决多少心理困惑，能把大众的社会不适应的方面或者内心的冲突等各种复杂的问题解决到什么样的程度。人们内心顺畅了，便能更好地、按部就班地参与到本职工作和社会建设中去。而这一效能产生的两个基础，即为专业与态度，专业就是专业能力，态度就是使命感，这两者结合并重、共同作用，心理学者才会在工作中发挥出最好的服务效能。

另外，社会心理服务不仅局限在解决已经产生的内心问题，还能通过引导和建立积极情绪，让来访者或者当事人往积极的方面发展，人们常说的"性格决定命运"就是如此。比如学校组织的班级团体辅导、公司请专业心理学家为公司做的公司文化内训或者团建、学校的职业生涯规划、社会心理服务机构开设的心理咨询中心等，这些机构或者活动形式都是为了帮助学生们或者社会人士更好地适应社会发展和投入工作所进行的预先的正面指导。接受这些指导的受众会比完全不知情的新手们更有心理准备，心理抗压能力也会强一些。

综上所述，心理学家们在开展社会心理服务的伟大事业中，还有很长一段变强升级的路要走，使命感是必备的，也是意识层面的升华，相当于心理学家们自我提高甚至自我实现的指导精神。专业能力更是基础中的基础，只有具备相应的能力，对应的心理服务工作才能得以有效开展，也才会产生各方面的效能。

这些效能具体分析起来，能包罗社会各方面的效益，比如，文化效益能促进心理学界思想创新、百家争鸣，使创作和壮举不断。教育效益增进基础教育的学子身心健康和三观积极，富有斗志和希望，能指导高校学子进行自我认同和职业选择，促进他们的自我教育和自我成长。经济效益能促进科学是第一生产力、人才强国等我国的重要国策的推进，这些战略告诉我们，培养人才能促进社会生产力的飞速发展，这里的人才，既包括心理学工作者，也包括由心理学服务社会所影响出来的优秀人才。政治效益能加强心理学服务于社会，是社会治理的重要内容，这其中产生的社会效能，可以直接影响到整个社会的风气、面貌和治理效益，这也是国家最为重视的国计民生。当然，心理学服务社会的效能，目前还没有达到很好的水平，这需要我们一众心理学工作者们众志成城，在提高自身的同时努力实践服务于社会，集结政府、社会组织、学术界、志愿团体、学校、家庭等多方面的能力，努力得到更多民众的认同和加入，一步一个脚印，为效能最大化贡献更多的力量！

参考文献

1. 杨珍芝. 高校心理咨询师心理危机干预中伦理困境与应对研究 [D]. 南方医科大学，2013.

2. 信中贵，李曙光. 我国心理学工作者研究过程中的需要特征 [J]. 呼伦贝尔学院学报，2013，21（02）:33-37.

3. 孙山，王伟. 心理学的社会使命：财富 责任 幸福——首届中部心理学高峰论坛综述 [J]. 心理学探新，2011，31（06）:575-

576.

4.赵崇莲.广东省高校心理健康服务体系构建研究 [D].西南大学，2011.

5.张燕.高校心理咨询的生成与发展 [D].武汉大学，2010.

6.欧阳仑.21世纪中国心理学工作者的历史使命和责任 [A].中国心理学会，2005.

7.何心展，陈传锋，沈斌表.不同阶层心理健康观念及需求状况的调查研究 [J].应用心理学，2002（02）:35-38.

8.张赛宜.社会心理服务人才培养思路探析 [N].中国人口报，2019-06-10（003）.

9.郑斌.心理工作者的修炼与境界 [J].现代阅读（教育版），2013（03）:44.

10.高娟，牡丹.心理工作者更应重视情绪智力 [J].赤峰学院学报（自然科学版），2013，29（16）:106-108.

11.王勇慧.心理学的使命和发展趋势 [A].中国中西医结合学会心身医学专业委员会.第四届中国中西医结合学会心身医学专业委员会换届大会暨第七届全国中西医结合心身医学学术交流会论文汇编 [C].中国中西医结合学会心身医学专业委员会:中国中西医结合学会，2013:4.

第二节　科学与人文、心理学工作者的 两条腿走路

一、心理学工作者的两条腿

没有文化的心理学很可怕，这个主题源于心理圈中存在的一个现象：心理学工作者注重技术方法，忽视人文方向的研究。比如说社会上的心理咨询师都忙着学习心理咨询技术，而对于文化课不上心。侧重研究为什么，很少研究是什么；侧重研究怎么办，忽视研究为什么这样办。这就导致了很多心理学工作者缺乏文化理论。

什么是心理呢？在我看来，"心"指的就是我们的文化活动，它包含的范围更广，人类心里一切的活动，应该说都是人类文化的活动。今天的我们为什么会这么想问题，其实都是由文化的动力在推动。"理"研究的是科学的层面，如你是怎样想问题的，你想问题的时候，大脑的活动机制是怎么变换的。

现在我们更多地在追求怎样想问题，而忽视为什么要这样想问题，也就是注重"理"而忽视"心"，注重规律而忽视现象。其实"理"只是冰山上面看得见的一小部分，冰山下面那庞大的体积则是"心"的部分，只有把人心、人情、人性、人事这些基本的动力了解清楚，才能让科学层面的效果发挥到最大化。

从心理学的发展进程来看，科学心理学的诞生是以德国心理学家冯特在莱比锡大学建立第一个心理学实验室为标志的。在此之前，心理学属于哲学，称为心灵哲学，这是一种更大范围的心理学。所谓科学就要小很多，它主要是聚焦到某一个点上，找到它的规律，并且此规律能够得到反复的验证。如果研究不是遵循这一思路，就不能称之为科学研究。

所以大家注意，在任何一门科学发展的过程中，它要证明其科学性，就要做一个巨大的工作，那就是抛弃很多和这个体系相关但不好论证的研究领域。它抛弃了这个领域，就实现了科学化，但是等到科学体系建立起来以后，就需要做一个工作，那就是找回原本抛弃的部分。

科学心理学丢掉的是什么？丢掉的是一大部分，就是民族心理学与文化心理学。所以冯特在晚年的时候一直在做民族心理学的研究，但这个部分已经没有人去关注了。因为整个科学心理学体系已经出来了，没有人再去关注"不科学"的部分了。更重要的是心理学已走进科学，文化心理学没办法用科学的方法来研究。

虽然后来西方有一大批心理学家开始用科学的方法去做文化心理学的研究，但是实际上这个研究是比较麻烦的。国内也有一批学者，如杨国枢先生、黄光国先生、杨中芳先生等，他们开始研究中国人的心理，但是收到的效果还是很微弱的，文化心理学的研究仍是小众领域。

目前高校的心理学教育更多的是注重科学、忽视人文。如果一个博士生导师研究的领域是文化心理方向，那他所带领的博士生团队，在论文写作方面可要下一番大功夫了。因为按照目前的心理学期刊的征稿范围，大都要求收录认知神经方面的科技文章，退一步讲，最起码文章也要有数据分析。那些理论心理学或者某个领域的综述文章，录取率是微乎其微的，更别说文化心理这种纯思想性的，看起来没法进行科学评判的领域了。

这就有点类似于社会上一些人对男人与女人的评价。他们认为，男人在外边挣钱就很有能耐，很有功劳；而女人在家里做家务，就是一文不值，没啥能耐。其实这是劳动换算有问题，男人的付出换来的是金钱，而女人的付出换来的是儿女的健康成长。如果用挣钱多少来评价女人的社会价值，这就太不公平了。所以对待男人与女人的付出，应该用不同的评价标准。

同理，对待文化心理学，我们也需要有一条不同于科学层面的评价标准，否则文化心理学的研究价值就会被很多人低估，其实相比较而言，文化心理学的研究比那些"理"的研究应用价值更广，对社会的贡献也更大。所以冰山下面的文化，肉眼看不到的部分是急需我们去探索的。

那我们该如何探索我们的文化呢？在我看来，可以通过那些反映国人的人心与人性的作品，如诗词歌赋、经典名著等。这些作品之所以经典，就在于它们对那个时代的社会人文环境、人心、人性做了很好的阐述和表达。因此我们解读经典作品中的心理学，这就是心理学的文化课，这就是中国人的文化心理学。

二、没有文化的心理学者是跛脚的

冰山上面是"理"，冰山下面是"心"，没有文化的心理学者很可怕。可现在的问题是：一个心理咨询师，一直在学技术，学方法。他学了一年又一年，到处学，最后发现他做人的工作始终做不好，或者做得不那么得心应手。为什么会这样呢？因为人的工作不仅仅是包含机理部分，还包含那些看不见、摸不着的文化动力的部分。所以我们对人心、人性、人情、人事要了解，诚如《红楼梦》里的一副对联所言：世事洞明皆学问，人情练达即文章。

在心理咨询和辅导中，咨询师要和来访者建立良好的咨询关系，这种关系不只是机械性地跟他共情，而是真正地懂他。咨询师懂来访者，不仅仅只是懂他当下的情绪情感反应，还要懂他看待问题背后的文化动力，这才是真的懂。

不管是研究认知，还是研究外部行为，都有一个共同的特点，就是注重可研究、可控制的部分，而不可研究、不可控制的部分就不管了。不过很多心理问题都是由不可控的因素导致的。

比如说一个人做出了一个行为，这个行为本身没有问题，但是社会观念却不允许他这样做，他在感受到外界压力的时候，突破不了，这时就容易患上疾病。就拿离婚来说吧，一个人在婚姻中过得不好，他想离婚，想换一种生活方式，但是他的家庭成员，还有外部的世俗观念给他压力，不让他离婚，由此他患上了抑郁症。虽说抑郁症是通过科学病理学的方法来诊断的，但是他根本的问题在于外部观念的束缚，他心里不接受这个束缚，这种束缚就是由文化因素造成的。

所以，我们需要探讨中国文化，理解中国文化，可以通过解读经典名著来了解中国文化。我记得杨鑫辉教授主编过"文化·诠释·转换　中国传统心理学思想探新系列"中《传承、诠释与开新：中国传统人格心理学及当下独立路径研究》一书，里面涉及三个部分：理论整理发掘、文化诠释转换与技术应用实践。不过我们现在都在做实践，没做文化诠释了。

韦志中心理学网校中有一部分课程在做文化诠释转换，比如《解读水浒的人物心理》《中国人的幸福之道——向孟子学积极心理学》《向〈西游记〉取育儿经》等课程。这些都是网校教程中很重要的课，其重要性在于它是心理学的文化课，也是心理学工作者的文化课，教我们看懂人心，看懂人情世故背后的规律。

心理学既属于自然学科，也属于人文学科，既可以研究社会一般现象，也可以研究人心背后的文化动力。我们现在学习心理学，不仅要学习科学，还要学习文化。科学犹如骨架，文化犹如血肉，如果只学习科学，心理学就是一具躯壳，没有血与肉，如果只学习文化，心理学也就没有型，立不起来了。所以现阶段，我们要往这具躯壳中多注入血与肉，扎根到我们传统的心理学思想中，进行心理学的本土化研究。

尤其是在建立社会心理服务体系的背景下，心理学者需要掌握人心与人性。因为我们不仅是生活在新时代的社会人，也是深受中华五千年文明影响的"历史人"。人们的心理不仅仅是现阶段的社会人的心理现象，也是在不同时期的文化背景大集合的产物。我们要把文化的部分拿出来，才能服务好今天的人们。

从这个角度来讲，成长为一名心理学工作者，尤其是社会心理服务的工作者，我们要学习很多相关的文化课。现在很多心理咨询师只学技术和专业课，不学其他的，如果我们只懂一点原理，怎么能解决人的问题，怎么能真正地帮到人呢？

在河南林州，世世代代生活在此地的人都有一种饮食习惯，就是特别喜欢吃小米稠饭。他们把小米做成稠饭，又在里面加地瓜粉、干菜叶子等，这样一碗美味的小米稠饭就做成了。此地的人都喜欢这种美味，呼呼地能吃几碗，殊不知这个饮食习惯是有问题的，容易得肠胃疾病。

所以，心理学人只学习技术课、理论课，不学习文化课是不行的。我们要知其一知其二，知其三，把自己塑造成一个文化人，而不单单是应付考试。韦志中心理学网校的课程安排就是理论课、技术课、文化课三位一体，在讲技术课的时候穿插着理论，讲理论课时也有技术和文化的内容，讲文化课时也会对技术的理念进行思考。理论课、技术课、文化课一起上，才会学习和成长得更快。

三、不良文化动力导致心理疾病

现在很多心理学研究者与实践者，面临的主要问题就是不了解中国文化。为什么有人会患心理疾病呢？这就是文化病的体现，就是在不良文化动力的推动下，人的心理失去了平衡。所有的心理症状都是一种表达，所有的身体症状都是一种诉求，都是一个动力外显化的结果。人们为什么失眠，为什么恐惧，为什么得了强迫症，为什么人际关系失调，为什么适应不良……这些症状其实都是内部的和外部的双重动力不平衡所导致的。

如果一个人按照自己的想法去活动，并且周围人也了解这个想法，此时他的需求就被满足了。如果他想自由活动，但总是被周围人制止，此时他就会产生一种自控力。这种自控力看起来很强，其实他付出了很大的代价。他牺牲了心理幸福感或者自由度，通过压抑与强迫自己来达到与外部环境的和谐相处。但是这种行为并不能长久有效，他会用一个症状去反抗这种压迫，如小孩子多动、抽搐、咬手指头等，这些症状正好满足了他内心的需求。

当然这种需要不仅是本能的需要，也是心理和社会的需要，他需要玩耍，需要活动，需要体验。但是外界的环境不允许他这样做，认为他的行为不符合我们共同遵守的规范——作为一个小孩子就应该听话，不应该动来动去的。不知大家有没有注意到，越是严格的家庭，越是那些爱干净甚至到了洁癖地步的家庭，小孩子的心理越容易出现问题。

比如说有些人看起来挺正常的，各方面都很优秀，也有才华，在社会上也有成就，但是内心也有解不开的疙瘩。之前我做咨询时就接待过一名企业家，他年纪轻轻就当上了一个市的房地产协会的会长，经手的动不动就是几十亿的项目。但是这样一位成功人士却不敢上台讲话，一上台就害怕，浑身哆嗦，双手紧紧地抓住桌子，才能勉强站直。由于整个身体都在颤抖，桌子也被他弄得"噔噔噔"地响。他很苦恼，但是自己又解决不了，就来找我咨询。

还有一个强迫症患者，他觉得自己没啥问题，但家里人觉得问题很大。他每天都把家里边打扫得干干净净，一尘不染，如果谁不小心弄脏了一小块地板，他就会很生气，非得把那脏的地板弄干净了不可。不管是家里人还是来的客人，都受不了他的洁癖。其实这种强迫症就是他内心冲突的外化，他要保持这种冲突，于是就演化为洁癖这种外部行为。

我们每个人内部都是有需求的。我想上厕所就上厕所，我想打嗝就打嗝，我想走快一点就走快一点，我想走慢点就走慢一点。但是如果你"想"的不符合社会约定俗成的规则，那么可能就会被阻止，最终走向焦虑甚至抑郁。

其实很多心理症状就是文化的问题，是不良文化动力在行为上的外部显现，只不过我们把这个行为称为症状。外部的压力没有了，文化压力没有了，这个症状也就没有了。

这就告诉我们：只要生态环境和谐了、外部的文化动力和谐了，也就不会过多地对人性造成不合理的约束和压迫。我们为什么要培育自信自尊、理性平和、积极向上的社会心态？我想原因之一就是外部一乱，就会造成内部心理上的不适应，甚至原来适应的部分也变成不适应了。

作为心理学工作者，要想更好地帮助来访者，只知道这是某个病症是远远不够的，即使使用各个流派来解释，也只是杯水车薪。你只有懂得了来访者的心理或行为背后的文化，才能真正地了解此症状的问题所在。实际上弗洛伊德、荣格、罗杰斯等著名的心理学家，都是站在文化视角上进行心理咨询的。

很多心理咨询师，不去管文化这颗"心"，不去管患者为什么患病，只管患了什么病，这其实就是只有科学主义，而忽视人文主义的心理学。心理咨询师就是跛脚的。

四、社会治理中的文化疗效因子探讨

所谓文化疗效因子，就是治愈病人所用到的能够起作用的文化因素，或者说是方法。简而言之，我们就是要改善不良的文化动力，创造良好的文化动力。

比如我们在做社会治理的时候，就需要搞清楚导致人们产生各种心病和问题的文化因素，然后去改善这些文化因素。比如被性侵的女孩，人们会以异样的眼光来看待她，甚至还会用语言中伤她，对于这类现象，我们就需要做一个有关贞操观念及性观念教育的普及，这个普及实际上就可以称为一个疗效因子，因为它在改善人们不良的性观念，它在改变传统的文化观念对女孩的伤害。

对于身体不健康的人群，会有医生进行诊治，但如果社会的文化出了问题，那该由谁来解决？应该是文化学者、社会学家、历史学家这一类人群。同样，心理出了问题，就需要心理服务工作者了。不同问题需要不同职业人员来解决，大家在解决问题时，所要达到的目标自然也会有所不同。

从这个角度出发，我们在解决人们的心理问题时，就可以从他的观念和思维模式切入，而不仅仅停留在认知层面。当然，从观念切入也是从文化视角入手，我们所采用的方法就是文化的疗效因子。

比如一个人想解决自己的问题，总是在上访。为什么会这样呢？因为他每一次上访，接待他的人都给他一种观念：你就是没事找事的。他为了证明自己是真的有事，就一次次地上访，想让其他人听到自己的心声。如果此时有人对他说："你这事可不是小事，咱们坐下来聊聊！"那这个上访人立马就觉得有人关注到了他，有人懂他，他就会满肚子的委屈一股脑儿全倒出来。不管他说什么，接待人都给予积极的倾听与回应，把上访人作为平常人来对待，而不是带着防御、怀疑、强硬、命令的口气和眼光。站在心理咨询师的角度，如果他跟周围的人总是格格不入，他很有可能是一个有问题的人。但是站在文化的视角，他是没问题的。他之所以有这样的行为，背后一定是有推动力的。文化视角是更大、更客观的视角，站在文化的视角，我们就会更愿意去接受他。

所以，社区心理服务中心的人员在工作中，对人的接纳不是心理咨询师给来访者的共情，而是站在一个很高的人类文化的角度去看待任何事情背后的推动力。

五、不同阶层对心理健康的需求

基于人类的思维共性而言，不同的人群有共同的心理现象，比如中国人和美国人会有类似的或者相同的心理现象，但是同时，中美两国国民的心理现象还是会有诸多不同，这里便涉及民族性，这就属于民族心理学的研究范畴，同时也隶属于文化心理学部分。如此来看，民族心理学也属于文化心理学，那么群体之间和阶层之间，在相应的文化背景下，会带有一定的社会资源、背景、地位、荣誉等具有社会性的附加属性。例如，某个群体或者阶层的成员，不愿意或者不屑于与另一群体或者低一阶层的人开展社会交往，所以，社会性的资源的掌握程度，在某一定程度上影响了人们社会交往的圈子或者态度。

出现上述情况，归根于人们在心理层面、认知层面以及观念层面的差异。目前从事社会心理服务工作的工作者，接待和面对的是社会不同阶层的受众，这些人带着不同的社会面具和身份，其文化心理也会千差万别。

下面，以一些典型的职业人员为例，分析不同背景下的不同人群的社会文化差异。

比如，先针对农民这一职业进行分析。国家统计局资料显示，我国当前约有 1.2 亿农民进城务工，农民工已成为我国产业工人的重要组成部分。农民工长期远离家乡、亲人，感到孤单、寂寞，缺乏安全感、归属感，再加上工作压力大，情意和生理需求得不到满足，心理方面存在的问题非常严重。就农民这一典型群体来说，其思维往往带有朴实性、小我性、短期利益性，偶尔投机取巧，整体而言偏于淳朴。在面对问题的过程中，其看待问题的高度和格局都不够，这无可厚非，人们的成长环境和受教育程度也会对其文化心理产生影响。那么，我们在社会心理服务的过程中，应该如何跟这一群体进行沟通呢？

再比如工人这一典型的城市从业群体，其思维特征也会区别于农民。不同行业的从业人员，如工人、解放军、运动员、老师、医生、律师和法官等人在处理同一件事件时，有不同的思维观念，也会有不同的处理方式，心理健康程度也不同，而这种心理健康程度的不同也是受到当事人职业习惯、文化背景以及阶层不同的影响的。

从经济实力的角度而言，不同收入的人群，其惯常的思维模式略有不同。例如，在购物时，交易是否达成所要考虑的因素中，高收入群体首要考察的大部分都是商品质量和品牌，低收入人群则更多关注商品的打折信息和价格是否合适。这便是被经济实力影响的思维方式的差异。经济实力的差异，有时候影响的不只是思维方式，还可能会影响人们的自信、自尊等方面。在此列举一个常见的社会现象，经济收入较低的群体，可能社会层次和地位也相对较低，在一些社会交往活动中，他们比较在意周围人对他们的看法。而另一部分人，也就是经济收入相对较高的群体，如果受到别人的轻视或者不尊重之后，不会受伤，而是会反击，对轻视自己的人同样表现出轻视的态度。这两类群体的社会交往观念，以及在自己受到轻视时的反应不同，这就是自尊和自信心不同。所以，在社会心理服务的过程中，我们从这些现象背后不同的文化心理入手，了解不同阶层群体的心理需求分别在哪里。

民众对心理健康服务的需求程度如何？我们引用农民工的心理健康调查的部分数据，其中深圳的数据是81.5%，即每百人中有多于80人希望得到心理帮助。在浙江省由于工作劳累、文化程度低以及很难融入城市，81.2%的农民工表示有不同程度的心理压力，两成农民工认为身心疲惫，经常失眠的也有一成多。推及整个社会中的各类职业的群体，他们期待得到心理帮助的方式和内容都可能不同，心理帮助的内容不是衣食住行等这些物资信息的探讨，而是关于工作压力的排解、职业规划与能力提高、生活态度、自我认同、子女教育、亲子关系等一系列心理适应或者意识形态上的内容。不同文化心理背景的群体，其在接受心理帮助的过程中，所关注的点和角度也不同，所以不同阶层的群体，其心理诉求不一样，表现出来的行为方式和心理困惑也不同。

前面提到了从事两种职业的群体的心理帮助需求，现在我们来谈谈大学生群体的心理帮助需求。原国家教委曾对12.6万名大学生进行调查和测试，发现存在明显心理障碍者达20.23%，每年全国高校学生因失恋、考试失败、人际冲突、生活受挫等自杀者达数十人之多。据上海高校的调查，在200多种令大学生烦恼的原因中，人际关系、学生、异性、对未来的担忧各占20%。发生在大学校园中的一系列触目惊心的事件在提醒国民和社会，大学生也需要心理健康帮助，也需要心理疏导来排解求学期间各方面的心理压力。

在大学生的心理危机干预工作中，如果大学生自带的文化背景、风俗、价值等内在认知不同，那么产生的观念也不同。首先，分析一个典型的大学生心理冲突的事件。之前在网络传播得沸沸扬扬的某大学生弑母事件，引起了全社会对于大学生心理危机干预和孩子心灵教育的思考。该学生平时在生活中乖巧，学习中成绩拔尖，但其表现的外在优秀是以压抑内心为代价的，压抑到一定的程度，就出现了严重的心理反弹。该学生的内心反弹过程有三个阶段。在第一阶段，他以自虐的方式去化解内心与外部的冲突所导致的压力；进入第二阶段，通过心理的异常症状或者表现出来的症状如强迫症，释放掉或者表达出这一阶段所产生的压力；到达第三阶段，会产生心理疾病，也可能形成负面的人格特质，比如自虐型人格或者反社会型人格，事件中的大学生产生了反社会型人格，最终出现了弑母的悲剧。为何会出现此等悲剧？因为他的忍耐到了极限。他的忍耐力极强，经历了十多年的求学生活的忍耐，学习和家庭的压力紧紧地压迫着他脆弱的心，而忍耐力越强，最后爆发的后果越严重。这里的心理反弹，就类似于生活中的弹簧受力挤压而反弹的原理。挤压弹簧两端的力越大，那么松手时弹簧反弹出来的力量也越大，如果压力超过了弹簧所能承受的阈值，那么弹簧便再也弹不起来，至此，弹簧作废。那么当该大学生的心理调适能力适应不了压力时，他可能就会出现丧失理智，进而崩溃杀人的行为。

　　大多数的心理不适会在早期阶段被发现，由家长介入或者当事人自行调整，很少会发展到非常极端的第三阶段。比如，通常情况下，孩子在高中学业压力逐渐增大的求学环境中，心理承受不了而出现焦虑、厌学、失眠、社交恐惧等症状不一的异常表现时，家长及时介入，与孩子平等交流，表达出关爱，缓解了孩子内心的压力，甚至给了孩子前进的动力，这是最好的结果。将孩子内心对学业压力和学校生活的恐惧等一系列适应问题大部分都化解了，相当于拯救了这个孩子的内心。当然，这种心理疏导工作需要长时间做，所以亲子之间心灵上的沟通往往很有效。但如果孩子内心压抑了这一份压力，将这份压力储存在心里，独自承受，不表现出来，也不找人倾诉，可能到某个时间节点，会出现极端的行为。无论是出家、自杀、杀人、生病、自虐等一系列不常见的行为或者表现，都是当事人无法化解内部的冲突而产生的结果，因为他们没有把握住内心需要的动力与外部动力之间的平衡。所以说，在进行大学生心理危机干预的过程中，我们要及时发现其异常，结合其原生家庭的亲子关系、性格特点、人生经历等综合因素来采取不同的咨询和治疗方式。

　　前面列举完农民、工人、大学生的心理健康需求，最后探讨一下公务员这个职业的群体，剖析其心理健康的需求有何特点。

　　以扶贫村干部的心理压力为例来剖析其工作压力的具体内容。村干部是农村基层干部的主体，在促进农村发展、农民增收的过程中发挥着重要作用。随着国家"脱贫攻坚"战略的提出，扶贫地区的村干部面临着越来越多的压力和挑战。

　　他们会面对来自上级政府、村民的工作期望，还有村与村之间无形的比较。工作本身很琐碎、烦冗、复杂，有时会对自己的知识和能力产生怀疑。在社会声望方面，担心自己的声望受到别人的非议，担心自己在村里的地位受到挑战。处理上下级关系、村民内部利益关系的过程中可能会存在角色冲突。从基层公务员所面临的职业压力来看，公务员确实是心理健康帮助的重点对象。

以公务员为调查对象的心理健康访谈表明，80% 以上的公务员，尤其是基层公务员，普遍存在较大的心理压力，且在一定程度上存在心理不平衡和心理疲劳。这些不同于身体在工作中的劳累，而是其内心的冲突造成的比如一个公务员，加班加点，会有职业倦怠，可能作为公务员并未体会到这份工作的职业价值，累和不累是一个相对感受，分为身体和心理两方面。如果工作能让人产生价值感，让人心情愉悦，或者人们是主动参与到工作中去追求价值提升和自我实现的，那么无论工作多么烦琐或者简单，投入这份工作中都不会感到劳累，甚至会心情轻松愉悦，当完成一项任务或者作品时，可能会产生满足感、价值感甚至是成就感等积极情绪体验。但如果反过来，每天工作内容都是重复的机械的，而且是被动的，那么工作者可能会对这份工作产生无意义感、无力感甚至是厌恶感。所以，职业倦怠是否产生，取决于工作的人对自身工作意义和价值的认知，这就是关键所在。这一点是社会心理服务团体要对于职业倦怠和高压力群体进行调试的。如果某个公务员对其工作的意义和价值产生认同，那么即便工作压力大，他也不太容易产生职业倦怠。当这份工作所给予的积极方面大于负面情绪时，公务员往往能积极投入工作中。

具体而言，公务员可以享受到职业带来的安全感、稳定性和荣誉感，同时社会大众对于公务员的职业认可度很高，这也无形中拔高了公务员的社会地位。他得到了这份职业所赋予的各种资源和裨益，但他并未意识到这份职业其他方面的价值。面对这类内心困惑的公务员群体，我们先了解其诉求，可以根据其具体需要来进行，可以从帮助他们认识所从事的岗位的深层社会意义入手，可以通过鼓励其发展业余爱好来增加其幸福感，可以教会其调整心态以减轻压力的有效方法，等等。归根结底，心理健康帮助的服务工作，都是旨在帮助人们调节内心，只要他们内心舒服了，我们的工作就是有成效的。

综上所述，心理健康帮助，需要根据不同人群的心理需要，既要运用科学的方法，也要考虑文化的作用，双管齐下，才能最终达到最优的效果。

参考文献

1. 陈佳丽. 高校心理危机评估现状的对策研究 [J]. 林区教学，2019（05）:113-115.

2. 左逢源. 国家治理能力现代化背景下公务员职业倦怠问题研究：以湖北省随州市为例 [J] 经济研究导刊，2019（11）:86-90.

3. 李永慧. 大学生心理危机干预困境与应对策略 [J]. 中国学校卫生,2019,40（04）:486-489.

4. 郭东艳. 大学生心理健康问题与危机干预探索 [J]. 文化创新比较研究，2019，3（09）:184-185.

5. 陆瑜芳. 公务员心理压力成因及心理健康策略 [J]. 秘书，2019（02）:61-71.

6. 赵晶. 大学生心理危机干预现状及对策研究 [J]. 才智，2019（07）:4.

7. 韦志中，卫丽，邓伟平. 扶贫地区村干部的工作压力与工作满意度：心理资本的调节和中介作用 [J]. 中国健康心理学杂志，2019，27（02）:282-285.

8. 黄胜兵. 公务员心理健康的影响因素与自我调适能力探究 [J]. 新西部，2018（21）:167-168.

9. 陈雨宁. 公务员职业心理压力对幸福感的影响：情绪劳动和心理资本的多重中介模型 [D]. 闽南师范大学，2018.

10. 程菲，李树茁，悦中山. 农民工心理健康现状及其影响因素研究：来自 8 城市的调查分析 [J]. 统计与信息论坛，2017，32（11）:92-100.

11. 李强，梁栋，郝志红，徐晟，汪娜. 我国农民工核心心理健康素质的调查 [J]. 心理与行为研究，2017，15（02）:250-257.

12. 李强，梁栋，郝志红等. 我国农民工核心心理健康素质的调查 [J]. 心理与行为研究，2017（2）:250-257.

13. 中国心理学会. 第十八届全国心理学学术会议摘要集：心理学与社会发展 [C]. 中国心理学会：中国心理学会，2015:3.

14. 何心展，陈传锋，沈斌表. 不同阶层心理健康观念及需求状况的调查研究 [J]. 应用心理学，2002（02）:35-38.

第三节　心理学工作者的跨界思维

一、打破界限的需要

　　我们要能够务实地匹配于社会的需要，这就意味着我们可能要打破一些条条框框、原来设定的界限。比如社会上的某些心理咨询师说，"我是精神分析学派的"或者"我是认知行为学派的"，然后他又问，"你是什么学派的？什么派别的？精神分析还是人本主义？"

　　作为一个心理学的研究者、学习者，你可以有自己的喜好，有自己跟随的、适应自己的流派。但是如果要站在社会心理服务的应用角度来说，分派别就是在所做的工作之间设置了好多障碍。这些障碍就是界，这个界要想跨过去就好难了。所以在思想观念层面不能够设界，要"学时一大片，用时一条线"。

　　学的时候，"圣人无常师"，学一个领域也行，学几个领域也行，可以有自己的喜好和信仰这个学习自由。但是在用的时候要一条线，就是盯着问题，不能让原来的界限，妨碍了你现在目标的实现。因为社会心理服务最重要的是以问题为导向，以目标为导向，以服务为导向，真正服务到老百姓，这是运用心理学为人民服务的根本体现，而不是以个人原来设定的界限喜好为导向。那样你只是一个合格的研究者，或者说是某一个流派的坚守者、推动者，但不是一个合格的社会心理服务工作者。所以要打破原来的界限。

二、人是一个整体

人是一个整体，过去我们在服务人的时候，往往只服务一个方面，而社会心理服务体系是为这个人全面的幸福和发展服务的。

社会心理服务体系下的心理学服务，目标不是只解决一个问题，而是最终使这个人全面幸福，这样他的家庭就幸福，生活就幸福，就促进了社会的和谐。所以我们要从整体考虑，心理学工作者要有跨界、跨学科、跨观念、跨地盘思维。

跨界的背后实际上就是我们已经具备了开放性的思想，有为人民服务的思想，不是自己的得失、好恶、价值判断。也就是说你服务他，就要把个人喜好放在一边。

做一个社会心理服务工作者、科学工作者、心理学工作者，必须要过跨界这一关。大家有没有发现，一个心理学机构如果请三种人当老板经营，比如请一个心理学家、一个行政干部、一个企业家，这三个人的经营方式是不一样的。

这三个老板，其他的条件都一样，能力一样高，人品一样好，只是三个人背景不一样，你愿意请哪个人来？

我个人赞成第二个。心理学家都比较有情怀、理想主义，让心理学家管心理学家还是有些困难。企业家倾向于追名逐利，管心理学家也难度较大。

行政官员的工作思路往往是统筹的，就是不把自己放进去，学者的意见、市场的开拓都能客观看待。所以管心理学机构最客观的是行政官员，心理学的经营机构是带领心理学家去做社会经营的，本身具有公益性、服务性，并不是社会的企业，不以挣钱为最终目的。政府官员有一个特点，就是善于利用资源，善于嫁接。

所以我们应该跳出小我，进行跨界，思想上先要跨出来，避免狭隘。人是一个整体，社会心理教育、社会心理服务是围绕服务一个完整的人开展的，让他能够幸福地生活并向前发展，避免狭隘，避免自以为是。北京大学前校长许智宏教授说，教育不仅仅是教给大学生知识，它的本意是将大学生培养成为完全的人，比较全面的人。新东方的创始人俞敏洪说，任何教育的目的都是培养完整的人。这是中国教育的一个特点。我们在社区做社会心理服务工作，虽然说是服务，但它也是开化明智的教育。孔子去周游列国的时候，他的学生问他，这个集市上这么热闹，人来人往的，国家都富强了，我们要做什么？孔子说要"教化之"。也就是说穷的时候要先富，富之后就要教之。

社会的治理就是先带领老百姓发家致富，我国有一部分人已经实现小康，生活富裕了，那么就要教之。现在我国社会进入一个需要"教之"的时代，就是要实现全民教化，所以我们要明白社会心理服务体系建设，其实是在做社会治理。

以前我们偏重于社会管理，管理的过程中发现了问题，就会治理。其实这两者之间就是服务，其核心是一边服务，一边引导，一边教化。例如李银河在两会报告中提出减轻嫖娼卖淫惩罚措施的提案。原先就是行政拘留后罚款，但这种措施效果不够理想，这只是在惩罚而已，只是做社会管理，不是在做社会治理。

现在从社会治理的角度来说，可以拘留并交罚款然后让他们参加学习班，学习一些生存技能。学习班一个学期办下来有一半人"从良"了，这个社会不就越来越好了吗？这就是从管理的角度到治理的角度，治理就是服务，其中最核心的是宣传教育引导。所以我们今天说的社会心理服务它又回到了教育层面。

社会心理教育就是社会心理服务的内涵之一。社会心理教育就是围绕培养一个完整的人展开的，实际上是社会全民学习、全民教育、继续教育的一个延伸。所以从这个角度去说，我们在社区里开展社区心理服务项目是有必要的。给项目起一个名字，比如叫一盏灯，每天晚上就点一盏灯，大家在灯下坐在一起念念书，讲讲故事，学学东西。如果在思想层面能够跨出去，我们就能够从服务跨到教育，从教育跨到服务，也就知道了方向。

三、跨文化与跨学科

再来看两个跨的问题，一个是跨学科，一个是跨文化，只要是以解决问题为导向的，都可以跨界。跨学科就比如原来学习临床心理学的、做心理咨询的，现在去学校做心理社工，那么就要按照学校心理学这个学科去做。临床心理学是把人看成有问题的，是以临床治疗的视角进行，而学校心理学是把人看成需要引导、需要教育、需要帮助的，考虑怎么样去服务他，去爱他，去陪伴他，使他能够健康成长，所以一旦跨学科之后眼前的人就发生改变了，把对方看成是你一个需要爱的人，那么帮助他的时候，他就会愿意接受，如果把他看成是个病人，需要改造的人，他就不愿意接受，不服气，所以跨学科很重要。

　　我们到社区里应该以支持和陪伴性质的工作为主，所以就需要从原来的临床心理学和社会心理学跨出来。明白了这一点，如果原来是个社工，现在再到社区里开展心理服务工作，就不会沿用原来的社会学模式了。其实这里更多的是一种心理学，要陪伴他、接受他、共情他，这就需要很多心理学的技巧。如果原来是一个心理咨询师，那么现在不是要治疗他，而是过来陪伴他、支持他、爱他、倾听他，这个时候又是在做一个社会工作，学科跨过来了。我们要想服务好就要以解决问题、以服务目标为宗旨，就得跨学科，我们不能给自己老是贴着标签

　　跨文化是我们不能总是依靠西方的心理学理论来解决中国人的问题，一定要洋为中用。比如说我们学习了西方的一个心理技术，到了中国的社区去服务的时候，要把它与社区文化结合起来，做一些调整和装饰，让中国人更容易接受，跟中国的人情、人心、人性匹配，这就是洋为中用，就是一种跨文化。

　　跨文化还体现在如何针对不同的文化群体开展活动，比如说给居民和农民讲一堂同样的心理保健课，就要有跨文化的能力。如果到农村讲课就不要布置得像城市一样，一开始就要调整好思想方向，不要灌输错了，不要按照城市的那一套来，不适合农民的观念。

　　入乡随俗也是一种跨文化。在云南宁蒗县发生地震的时候，我去一个村子里上课。我先让村主任把大家召集起来，平时开会怎么来今天就怎么来，他就把大家都叫到操场上来，我找个板凳往那一坐，村民们有的蹲着，有的站在高岗上，大家就这样一起谈一谈，很开心。后来下雨了我们都往帐篷里跑，把帐篷挤得水

泄不通的，然后我们在帐篷里开了个会议，安慰大家要放心，调整好心态，地震会过去的，这就是实实在在的谈心。现在好多心理学工作者推崇心理学原汁原味，其实并不正确，我们要入乡随俗，不能抱着原来的那一套教条不放，否则就不是真正的心理服务。

社会心理服务一定要跨文化，就是从西方跨到中国，一个群体跨到另一个群体。服务的方式也要跨，中国人接受什么方式我们就用什么方式。比如中国人喜欢喝茶，我们就跟他们喝着茶聊，中国人喜欢听着小戏，我们就用小戏编成心理健康的版本唱出来。

社会心理服务跨文化是为了人民、为了服务，而不是为了这个学科。有些流派是在某一种历史背景下为人类的发展和进步服务的产物，过了这个阶段就没有价值了。如果我们还在坚持那就是老古董，就不是真心地为社会心理服务做工作，这就是为什么要跨学科。

为什么跨文化要打破学科的桎梏，打破原来的所谓早期的部分？因为一旦跨完之后，我们就变成了一个新人，变成一个可以自由切换角色的人。当你去家访，去关心老百姓的家庭生活、陪伴他们，你就是社工。当他们来访的时候，你给他们共情，带着他们哭、带着他们笑，你就是心理咨询师。我记得当时在广东电视台做节目的时候，他们台长、总监说我说一句话就把这个节目点亮了。那一次是一个女士跟她的先生一起去录节目，她是江苏人，嫁到广东来，然后他们发生冲突。我就说了一句话："从现在开始我就是你娘家人，我是安徽人，跟你们徐州挨得很近。"

大家注意，"我是娘家人"这句话意味着我的角色不是心理学家了，而是这位女士的家里人了。所以在谈天说地的时候一句"兄弟呀"，效果就立马好了。到最后我们会发现自己就是一个热心的人，专业的人，有爱的人，愿意为人民付出、愿意帮助别人的人！

这个人就是既扛着心理咨询师的头衔，又干着社工的事，有时候是调解员，有时候是法律顾问，有时候像个派出所警察，有时候又像温和的老大妈，有时候像个高级知识分子。所以跨界，跨学科，跨文化，就要求我们在专业上要丰富、在思想上要多元，在方法上要多样！

四、建立社区心理服务中心

我们在社区里做心理服务工作，第一身份叫"合同信访干部"，就是连接党和政府与人民之间关系的一座桥梁。有什么问题在这儿能得到化解，而不至于去上访、生病或者发生恶性的冲突和争吵。我们要有能力都把他们吸引过来。从某种意义上来讲，大家已经不把你当咨询师了，你在社区里开咨询中心，跟政府社会治理的目标是一致的。所以我们称它为"初级信访"。我们要踏踏实实把老百姓的问题解决，真心地扑下身子来做一名社会心理服务体系建设的排头兵。

在社会心理服务刚建设的时候，如果我们还是抱着自己就是一个心理咨询师的心态是不行的。要先搞清楚你是谁，你又是为了谁，最后才是谁最美，谁最累。又美又累，就是你。

因此提议心理服务进入社区不要挂社区心理咨询中心的牌子，因为它已经不是心理咨询了，应该挂的牌子是社区心理服务中心，或者叫社区幸福服务中心。总的来说一定是要强调心理服务，关怀为主，在这个基础上再去为每一个社区创造特色，比如前文提到的"一盏灯"，无论你的世界多么黑暗，我们这里有"一盏灯"走进你的世界，愿意和你一起前行。一个创意，一个理念，一个服务，这就可以叫"一盏灯"志愿服务队。每个社区都做起来，都有自己的服务方式，就会百花齐放！

第四节　心理学志愿者队伍选拔、培训与
督导机制

一、社会心理服务体系不仅需要专家还需要心理志愿者

社会心理服务体系建设需要三类专家，一类是理论研究者，一类是应用研究者，还有一类是具体的服务实践者。理论研究者主要负责研究理念和思想，做大的基础建设和引领。应用研究者则是致力于理念、思想和技术的运用。服务实践者是运用理念和技术服务需要的人。

在现阶段，中国的心理学发展道路上最需要的就是服务者，即既掌握了心理学理论知识与方法技术，又掌握了社会工作知识和经验，立足于当下社会心理服务体系建设，实践于社会，服务于大众的人，我们将这一群人叫作心理志愿者。

现在我们要打一场社会心理服务体系建设的攻坚战，所有加入这个战队的人，无论你是谁，是干什么的，属于哪个人群，都是心理学志愿者，包括韦志中心理网校里的每一位主任，我们合力探讨、研究和落实这件事情，我们都是志愿者。我们不是趋利而来，而是想要成为一名心理学工作者，能自觉自愿地站出来，将擅长的理论知识、实践经验、动手能力等都发挥出来，无论是政府组织的机构，还是民间自发组织的机构，只要愿意去服务就

是志愿者。但是目前，这个群体是心理学界乃至整个社会都极度缺乏的。

社会心理服务体系需要一大批的服务型人才，也就是服务型的社会心理志愿者，需要成千上万的心理志愿者，原本的心理咨询师、社工和专业的心理学老师，以及一些社会上的热心群体都可以进入这个体系中成为一名心理学志愿者。

心理志愿者是指运用心理科学理论知识和方法技术，帮助他人改善心理健康状况并使其精神富足的活动者。参与心理学志愿者工作，成为一名志愿者既是助人也是自助，既是乐人也是乐己。如果我们通过借助社会心理服务体系建设，同时能够培育一大批服务于社会、造福于人民的心理学志愿者，这将是一件极具意义和内涵的事。

二、当代需要心理学志愿者——我们的"心理侠客"

侠客就是运用自己的时间、专业、爱心，不求回报地去为社会奉献的个人，群体做心理关怀和服务的一群人。

在任何时代背景下，都会有一些正义之士，不图回报，愿意付出自己的微薄之力，拿出自己的钱财、时间、名声等重要的东西去奉献和服务他人，这些人就像古代被人们赞誉的侠义之士。"侠文化"是中国传统文化中不可或缺的组成部分。我们中国社会正处在万众齐心创业、齐心协力服务好当下社会的时期，在这个社会大背景下，社会组织就如雨后春笋般出来了，比如基金会、研究院、研究所等研究机构，还有一些家庭服务中心、特殊人群的服务中心等各种救助机构，都可以说是"侠文化"的一种体现。

因此，"侠文化"其实是弥补了主流文化不能够完全做到的那个部分，"侠文化"背景下产生的一些侠义行为，弥补了社会的正能量、正义行为还未做到的、需要协助的部分。

当代社会需不需要"侠"？当然需要！但当代侠客与古代侠客不一样。古代的侠客多是在物质层面、社会公正的层面去做事。在法治背景下的国家，侠客精神需要围绕人内心的幸福。当今社会的主要目标和理想是建设小康社会，我们要跟社会的主流追求一致，就需要大批的心理志愿者，各个地方都有自愿服务于他人的人，拿出自己的时间和精力去服务、去奉献。这是一种侠客精神，也是自助利他，共同协作，共同帮助，使我们追求幸福，实现社会平安和谐的一种能力、一种精神。

心理侠客在当代的意义，内涵很深，心理学的转身需要满足以下三点：

第一，自我需要——自我成长。在经历了弗洛伊德的心理治疗时代、人本主义的心理教育时代，迎来今天这个推动提升社会大众的积极心态的心理普及时代，志愿者首先要成长为一个有积极心态的人。每一个健康的人都需要心理学服务，志愿者通过培训提升，享受前人的心理学成果和智慧，可以为自己的积极心态助力。

第二，社会需求——助人自助。如今人们都普遍存在着心理方面的问题。他们的心态不健康，但是他们没有发现问题在哪里，这需要我们心理志愿者在自身提高之后，用专业的技术，到各个社区、各个企业、各个学校去做心理茶馆、"254"模式的服务，去做讲座、去做心理文化的建设，等等，真正实现"用心灵温暖心灵"，让更多的人因为心理学而受益，发挥心理教育者的作用，助人自助。

第三，政策走向——心理普及。正如在十九大报告中提到的要建立、健全心理服务体系，培育积极的社会心态，国家在强力推行心理志愿服务，要紧随国家领导人的步伐而行。我们聚集 10 万心理志愿者，在各个角落，用心理文化产品，为提升整体的社会心态，为 2020 年全面实现小康社会贡献自己的一分力量。

总而言之，做一名心理学志愿者，是一项具有重大意义的事情，是值得我们每个人都积极参与的。

三、心理志愿者的选拔，培训与督导

志愿者选拔，一方面帮助了社会上许多有爱心的心理学专业工作者的成长。另一方面，社会上也需要一批做服务的队伍。目前还没有组织或者机构去专门为社会培养社会心理服务人才。大学里有心理学专业，主要是进行研究领域的学习，也有社工专业，主要注重社会实践，但就是没有社会心理服务专业。当社会急需一批社会心理服务志愿者时，只能从心理学专业和社区专业中挑选人才，但是这些被挑选的人才还需要进行社会服务方面的培训和调整，进行"变性手术"，才能上岗并且胜任社会心理服务的工作。我们只能通过这种方式去选拔需要的人才，否则，各个地方现在推动社会心理服务试点时，在人员选拔上就会出现各种困难，不知道该找哪方面的人才，找心理咨询工作者但专业不对路子，找政府社工人员可是他们有自己的本职工作，很难抽身去处理这件事情。

什么样的人可以做心理志愿者？心理志愿者的宗旨就是通过帮助别人挖开自己心底的善良之泉，通过帮助别人来练就自己的金刚之身，通过帮助别人使我们锻炼出自己的助人能力。做心理志愿者实际是一个"事上练"的过程，在事上磨炼自己的意志，磨炼自己的心性，磨炼自己的人格，磨炼自己的能力。

这里总结出八大心理学志愿者精神。一是要善良。善良人人都有，关键是你想不想帮人，想不想通过分享做一些善事。二是要真诚。我们在分享学习感受的时候，一定要有真情实感，只有这样才能触动别人。三是要勇敢。敢于挑战自己！四是要创新。心理学志愿者本身就是一个身份创新，你在担任这个角色的时候，做的一些事也是具有创新性的。当然创新也要体现它的趣味性，如果没有趣味性可能不能吸引别人。五是要奉献。愿意奉献自己的一部分时间和精力。六是要学习。如果你自己都不学习，是当不好心理学志愿者的。七是要有能力。如果你现在连专业水平都达不到，焦虑不安，那么你就先别做好事了。八是要价值观匹配。如果你不认同心理学志愿者，不认同心理学，那也是不能成为心理志愿者。

这样看来，社会心理服务志愿者的最佳候选人就是在社会上徘徊着，一直没有找到自身价值感的这些心理咨询师，他们往往对政府的政策响应最积极、最热烈。所以，社会心理服务行业一定要看到，这一群人不在高校，也不在政府机关，而是在社会组织中，在网校多年培训出来的心理咨询师中。我们要使这些心理咨询师借助这次机会尽快成长起来，能为心理学志愿组织贡献出一分力量。

这样一往一来，心理学志愿者的专业素养会提高，这将成为志愿者团队的要求，也是心理志愿者迫切需要培养的方面。志愿者队伍管理力度和规范以及心理志愿者的培训需要建立一个长效机制。志愿者们服务大众的同时都有各自不同的诉求，而现在的状况是对志愿者没有长效的培训机制，也没有激励机制，就让他们自己摸索。所以建立系统的管理机制尤为重要。

把善良和充满爱心的人们汇集在一起还不够，还需要进行培训和督导。没有方法技术，没有规章制度，往往很容易陷入好心办坏事的局面。所以心理关怀和心理服务的知识和技术尤其重要。有慈悲之心，但是没有是非之心，分不清好坏，那么最后有可能会帮助坏人。尤其是现阶段，心理志愿者们还没有形成系统的、规范的和专业的工作机制，所以这些人都要进行"心理侠客"的培训和心理志愿者的培训。我在汶川地震心理危机干预十周年国际论坛上做过相关研究和报告，也发表了相关的文章。

我们要对心理志愿者的相关信息进行分类，弄清他们为什么来参加心理志愿者培训，为什么加入社会心理服务队伍，即他们的动机是什么，我们怎么样去激发他们的动机和潜能，最后使这支队伍能够成为服务社会、服务人民的社会心理服务队伍。这项工作是现在急需去做的。

因此，建设社会心理服务体系试点城市，首先就应该建立一个心理学志愿者的培训机制，要有培训课程、培训学时、培训内容、培训方式、固定的人员等，形成一个系统的、完整的组织架构。

四、"心丝带心理志愿者协会"的成立

我们现在需要一大批致力于社会心理服务的基层心理志愿者，他们所肩负的工作内容和社会责任都非同小可。因此对这一类人的选拔、培训和督导不能用原来的模式，以我们广州市"心丝带心理志愿者协会"为例，即要成立一个志愿者组织。

"心丝带心理志愿者协会"的培训课程旨在打造专业的心理学志愿者，有的人可能会认为做志愿者是一件十分容易的事情，只要有时间、愿意奉献就可以了。他们认为做心理学志愿者无非也就是除了做一般的志愿者所做之事外，再多跟帮助对象谈谈心、多安慰他们一下。如果只是这样，那么大家对于心理学志愿者的认识还是片面的、肤浅的。心理学志愿者跟其他类型的志愿者最大的区别就是要更好地运用心理学知识对服务对象进行心理辅导和救助，需要具备专业的心理学知识和技术。善于运用心理学知识和技术进行社会服务就变得尤其重要，在心理辅导和救助中说的每一句话都变得尤为重要。心丝带心理学志愿者培训七段课程就是致力于打造一批人格健全、专业过硬的心理学志愿者团队。

七段课程中，每段课程有7天。第一阶段课程，是九阳心功第一重，主要学习心理辅导基本功，三大技术，四大主题以及结合教学的六位一体，是实实在在教技术的训练。第二阶段课程，是自我成长的阶段，这一阶段注重的是心丝带心理志愿者的自我成长部分，所以培养心丝带志愿者的专业素养和更多个人层面的督导就变得尤为重要。第三阶段课程，是培养心丝带志愿者的演

讲能力以及团体带领能力。第四阶段课程，是考虑个人的经营能力，当志愿者与机构创办者的身份并行时，使这两种身份相辅相成，互相促进，提升机构经营和个人职业发展能力。第五阶段课程，是让你成为有爱、有学问和有研究能力的专业技术人才。第六阶段课程，是转向专家的方向发展，培养研究能力，可以以老师的身份培训当地的志愿者。第七阶段课程，是成为一个督导，达到一种真容状态。

在成为心理志愿者的过程中还要通过三关，分别是心理关、价值关和方法关。如果这三关有一关过不去，就不能很好地践行和发扬侠客精神。

首先是心理关。心理关的第一点就是公益即商业。做志愿者，要了解真正的公益就是最好的商业，商业就是最大的公益！接受自己对物质金钱的追求和对高尚灵魂的渴望。第二，不舒服。孔子曰："人不知而不愠，不亦君子乎？"人与人成长的最大不同就在于被人误解之时。当你去和别人分享时，是不是都能够得到别人的理解呢？如果你在面对别人的误解甚至因为误解而做出的攻击行为时，你都能够心平气和，即"不愠"，不生气、不懈怠、不被影响，那么你就是一个君子了，就是一个能够管理好自己心理的人。第三，害怕完不成任务。对自己的估计不够，有时候光盯着目标：我完不成分享任务怎么办？你老想着完不成就一个受众都没有，你分享一个是一个啊！所以你不能因为有这样的心理障碍而一个都不去分享，你分享一个总有一个是受益的吧！

其次是价值关。就是骨子里相不相信这个世界是公平正义的。这个世界有好人，只要努力就能帮到人，如果怀疑、犹豫、自己都不信，就不是一个侠客。心理侠客就是从骨子里相信，要有底气。要网校学习有三个很好的机会，哪三个呢？第一是拥有学习机会，平时在教室学习、地面的培训等；第二是行善机会，比如"感恩三部曲"——感恩拜访、感恩求助、感恩帮助。心理侠客就是"感恩帮助"这个层次，给人创造帮助别人的机会。第三是发展机会，在这里你可以找到各种机会和项目，大家相互交流，也可以跟着老师做事业，开分校等，这就是做心理侠客的好处。

最后是方法关。没有方法就是好方法。念念不忘，天天分享，心诚则灵，坚持不懈，金石为开，这就是最好的方法。什么方法都不如一颗赤子之心。所以，我们不需要太多的套路。

我们计划将韦志中心理学网校的各个分校，以及中国社会工作联合会作为考点。通过考试的人分别由网校分校和中社联颁发证书以及"心丝带心理志愿者"小组的牌匾，获得证书和牌匾的小组中的所有学员就正式成为当地的"心丝带心理志愿者"。

"心丝带"是我们的注册商标，我们会把商标授权给分校，如果当地有条件，分校可以在当地直接注册成立"心丝带心理志愿者"协会，学员就是"心丝带志愿者"，在本地就是心理学志愿者、社会心理服务体系的排头兵。我们支持并且帮助各个地方的分校建立自己的"心丝带心理志愿者"协会。

从学校考点考出来的社会心理服务人才，直接进入协会成为一名专业的心理服务志愿者。他们可以到当地开展心理志愿者的培训，尽自己的绵薄之力，培养一个是一个，都是优秀的心理服务志愿者，是心丝带心理学志愿者。

五、广州市心丝带心理学志愿者协会的开展情况

"广青网"即广州青年志愿者协会，是广州市团委下属的志愿者协会。2004 年我在"广青网"建立了一条心理学热线，也是第一批热线下学员们的培训和督导老师，每周四下午半天课，经过一年半的时间，由我负责选拔、考核和培训，最终培养出来好几批心理服务志愿者。2005 年我离开广州，回到安徽阜阳创办了一家心理志愿者培训机构。早期我作为中国志愿者协会的一名志愿者，便开始进行心理学志愿者义工的培训工作了，培养了一批批学员，在这个过程中还会收到许多学员送的锦旗，我都珍藏了下来，这些都是我那几年工作成果的最好见证。

2008 年汶川地震，我带领 28 名志愿者前往四川。我们进驻了多个灾民安置点，让我印象最深刻的是青羊区，这是汶川地震中最大的灾民安置点，我当时作为湖北省红十字会的队长，带领着湖北省红十字会心理救援队前往灾区，我们的团队很快便加入了四川省科协心理咨询服务队，一起进行灾后的心理救援和心理干预。直到现在，我依然是四川省科协的心理咨询专家组的成员。

我在北戴河第一次开展"心丝带心理志愿者"培训，其实就是社区"254"知识性模式培训。这一期培训为期 7 天，并且是在海边开展的，经常会在游泳后在海滩上课。

河北省保定市 24 个县区全部都开展了心丝带小组，都是在工会下面开展的，很多人因此受益。我们还在各地进行"心丝带美丽中国行"活动，做演讲、做报告。

接下来，我又连续做了三年的"心丝带"志愿者培训，也连

续做了三年的"心丝带美丽中国行"。每年我都有一到两个月时间在中国各地巡回演讲，这也是后来办网校，能有这么多学员参加的原因，"心丝带"培训和"心丝带美丽中国行"活动为网校奠定了良好的基础，提高了影响力，宣传了我们的信念。

"心丝带"这个名字是我当时在汶川抗险救灾时，灵感迸发想出来的。2011 年回到广州，我就成立了广州市"心丝带志愿者协会"。为何将"心丝带"放在社会心理服务体系中那么重要的位置？因为社会心理服务工作要靠一大批心丝带心理志愿者去开展和践行。

第五节　社会心理服务队伍的品牌建设

一、品牌与品牌效应的作用

什么是品牌？简单地讲就是指消费者对某企业生产的产品的认知程度。品牌是大众对一个企业的产品、售后服务和文化价值的一种评价和认知，是一种无声的信任。品牌是产品或企业核心价值的体现。人们使用一种品牌产品后感到满意，就会围绕品牌形成一种消费经验，并存贮在自己的记忆中，为将来的消费决策提供依据。一些企业为自己的品牌树立了良好的形象，并赋予了美好的情感，或注入了　定的文化，使品牌及品牌产品在消费者的心目中形成了美好的记忆，那么人们就会对这个品牌产生一种带有文化的感受，会不由自主地联想到一种质量和标准。因此品牌是企业以及其产品信誉的保证，是企业有力的竞争武器。品牌的出现，使得使用产品的群众形成了一定程度的忠诚度、信任度和追随度。

品牌不仅仅是一种符号结构，一种产品的象征，更是企业、产品、社会文化形态的综合反映和体现；品牌不仅仅是企业的一项产权和消费者的认识，更是企业、产品与消费者之间关系的载体。品牌的底蕴是文化，品牌的目标是关系。品牌意味着高质量、高信誉、高效益、低成本。品牌的背后就是一个在市场竞争中始终立于不败之地的成功企业。在创牌和扩大品牌覆盖面的过程中，只有通过产品结构的优化、存量资产的盘活、技术含量的提高和科学化的管理才能使企业不断地发展壮大起来。企业要有自己的品牌，知名品牌既是企业的无形资产，又是企业形象的代表。品牌就是要送给客户一个称心满意的产品，提供热情周到的服务，企业的名字就是信誉的代名词。这就是成功企业家多年来形成的共识。

打造一个成功的品牌会为公司和企业带来品牌效应。品牌效应的影响力是很大的，在品牌发展的漫长历史中有很多这样的实验。例如，1975年，在百事可乐还是一个新兴品牌的时候，发起了一场对可口可乐的挑战，给每一位品尝者分别发一瓶可口可乐和百事可乐，让他们分别品尝并做出选择。结果是大部分品尝者都选择了可口可乐。

但是，当测试者品尝不带有包装的可乐时，结果出人意料，品尝者们大部分选择了百事可乐。这个实验被百事可乐用于证明自己的口味更好，但是也恰恰说明了可口可乐的品牌影响力更大。仅仅是logo和包装的作用就能让人觉得这个饮料是更好喝的了。

品牌的作用就是溢价。比如说，不考虑知识产权问题，现在的富士康完全可以做出一部在性能上、外观上一模一样的iPhone，唯一的区别是它的logo不是苹果，是香蕉。现在只卖三千，你会买吗？大多数人是不会买的，原因就在于品牌效应。我们现在的大部分人都是买得起手机的，功能属性这个需求已经被满足了，不被满足的就是品牌效应。我是一个用苹果的人，还是一个用华为的人、用小米的人、用vivo的人，这对很多人来说是完全不一样的意义。

上述的例子都能够很形象生动地说明品牌的重要性和品牌效应的作用。企业要想在当今飞速变化的社会上发展好，并且长久地发展好，打造属于自己的品牌变得尤为重要。

二、中国需要自己的心理学品牌

商业产品需要品牌，在当今飞速发展的经济和社会建设的大背景下，老百姓的心理健康或者说心理建设跟不上经济和经济的发展，随之便会出现很多问题，这是不健康、不全面、不平衡的发展。因此，我国开始注重大众的心理健康教育和心理建设问题，这时除了经济上的品牌建设，还急需一个具有中国特色的有威信的心理学品牌。

社会心理服务想要在当今中国社会上心理学或者说心理咨询的发展形势下开展得范围广，开展得效果好，开展得时间长久，首先，从现在开始，我们就要有意识地培育和打造在这个领域里的心理服务专家，并且形成一个专业、品德性高的队伍。队伍一旦形成，应该逐渐在社会大众的心中建立起权威性和公信力，让老百姓只要一听见你的队伍或机构就感到可信。一个机构一旦形成了属于自己的品牌，当别人听见这个机构的名称，看到这个机构所生产的产品，都会产生信任感，这就是机构品牌的作用。

我从事心理咨询多年，接触过各种各样的来访者，发现无论是哪种类型的来访者，都是从这三个方面来考量和选择咨询师的，分别是：第一，咨询师是否专业，即是否具有足够专业的心理学知识和心理咨询技巧。第二，咨询师是否真心愿意帮助来访者。

第三，咨询师是否真的能够帮助到来访者，因为一位咨询师即使既专业又愿意帮助他人，也不一定就能够帮到他人。

因此在咨询之前，来访者需要和咨询师互动，去感受咨询师能给自己带来什么东西。对此，我们在培训心理辅导员对来访者进行初诊接待的时候，要求他们抓住三点。当来访者以电话的形式进行咨询时，通过 10 ～ 20 分钟的电话，首先要让来访者了解到以及认可你的专业度，其次让来访者感受到你的真诚、温暖和共情，即你是愿意帮助来访者的，最后，让来访者接收到你不仅可以帮、愿意帮，并且是真正能帮助到他的信息。这就是在与来访者互动时需要抓住的三大要点。

所以，当今中国的社会心理服务事业急需建设自己的品牌。无论是一个镇、一个县还是一个市，乃至全国的社会心理服务队伍，如果可以打分，目前的心理咨询队伍不仅没有品牌可言，甚至还可能会被打上负分。有人问我："老师您从事心理咨询行业那么多年，那您是几级心理咨询师呢？"真正在心理咨询这个行业久待的人一定不会问"你是多少级"这样的问题，也不会用这个"级"来评价一位心理咨询师是否专业和优秀。

当前国家倡导加强社会心理服务体系建设，这对于整个社会心理服务事业，乃至在各个社区里开展心理服务活动的工作人员都是一个莫大的机会，即一个重新树立心理咨询、心理服务专业形象的机会。原来的心理服务工作者们要满社会、满世界地跑，这一次是让百姓们主动来到各个社区里，享受专业的心理服务，我们不能再像从前那样随意地对待了，我们要开始树立品牌意识，打造品牌形象，建立专业的品牌，不能再像从前那样只树立一个专家形象，树立几个典型。如果我们希望真正为一大批人服务的话，就要让一个队伍成为品牌。如果以某一个专家形象作为品牌，当大众发现专家还不如他们懂得多，这样的品牌就不能获得信任。

目前很多人对心理学学科认识不够，对在心理学领域工作的工作者认识不够，又盲目崇拜权威。这样的大众心理促使心理咨询师们更加需要树立专属品牌。

三、台湾"张老师"文化

非政府组织（Non-governmental Organizations，简称NGO）首先由联合国提出，所涉及的团体范围很广，包括学校、医院、慈善机构、宗教组织、发展机构、基金会等。NGO的价值在于政府未能有效分配社会资源，企业又因为利润问题不愿意提供公共产品时，以NGO来弥补这两种主要资源配置体制的不足。NGO是非政府性的、非营利性、自主性和志愿性的社会公共组织。

在台湾NGO里有一个"张老师"文化要做详细介绍。"张老师"文化是在台湾地区进行社会心理服务工作的一个心理学组织或者说一个心理品牌。在台湾的每一个县里都有一所"张老师"心理咨询中心。就像上面提到的，它隶属于NGO组织，即"张老师"咨询中心是自主运转的公益性质的组织。

"张老师"是台湾成立最早的心理咨询单位，培养了约两万名义务"张老师"及专任"张老师"。在这个心理咨询中心里选拔和培训出来的心理咨询师或者心理服务老师都十分专业，在社会上的公信力很强，受到全台湾人的认可。据统计，台湾的小学到大学里的心理辅导教师，约有二分之一的人受过"张老师"培训。

台湾"张老师"1969 年成立于台湾省台北市，创办人为宋时选先生。该组织的创办基于蒋经国先生关心青少年的嘱咐，蒋先生认为："只有青少年问题，没有问题青少年！"强调关心青少年是成年人的责任，是家庭的责任，是社会与国家的责任。随后，宋时选先生集合了一群心理、教育、社会、精神医疗各界的专家学者们，号召当时大学相关专业的热心学生行动起来，经过一段时间的专业训练之后，他们受宋先生之邀担任义务"张老师"。当时他们通过一条心理电话专线，陪伴有需要心理辅导的青少年，解决他们在成长中遇到的困惑。"张老师"的培训十分严谨，一共历经三个阶段，每个阶段约两个月，每个阶段结束前都有淘汰考试。

为什么取名为"张老师"？大家都会有这样的疑问。当年有人问宋时选先生品牌名称为什么叫"张老师"不叫"宋老师"呢？宋时选先生回答："如果起名宋老师，恐怕很快'送'掉了。"姓氏张、李在中国是比较普遍的。韩愈的《师说》中写道："师者，所以传道受业解惑也。""张"有开启青少年自我发展、拓展之路的意思。我们希望将这个思维拓展到社会的每个角落，希望人人都有"张老师"精神。

经过几十年的经营和不断完善，"张老师"文化逐渐扩展出张老师基金会、张老师出版社、张老师热线以及张老师心理咨询中心，在每个领域所取得的成绩都是十分突出的，尤其是出版领域，张老师出版社的心理学书籍和文章至少在台湾地区排名第一，也就是说"张老师"文化出版的各种心理文献和心理书籍是具有权威性和公信力的。另外，"张老师"心理咨询中心的心理咨询师选拔也被台湾高校的心理咨询协会认为是最专业的。

四、心理品牌建设——"渡老师"

在这种情况下，我们做了一个探索，我和台湾"张老师"文化的前任理事长张德聪老师商量，在中国大陆建立起类似于台湾"张老师"这样的社会心理服务机构品牌，我们将其取名为"渡老师"。

一开始我们启动"渡老师"就知道有很多内涵、内容和优势，但是对于"渡老师"还是很难有清晰的界定，因为心理咨询师这个职业是很难用三言两语或者以一种方式、一种方向说得清楚。尤其是我们的本会团体心理咨询模式也做了十多年，我们要培养心理学技术人才、心理学运用人才，全面推向社会，服务社会，这中间仍然有太多的内容说不清楚。

但是我们知道，当下社会需要心理学的具体心理服务，需要一批优秀的心理学工作人员脚踏实地运用心理学原理和技术服务老百姓，服务各个群体。所以我们就尝试着不断去解读"渡老师"是什么，渡老师文化是怎样的，渡老师的团队应该是怎样的一群人组成的。在这个过程中，选拔应该有什么样的标准，对渡老师的专业训练、个人成长的训练是怎样的主旨，怎样的目标，怎样的内容，对渡老师的督导、伦理的设置、职业伦理的规范、督导机制怎样建立都一步一步清晰起来。

"渡老师"这个品牌计划在社会上挑选一批优秀的心理咨询工作者和心理教育工作者。通过两年的打造培训，带着他们一起在社会上实践成长，组成一个为社会心理服务体系建设承担服务责任和义务的或者是专家级心理教育老师的团队。

为什么这个团队品牌取名为"渡老师"？因为"渡老师"这个名字背后蕴含着美好的期望和寓意。"渡"字比较符合中国文化，寓意着将人从痛苦的、伤心的此岸渡到快乐的彼岸，就像你人生中的摆渡人。

现在"渡老师"还处在挑选人才和培训人才的阶段。计划培训时间为2019年6月至2021年6月，为期3年。在选拔中，我们原计划挑选300名"渡老师"，但在选拔了200多名的时候，开始放慢了脚步。因为在选拔和挑选的过程中，我们逐渐领悟到，选拔人才是一项吃力活，会遇到种种困难。对于优秀的心理学工作者，培养一个不如发现一个，发现一个不如天生一个。个人成长和理论技术可以教，但是很多人天生就有着学习心理学的条件和品格，这是教不会，也重新塑造不来的。

在选拔"渡老师"的过程中，我们是一边选拔一边淘汰的，选拔了200多名的同时也淘汰了20多名，所以选拔的脚步开始放缓。我和台湾的张德忠老师担任总教官和总督导，依托中国社会工作联合会，心理健康工作委员会和新本会团体心理咨询学部，指导和引领"渡老师"团队。新本会团体心理咨询学部是由我担任主任，专门培训个人与团体，并且符合社会心理服务体系中以团体作为主导，以个体作为辅助宗旨的一个培养人才的部门，这就是试图建立一个品牌。

我们开始改变最初那种大规模选入、慢慢淘汰的选拔方式。选拔的标准开始收紧，原来在我导师生班的学生，以及在研究生班的学生都可以申请进入"渡老师"团队，当选满100人时，选拔标准变严格，当"渡老师"队伍到达 200 人的时候，基本就变成半关门的状态，也就是说选拔的标准会越来越严格。我们开始注重"质"，而不再是"量"。哪怕队伍里剩 100 个人了，这 100 个人也要是出类拔萃的。

选拔对象是跟着我学习过的学生，如果不是我的学生，便不会接受他对"渡老师"团队的申请书。因为他们不在我的社会心理服务和心理教育体系内。我们不是随随便便、简简单单的营利性培训班，而是在选本会团体心理咨询模式体系的导师，并且在这个基础上去打造"渡老师"团队。经过基础的网课培训后，渡老师要通过长期的观察和考级，经过助理渡老师、专业渡老师最后到专家级渡老师几个阶段。助理渡老师就是心理志愿者，可以去做社会心理服务，专业渡老师可以有课程，并开始开办培训班。例如韦志中心理网校在全国各个分校设立考点，需要对学员进行培训和督导，这时专业渡老师就可以担任各个分校的技术督导了。最后，到了专家级渡老师这个层面就可以开始培养师资了。这是我们要建立的一个专业团队品牌。

接下来便是品牌形象的建立问题。队伍品牌的建立存在着一个最大的风险，就是但凡队伍里有一个人在专业或者品格上出现了问题，整个品牌都会受到负面的影响，严重的甚至会被一个人搞砸整个队伍品牌。所以，"渡老师"团队中的每一位渡老师不仅要具备理论与技术，还要具备品格和修养，要将这种风险降至最低。

建立品牌的前期十分艰难，我们也有许多顾虑和压力，但是依然将它沿革下来了。我们的品牌目标是人格健全、专业过硬、品德高尚、知行合一。人格健全就是心理健康，专业过硬就是具备专业的理论知识和技术技巧，品德高尚就是肩负自己的品德建设和社会责任感，知行合一就是学做研教写全面发展。

刚开始开设"渡老师"品牌建设项目的时候，社会心理服务体系建设还没有开展得这么如火如荼。那个时候，我们设想带领着团队中的渡老师在从商这条道路上进行创业，我们通过开机构的这种路线来推动"渡老师"团队品牌的发展。现在社会心理服务体系建设的政策出来以后，我们发展成为两条路线并行，一条线路，将"渡老师"推向社会心理服务的第一线，例如在"渡老师"团体中的许多渡老师现在已经成为他们当地社会心理服务体系建设里面的排头兵和骨干。另一条线路，成立"渡老师"心理学公司，这条线路主要负责经营商业性的项目。这样长期的"渡老师"专业培养路线就走出来了，两年的线上线下学习分级考核，由一号渡老师韦志中担任总导师，由台湾的张德忠老师担任总督导。

我们越来越知道，"渡老师"其实就是要打造一个心理咨询师的品牌向社会大众传递我们心理咨询工作者的专业形象，树立我们专业形象，这是我们的一个重要使命。

更重要的是，我们的训练过程，紧紧围绕着社会的需求，社会中有什么样的问题需要解决，我们就把这样的问题作为目标，解决掉了、服务到了、有效果了，就是我们要学习的任务。这和我们以往的所有心理学工作者的培训班、研究班、研究生班、训练班，无论是学院里还是社会里的都不一样。我们怀揣着创建一个心理咨询师的品牌，树立心理咨询师在社会大众中的形象，解决当下社会的心理问题这样的一些使命感去做这件事情。

渡老师的出现，使心理学人才的培养模式不再是传统的培训班，不再是考证与技能学习和专业成长脱离，不再是只能将其当作兴趣爱好而无法与自我的职业生涯规划发展有机结合。这是一个专业的心理学团队，这是一个督导成长团体，这更是一个心理利益与发展利益的共同体！

渡老师的出现，使心理学行业不再是心理学工作者的自娱自乐，不再是当社会需要汹涌而来时却不知如何回应。这是一个可以使心理服务产品化，产品市场化，从而使得行业、人才、产品、市场实现良性循环发展的心理学行业中的新概念！

渡老师的出现，使心理学在中国的发展不再只是崇洋媚外地拿来主义，不再是刻板地遵照几百年前不同社会背景下的工作方式，不再忽视当下国家发展阶段及社会环境、社会心态对个体的影响。这是一个以中国文化为根基，运用心理学解决中国人当下遇到的实际问题，满足社会需要的专业心理品牌——中国牌！

虽然在品牌建设的道路上充满了未知与艰难险阻，但是我们依然充满了信心和干劲。我们相信，在全体心理工作者的努力探索和实践下，"渡老师"在若干年后会成为中国心理学领域、社会心理服务领域的一面旗帜，一个真正的权威心理学品牌。

第五章

社会心理服务体系建设的要点

第一节　社会心理服务体系建设的三大阶段

一、社会心理服务体系建设

习近平同志在十九大报告中指出，"中国特色社会主义进入新时代，我国社会主要矛盾已经转化成为人民日益增长的美好生活需要和不平衡不充分的发展之间的矛盾"，强调"加强社会心理服务体系建设，培育自尊自信、理性平和、积极向上的社会心态"，对服务心理学研究和心理学工作者，特别是社会心理服务工作者，提出了具体要求，指明了工作方向。

进入 21 世纪以来，心理健康和社会心理越来越受到广泛重视，党和国家相关政策要求从心理疏导拓展到心理健康教育和服务，并进一步拓展到内涵更丰富，目标更明确的社会心理服务。发达国家在关注心理健康，降低医疗成本，发挥智库作用影响公共政策,运用新兴技术促进产业发展等方面的经验可供我们学习和借鉴。

当前人们对"社会心理服务体系"的内涵和外延争议颇多。严格来讲，"社会心理服务体系"是"社会心理的服务体系"，它不同于心理健康服务体系。社会心理服务体系建设应该从国家和社会治理体系现代化的高度出发，突破旧有的"心理健康服务"观念，着重解决宏观社会心理问题。为此，需要建立专责的行政

主体，加强工作的科学性，建设专业人才队伍，协调发挥市场和
政府的作用。

　　社会心理服务体系更准确的名称应是公共心理服务体系，其
主要内容包括心理健康服务、社会心态培育、共同体认同建构这
三大模块，其主要功能分别为预防和治疗心理疾病、提升全民族
的心理健康水平，培育自尊自信、理性平和、积极向上的社会心
态，以及塑造中华民族的统一文化认同和人类命运共同体认同。
今后应进一步明确社会心理服务的基本公共服务定位，明确社会
心理服务体系建设的责任主体，发展中国特色的健康心理学、社
会心理学和文化心理学学科，培养社会心理服务亟须的科研与实
务人才，创新社会心理服务的供给方式，联合政府、高校、社区
和第三方部门等多元力量，建设能够符合中国国情的，专业化、
多类型、多层次、可持续的社会心理服务体系。

　　心理健康是健康的重要组成部分，关系每一个人的幸福安康，
也会影响社会的和谐发展。社会心理服务体系建设是改善公众心
理健康水平、促进社会心态稳定和人际和谐、提升公众幸福感的
关键措施，是培养良好道德风尚、促进经济社会协调发展、培育
和践行社会主义核心价值观的基本要求，是实现国家长治久安的
一项源头性、基础性工作。不过，在现实中，虽然涉及此项工作
的部门和工作人员众多，但是服务心理学理论和实践基础却明显
不足。

　　社会心理服务的理论基础是社会心理学，这与社会学或者普
通心理学都是不同的视角。社会心理学强调社会与个体之间的相
互作用，重视关于社会情境的探讨，重视个体的内在心理因素。

社会心理学的研究范围涉及个体社会心理和社会行为、社会交往心理和行为以及群体心理。比如在繁华的马路上，有一个人对一位女士拳打脚踢，很多人围观却很少有人会出面制止，一些人认为是社会道德堕落，其实背后有其社会心理规律，比如什么样的人在怎样的情境下会加入各种掩人耳目的传销中，为什么很多被视为最幸福的地区和人群，却并不是最发达、最奢侈、最富有的地区和人群等。认识和利用这些规律，可以使我们真正从社会心理需要出发，指导和改善个体、群体、社会的行为，有效提升人民获得感和幸福感。同时，促进公共事务管理，维护社会和谐稳定，推动国家治理体系与治理能力现代化。

我国心理健康和社会心理的研究者和实践者已经在人才队伍、工作机制、体系建设等方面进行了有益探索。当前我国社会心理服务体系建设的核心内容是通过心理健康服务来提升人民心理健康水平，促进社会和谐稳定发展，未来应向更全面的支撑五位一体总体布局的心理建设发展。心理学工作者要切实把握人民对美好生活的需要，加强对人的心理和行为规律的科学认识，完善社会心理服务体系建设的系统理论，服务于推进国家治理体系与治理能力现代化。

二、社会心理服务体系建设的三大阶段

社会心理服务体系的内容是复杂的，社会心理服务体系建设的过程也是复杂并且漫长的，这说明我们的建设不是一蹴而就的，在这个过程中我们要摸着石头过河。首先，我们要不断地充实心理学、社会学、社会治理、社会服务等综合性学科的知识和理论，

这是我们建设社会心理体系的基础。其次，还需要学习方法与技术，这是建设社会心理服务体系的工具。最后，在学习和实践中不断吸取教训和积累经验，不断发展和改进，只有这样才能使社会心理服务体系可持续发展。当然，在这个过程中还少不了国家的、政府的引领，以及全体社会心理服务工作者的前线奋斗和努力。

社会心理服务体系建设的复杂性和长久性决定了我们的建设不是一蹴而就的，建设的道路是要一步一个脚印踏踏实实走出来的，所以我们给社会心理服务体系建设设定了3个阶段，每一个阶段有这个阶段的任务和目标，我们只有达到该阶段的目标后，才能进入下一个阶段的工作。就好比上楼一样，一层一层地上，最终到达顶层。

第一个阶段，是保证在恶性事件发生之前，能及时进行处理、预防和干预，避免恶性事件的发生。其中还包含心理学知识的科普工作，当今中国社会和中国大众对心理学的认识和了解还处在一种朦胧的阶段，心理学蒙着一层神秘的面纱，这一阶段的工作是要揭开这层面纱，提高人们对心理学的认识。这个阶段叫干预与预防。第二个阶段，是对社会大众的幸福的保障。这一阶段叫作服务与宣传，当然在宣传这个层面还包含着一些引导的部分。第三个阶段，让大众追求幸福感，是对生命意义的保障。这一阶段叫作教育和引领，自由陪伴，就是对意义的追寻。

我们接下来对这三个阶段进行详细的解释。

1. 第一阶段：干预与预防

我们发现社会心理服务体系建设更多关注的是危机干预。这一阶段处在最底层。

心理危机是指由于突然遭受严重灾难、重大生活事件或者是精神压力，而使我们的生活状况发生明显的变化，尤其是出现了用现有的生活条件和经验难以克服的困难，致使当事人陷于痛苦、不安的状态，常伴有绝望、麻木不仁、焦虑以及植物神经症状和行为障碍。心理危机干预是指针对处于心理危机状态的个人及时给予适当的心理援助，使之尽快摆脱困难。干预与预防表示预防不良事件的发生，或者是对一些将要发生的事情进行一些处理。

但是实际上，我们应该做的，不只是解决问题。治理这一部分还要回到服务的层面，也就是说要弄清楚，社会心理服务体系建设就是社会心理服务。

社会心理服务体系建设最根本的功能就是要为健康中国、平安中国和文明中国服务，最终达到的服务效果是让全体中国人都能够实现心理平和与幸福。从侧面来说，心理服务体系建设不能阻碍社会经济向前发展，而是要对经济起辅助和促进作用，从而达到推动社会经济快速发展的最终目标。这样，我们就有必要把社会心理服务的工作目标进行一个广义的统筹分类。

一开始，我们在做试点工作，这时我们积累的社会心理服务工作的经历和经验有限，社会心理服务工作还没有开展得那么熟练、那么好，我们会发现一些一般性社会问题，例如心理健康知识的普及不到位，人们因为认识心理健康知识不够而导致了一些认知上的偏差。第二个方面，在某些领域，社会心理服务工作还没有落实得很到位。比如社区里康复的、社区矫治的服刑人员和戒毒人员，还有一些特殊的残障人士等，在原来还没有开始社会心理服务体系建设的时候，对于这类特殊群体的帮助和服务体制还是很不完善的，所以我们要不断地进行改进和完善。

同时在人才队伍的建设、模式的探索创新以及技术的创新上都要不断地实践、反思和改进，尽快使整个体系更加专业和完善。这是社会心理服务体系建设中第一个阶段的重要工作。

当然只是其中一个阶段，还不是社会心理服务工作的全部，或者说不是我们的最终目标。路还很长，我们还不能停下步伐，完成第一个阶段后，还有更高的要求。

2. 第二阶段：服务与宣传

根据十九大报告，社会心理服务工作最终要落到基层，并且要运用社会组织，建立一个内部的良性循环的机制。所以我们一直强调社会心理服务工作最终服务的是健康中国和平安中国。当综治维稳工作已经做到了，就要开始升级，向另一个更高的目标前进，这时就需要目标升级。

我们将目标升级到提高全民的生活幸福感。随着目标的转变，我们的工作内容不再是预防和干预，而是变成了服务与宣传。我们要开始真正致力于服务工作，对老百姓、对社会大众进行服务。他们在生活和工作中都需要一些心理学上的支持，我们就针对他们的需要，在这方面给予他们帮助和服务，向他们提供服务项目。这就是社会心理服务体系建设的第二个阶段——服务与宣传。

在干预与预防层次中，我们设定的受众应该是处于一种低级生活状态。什么是低级的生活状态？就是通过满足自己对物质的需求来获得幸福感，通过生产参与社会的活动，通过满足对人际关系的需求来获得幸福感等这样一些生活状态。而当我们的心理服务建设进入第二阶段——服务与宣传阶段时，人们的生活状态也要跟着升级到人人都追求高级的精神需要，从而来获得满足感和幸福感，就是社会大众开始追求生命的意义。举个具体例子，很多人不再通过物质的方式来满足精神需要了，而是通过高级的方式，比如通过读书、艺术、旅游等活动去实现对生活对生命状态的追求。这就是对意义的追求。

实际上，社会心理服务不只是原来定义的早期的社会治理了。早期的社会治理是头疼医头，脚疼医脚，只是解决问题，不是围绕着推动全体国人精神文明朝着更高的方向发展。现在，我们希望通过更积极、更有意义的方式，把他们带到另一个高度，跟他人建立良好的人际关系，在生活中坚定追求有意义的事情，并参与其中、投入其中、乐在其中、享受快乐，这是中间层次。

3. 第三阶段：教育与引领

第三层次就是通过读书去追求自己的理想，享受生命的意义，有自己的信念，有跟人类文化现阶段相匹配的信仰价值体系，做到表里如一。这就是对意义的追求，就是当民众富裕起来后要追求的更高级的生活方式。

社会心理服务的工作，无论是职能部门还是具体做这项工作的社会心理服务的志愿者，都应该站在这三个层次的框架上去看待、理解和实施。否则，我们的认知相对来说就会变得太狭隘，只会一直停留在化解一些生活琐事和矛盾等低层次的方面，这样不利于社会心理服务体系的建设和长久发展。

如今人们穿的是绫罗绸缎，吃的是山珍海味，出行是飞机、轮船、高铁，我们的基本需求都已经得到了充分的满足。我们现在要追求的不光是要开心，不要发怒生气，也不光是满足自己物质层面的需要，而是要实现人类一种高级的精神状态。

不说出口成章、吟诗作对，至少每个人可以享受艺术，有喜欢唱歌的，有喜欢画画的，还有喜欢摄影、旅游的，等等，社会心理服务工作的最终目标就是将社会大众引导到这个层次上来。

社会心理服务工作者要看到人们出现不快乐、不幸福的社会心态是源于没有从低级层面过渡到高级层面。社会心理服务工作长远的、根本的任务，就是带领全体人民向高级前进，共同建设平安中国和健康中国。

好比有三层楼，一开始我们身处一楼，在平地上，我们要上二楼，二楼就是追求幸福、追求快乐、追求和谐、追求安全感，当登上这一层楼之后，我们便要开始通往第三层楼了，开始追求意义、追求价值、追求理想、追求信仰，这就是社会心理服务。

但是在上楼的这个过程中不能一把抓，一上来就三个层面同时实施，这是一个漫长而艰苦的过程，是要有层次的。在所有社会心理服务建设的试点城市，在这些城市中将要开展和推进社会心理服务工作的每一位志愿者都应该认识到这一点。

这个任务伟大而艰巨。改革开放以来，中国的经济高速发展，2010年中国的GDP超越日本，成为全球第二，一直保持至现在，并且还在不断拉近与第一位美国的距离。现在，我们仍然需要继续大力发展经济，但是在经济稳步发展的同时，人民精神财富跟不上经济的发展，需要关注人民的精神财富和心理健康发展。我们现在急需从物质获得满足感的这种状态和轨道上转向一个从精神、心灵满足获得幸福感的状态。

现在很多人没有转型，还待在这个结构的一楼，我们的工作任务就是要把这些人带到二楼来。就是要让人们的心理状态、追求幸福感和实现幸福感的方式层次和经济发展水平、社会地位、文明进程相匹配。到2035年，在全面小康的基础上，中国基本实现社会主义现代化，物质和精神文明都将达到发达水平。

我们不做这项工作，我们就会一直处在每天想着吃喝玩乐的状态，人们表面上看起来安逸得很，事实上内心是一种焦虑和空虚的状态。我曾接触过很多这种类型的个案，小时候穷怕了、饿怕了，到现在，尽管已经拥有几百万甚至几千万的身家却仍然感到焦虑，这就是心理状态没有调整过来的实例。

因此社会心理服务体系建设需要做的工作是很多的。抗战时期，有人提出要对老百姓进行宣传，国民党主张"宣传是教育"，而曾经在西南联大任教务长、社会系主任的潘光旦教授写了文章说"宣传不是教育"。就是说宣传的作用是影响你的思想，你不需要有自己的想法，只需要被动地跟着我走，让你认同我的道理，这就叫宣传。而教育是启发你，让你形成自己独立的思考，成为一个有想法的人，积极主动能动地思考和行动。所以宣传并不是教育。

韦志中心理网校希望培养出有独立思考能力的人，希望学员在掌握知识的基础之上，形成自己的理解和思想。

社会心理服务就是让老百姓形成一种文化自觉、公共精神和道德自觉。只采用宣传的方式注定不能实现社会主义核心价值观。我们要通过教育让每一个人都有自己的思想，成为一个独立完整的人，能为自己的行为负责，让每个人都是理性的、平和的。

教育很难，服务很简单。现在的社会心理服务工作并不是简单的服务，你需要什么我们就给你什么，其中还包含着对民众的教化、启蒙启智，即对群众心智的培育。所以，如果不站在这样的层次和高度去开展这项工作，你的工作性质就会改变，偏离我们原来的中心和主旨，变成没有灵魂、没有思想的宣传性的服务工作。

所以社会心理服务要把服务大众的工作真正落实到位，就要具备这样的思想，具备这样的观念以及掌握这样的方法。

三、对社会心理服务体系建设的总结和展望

当前随着我国改革开放的全面深入和社会的快速转型，社会阶层和利益群体不断分化，社会矛盾和社会问题也呈现出新的特点和变化，出现了各种社会心理问题。一方面是社会心态出现某些偏差，如失落的社会情绪、失调的社会认知、失衡的社会价值观、失范的社会行为。另一方面是个体乃至群体在某些心理问题上呈现消极趋势，如人际关系信任的衰落、心理健康问题的增加等。在这种形势下，加强社会心理服务体系建设势在必行。必须认识到，如果说个体的社会情绪和社会认知出现问题，可以借助社会工作个案手法和心理学的一些手段来解决的话，那么，对于在社会层面出现的社会情绪和社会认知问题，就要纳入社会建设的大背景下审慎对待和积极应对。因此，社会治理也是社会情感的治理，在共建共治共享的社会治理格局中，社会心理服务不仅要从微观层面促进公民的心理健康，更要从宏观的层面着眼于整个社会，加强社会心理服务体系建设，引导社会情绪和社会认知

步入正确的轨道，培育自尊自信、理性平和、积极向上的社会心态，为社会建设营造积极健康的心理环境。

最后，建设社会心理服务体系是一项复杂而系统性的工作，需要社会各方齐心协力来完成。韦志中心理学网校将会发挥心理教育组织以及社会服务组织的优势、社会工作的行业特点，与社会各界一道，响应习近平总书记和党中央的号召，共同为加强我国的社会心理服务体系建设，实现幸福中国、健康中国和平安中国的战略目标做出贡献！

参考文献

1. 陈雪峰. 社会心理服务体系建设的研究与实践 [J]. 中国科学院院刊，2018，33（3）:308-317.

2. 吕小康，汪新建. 中国社会心理服务体系的建设构想 [J]. 心理科学，2018，41（05）:4-8.

3. 辛自强. 社会心理服务体系建设的定位与思路 [J]. 心理技术与应用，2018（5）.

第二节　社会心理服务中的伦理观建设和伦理设置

一、心理学的伦理设置

心理学是一门科学，是一门服务人心的学问。所以它的伦理设置是很有必要的。社会心理服务是心理服务，心理学服务本身就有伦理要求，就要有伦理规范的设置。做公益有公益的伦理，任何工作都有它的伦理规范。心理学是服务人心的，所以就更应该有伦理规范。

心理学需要伦理规范的约束，这也是对心理学的一种规范与保护，不仅对心理学的研究起促进作用，而且对心理学的健康发展是一种保障，可以提升心理学的质量。专业伦理是保证一个从业人员做好自己本职工作的必要条件。某一个职业能成为专业，是因为它有清晰的条文，用来表明自己的职业伦理规范或者行为准则，并以此为依据，确定该专业的终极目的，达成社会的某些道德价值。心理学是做人的工作，更需要伦理规范约束从业人员的行为。心理伦理的规范让从业人员在工作中有了标准，这样的伦理守则让心理学工作者、寻求专业心理咨询的人以及广大民众了解心理咨询工作伦理的核心理念与专业责任，并以此提升心理咨询的专业服务水平，保障专业咨询师与求助者的权益，促进人们的心理健康与幸福，促进社会的和谐。同时这也是专业工作人员的专业伦理申诉的主要依据与工作基础。

伦理是关于人与人、人与自然相处的准则和道德规范。它主要关注人类行为是否有利于社会的秩序和稳定，是否有利于人心向善，是否有利于人际关系以及人与自然关系的协调。现代伦理约束是在主体普遍参与的情况下，在社会平等的前提下，在思想多元局面下，经过平等协商、反复比较，经大多数主体认同，并由社会权威机构推行的一整套价值规范。伦理规范对于心理学的发展至关重要。在伦理的规范下，心理学的研究避免了研究中的随意性与人为性，提升了研究的信度与效度，使心理学更好地为人类服务，造福于人们。

伦理约束规范了心理学的研究。心理学是一门研究人的学问，不可避免就会涉及人的伦理道德问题。在这个过程中心理学的研究就不能任意而为，想怎么研究就怎么研究，而不考虑现实中人的情况。那些不考虑人的意愿的伦理守则，甚至有些危害了人的身心健康的实验如感觉剥夺实验等是人们所不能接受的。心理学的伦理规范的约束让人们有了一定的标准去面对现实中的心理研究，而不是什么都不考虑，我们要站在人道主义的角度去对待心理学的研究。

明确的心理学伦理规范对每一个心理学工作者都具有约束力，每一个心理学工作者都要有这样的伦理意识，把握好自己心理学工作的界限。在进行心理学的相关研究时要时时以心理学的伦理准则为准绳，工作才能更好地实施。中国心理学会制定了临床与咨询心理学工作伦理守则，作为一名心理学工作者要熟读守则，并且要以上面的规定来规范自己的行为，以伦理守则来审视自己的行为。《中国心理学会临床与咨询心理学工作伦理守则》有七部分的内容，包括专业关系，隐私权与保密性，职业责任，心理测量与评估，教学、培训和督导，研究和发表，伦理问题处理。

二、公益人的自我约束

心理学的发展需要伦理规范的约束，公益事业的发展也需要公益人的自我约束。每个人做公益事业都带有自己不同的目的与想法，公益人是分层次的，主要分为三个层次。

第一个层次是有想要干的事，有做好人的愿望，但不具备做好人、做好事的心理资本和能力。善良之心，人皆有之；悲悯之心，人皆有之。他们希望通过做好事能让别人看到自己，认可自己，这是很多做好事的心理志愿者的想法。但是一旦不被别人理解，或者被别人误会，他们就会感觉受到伤害。这是公益人的第一个层次，想通过做好事，去让别人认同自己，看见自己，实现价值，但是没有获得奖励、没被别人认同的时候，就会伤心。

你会发现，大多数人做公益、做好事，都是为了满足心理层面的需求。有很多人在社会中找不到认同感，找不到价值感，也就是通常所说的"边缘人"，特别需要别人的认同和社会的关照，希望被别人、被社会看见，这些人会寻求做好事的机会。所以一些自尊心比较强的人，自卑心理比较强的人，更愿意做出亲社会行为，会更多地考虑他人的感受，他们更渴望人们对自己有较高的评价。于是就出现了两种相对立的社会心理现象：越是经济贫穷、生活质量低的人越渴望得到自尊的满足；越是经济富足、生活质量相对高的人，内心的那份善良反而被蒙上了灰尘。

这种第一个层次的人是不是不适合做公益？不是的。但他们做公益好像是一个等价交换，只不过他获得的不是经济的回报，而是社会的认可。比如在对公益人士进行奖赏和激励的时候，要给他们更多的社会层面的认可，让他们产生更强的自尊和价值感，这样，他们就更好地投入社会公益服务当中。但是我们在对这类人群进行管理、提出社会要求的时候，不能把他们看得太高，他们还在成长中。而这些人也要对自己有一个更清晰的认识，认识到其实自己是一个渴望通过亲社会行为、服务他人来获得自我价值的人，还没有达到别人所认为的那个层次。所以对公益人士的教育和自我认知的培养、培育，也是非常重要的工作。

第二个层次是通过公益活动满足自我实现的需要，通过做公益实现人的价值。这个层次的行为就不再只是出于小我的需要、自尊的需要、心理层面的需要，而是出于一种社会价值的需要，是通过做公益实现自己理想的生命状态。如果说，第一个层次的公益人还是一个心理的穷人，是把公益看成一个经营自己心理及人生的"生意"，并通过做公益这个"生意"来换取心灵的成长和对自身的肯定，那么第二个层次的公益人就是在做公益、服务社会的同时，让自己的生命更加闪光、更加有价值，他们不是心理贫穷的人。

这两个层次有一个根本的界限，就是第一个层次的人心理更贫穷，还没有积累一定的心理资本财富，而第二个层次的人已经脱离了贫穷，基本实现了心理的小康，有心理资本，有足够的自尊，做什么事情和不做什么事情不是因为别人怎么看，不是因为做这件事情自己能获得自尊而去做，是因为觉得它有价值，是社会需要的，自己应该站出来而去做。

第三个层次是人们享受做公益的过程，不以物喜，不以己悲，体验生命的福流状态。第三个层次的公益人不再是为了自己心灵的需要而做，也不是为了社会的需要而做，而是为了享受公益，满足生命的飘逸状态。这是更高的境界了。

人都有分享、利他、奉献的本能，也有自私自利的本能，因为人在生存的需求得到满足后，开始满足发展的需求，然后是满足精神层面的需求，就是幸福、快乐、愉快的状态。比如，我们如果闲着，就感到无聊，干点活就觉得很快乐，这种人干活就不再是为了赚钱、为了生存、为了讨别人喜欢，而是在干活的过程中，自己是喜悦的，是快乐的。所以到了第三个层次，人们不再是奔着利益，而是为了享受当下，这是很高的层面。但第一个层面、第二个层面的人和社会大众很难理解第三个层面的这种享受状态。很多时候，把公益人都理解为第三个层次，这是不太合适的。从某种意义上来讲，第三个层次的人不再为了满足自己的一些需要而去做，相对来说，他做出反社会的行为，即对社会有破坏性行为的可能性就很少。

在面对公益的态度上，我们需要不断提升自己公益人的层次，不断地发展自己，做好自我约束。公益人要坚守自己的道德底线，遵守自己的道德规范。面对外界的压力，公益人要坚定自己内心的理想信念，提高自身的伦理意识。

三、心理服务的伦理守则

习近平同志在十九大报告中指出，"中国特色社会主义进入新时代，我国社会主要矛盾已经转化为人民日益增长的美好生活需要和不平衡不充分的发展之间的矛盾"，习近平总书记从"提高保障和改善民生水平，加强和创新社会治理"的高度，强调"加强社会心理服务体系建设，培育自尊自信、理性平和、积极向上的社会心态"，这对于心理学研究和心理学工作者，特别是社会心理服务工作者，提出了具体要求，指明了工作方向。

社会心理服务是要解决社会心态所发生的问题，社会心理服务体系则是指在开展社会心理服务过程中有关事物相互联系又相互作用而构成的一个有机整体，为社会的正常运行提供保障基础。造成社会心态出现问题的因素往往不是孤立的，而是历史、社会、文化、经济等各种因素综合作用的结果。我们要对工作岗位、工作评估等予以明确规定，以保证社会心理服务能够得以科学实施。

建设社会心理服务体系，重视心理学方法和技术在社会治理中的运用，有助于解决社会治理中客观存在的心理方面的问题，实现社会的良好治理即善治，进而推进治理体系和治理能力现代化。加强社会心理服务体系建设也是满足"美好生活需要"的重要手段。加强社会心理服务体系建设，要提升社会治理能力。在这样的背景下，心理服务的伦理守则规范就要发生变化，所以需要探索出一个社会心理服务体系建设的新的伦理规范。在全国社会心理服务体系建设试点的背景下，建议各个社会心理服务试点的城市办公室要先成立社会心理服务机构的伦理委员会或者伦理小组，由专家委员会对伦理规范方面进行设置。

在心理领域，我们呼吁全体心理咨询、心理教育工作者都要阅读中国心理学会的伦理守则、心理咨询伦理手册，并且按照伦理守则去规范自己的工作。目前的社会心理服务是在中国特色的社会主义背景下的一种心理服务方式。心理服务不同于心理治疗，心理治疗是等着给别人做咨询，而心理服务是主动帮助别人提高心理健康水平。

对于可能出现的伦理方面的问题，我们要提前进行预防，要对人们进行伦理观教育，要让人们认识到哪些是不允许发生的，哪些行为是错误的。这里要成立专业的督导和伦理小组，对社会心理服务组织的负责人进行伦理的培训，同时也需要加强对新的心理服务伦理规范的监督与审查。

心理服务伦理规范的准则的设置让人们在心理服务过程中有一个约束，同时也可以根据这个伦理守则来规范自己的行为，检查自己的行为在心理服务中是否合适。要加强对社会心理服务建设人才的伦理观的教育，让社会心理服务工作者的头脑中都绷着一根伦理规范的"弦"。在服务工作过程中要考虑到伦理的要求，要提高社会服务人员的伦理道德的素养，通过有力的伦理道德约束，让社会心理服务的工作者能更好地开展工作。

参考文献

1. 首届"北京应用伦理学论坛"对话. 应用伦理学的勃兴究竟意味着什么 [J]. 北京：哲学研究，2004（6）：72.

2. 张彩云，赵俊峰. 论心理科学发展的伦理约束 [J]. 自然辩证法研究，2005，21（9）：15-18.

3.中国心理学会临床与咨询心理学工作伦理守则 [J].心理学报，2018，50（11）:1314-1322.

4.彭勃.徐进：从公益人到专业社工 [J].中国社会工作，2015（18）:64-64.

第三节　公益活动与幸福感

一、各国公益慈善事业的发展

美国是当今世界上公益慈善事业最发达的国家。在这个人口超过 3 亿的大国，各式各样的民间慈善组织多如牛毛。统计数据表明，美国的非营利组织，即民间组织中的 2/3 从事公益慈善事业。

在美国，社会公众有为社会公益事业捐赠的习惯。据对 1989 年、1991 年、1993 年、1995 年和 1998 年的统计分析，全美国 70% 以上的家庭都对慈善公益事业有不同程度的捐赠，平均每年每个家庭捐赠 900 美元，约占家庭总收入的 2.2%。整体而言，美国平均的个人捐赠占个人收入的 1.8%。另外，美国家庭年均贡献志愿劳动所创造的价值为 1200 美元，占家庭总收入的 2.36%。在美国所有慈善捐款中，约有 85% 的捐款来自普通百姓，约有 10% 的捐款来自企业，另有 5% 来自大型基金会。

美国现代公益基金会已有一百多年的历史，发展势头至今依然强劲，有较强的社会影响力。2006 年，美国有各类公益基金会 7.2477 万家，总资产达 6147 亿美元，比 2005 年总资产增长 11.6%，为公益事业提供资金 390 亿美元，比 2005 年的拨款金额增长 7.1%。2007 年美国公益基金会继续保持蓬勃发展的势头，相对于 2006 年，总资产增长 9%，拨款金额增长 10%。美国公益基金会的投资项目主要集中在健康、教育、公共事业、艺术文化等领域，公益基金会的贡献渗透到社会生活的方方面面。在美国，基金会分为两种，公共的慈善机构性质的基金会和私人基金会。公共的慈善性质的基金会其红利、利息、中间收入、无关宗旨商业活动等不用交所得税。私人基金会不需要交无关宗旨商业所得税，但是要交消费税，其比例很低，只相当于净投资收益的 2%。

英国人爱做慈善，慈善组织从保护动物到关心儿童、老人和特殊群体等，方方面面，无不涉及。而慈善店便是英国各慈善组织的门面，英国的慈善店开遍各地的大街小巷。据英国慈善商店协会统计，全英国有 6500 ～ 7500 家慈善商店，年交易总量在 3.5 亿～ 4.5 亿英镑，年收入约 1 亿英镑，占英国年零售总额的 2‰。慈善店在英国人生活中的重要性可见一斑。

英国民间公益组织的主要活动领域包括：教育援助，扶贫救济，宗教慈善，卫生健康，社会及社区福利，历史文化艺术遗产的保护，环境保护和三态改善，动物保护及福利，业余体育运动，促进人权与和解，针对无家可归者提供住处，科学研究及普及。英国的公益组织分为慈善机构与非慈善机构，公益组织到慈善委员会进行登记就能拥有一个慈善号，就可以享受很好的税收政策，否则就跟其他企业一样，适用与企业相同的税收政策与相同的法律形式。

德国与法国的非营利性组织代表了以强有力的政府支持为特征的非营利性类型。法国民众每年向公益性慈善机构组织捐款的金额高达数十亿欧元。所有从事社会公益活动的法人都可免税。

在我国，截至 2019 年 1 月 11 日，全国登记注册的社会组织达 81 万多家，认定登记的慈善组织有 5355 个。此外，2018 年上半年我国网络慈善的参与人数达到 35.7 亿人次，一些慈善组织的网络募捐已经占到了募捐总收入的 80% 以上，我国已成为全球网络慈善的重要推动力量。

中国慈善公益事业的发展历程不同于其他国家，相比于西方百年公益慈善的积淀，中国突显出一种爱心活力的社会公益慈善，并用其独特的方式呈现出中国社会公益慈善的厚积薄发。公益慈善事业是中国特色社会主义事业和社会保障体系的重要组成部分，公益慈善文化是中国传统文化和社会主义核心价值观的重要构成。中国慈善公益事业的发展有利于社会的和谐稳定与发展。

二、大众对于公益的认识

目前社会大众对公益的认识还不够全面，很多人对公益的认识还是有很多误区。

比如很多人认为公益就是不收费，公益等于零商业，这就是一个误区。公益不是不收费，相对来说，公益在一定程度上也像商业一样，也需要收费，因为公益组织通过收费才能够健康地运转，坚持公益组织健康运转，才能更好地服务社会。著名学者资中筠在《财富的责任与资本主义演变：美国百年公益发展的启示》一书中也提到"新公益"的概念，主张把穷人从单纯的受赠者变成潜在的创业伙伴。公益并非天然地与商业相悖，它的重点不在于是否赚钱，而在于如何用一种有机的方式将各种优势联合在一起，发挥出公益的最大潜能。

公益机构和商业机构的不同在于，商业机构是以盈利为目的，而公益机构的收益是用在公益慈善事业上。公益机构的开支主要是从募捐、购买政府的项目等中得到的。公益组织也是需要经营的，要使公益机构健康地运转，就需要收费。

社会上有些人会认为既然是公益就应该奉献，就应该多做事。公益机构就应该多奉献，免费地做服务。做公益的人就应该是一个"活雷锋"，认为公益是很高尚的行为，从事公益事业就需要奉献精神，不需要物质的东西。这背后是对公益的误解。在一些人的逻辑里，公益行为很高尚，所以所得到的爱心捐款就要全部用于公益项目。在这样的"原始观念"下，当某一些基金会晒出的账目明细中的有"执行费支出"，有人就会质疑有人中饱私囊。但是大家应该知道，公益是有成本的，是需要其他支出的。任何一项公益项目都需要专业人员和团队进行管理，要运作项目、管理机构，这都需要人们付出时间与精力去实践，需要一定的运转资金。

这个社会组织是在为社会服务的，最终要靠社会组织和社会上的公益慈善人士去推动帮助。社会大众对公益有一种道德绑架，这实际上是不健康的。人们选择了做公益，不以自己的收益作为第一考量标准，而是以自己在服务社会当中成长自己，帮助他人，快乐自己为职业信条和目标。当然也有些人想借助公益活动圈钱，他们的内心没有真正服务社会的奉献之心。

公益是把社会中的热情和爱心汇聚起来，汇成一条河流，流经之处，两岸的土地就得到了灌溉，受益的人就会越来越多。社会心理服务体系建设就是这样的一个公益事业，要把它当成事业来看待，不能当成产品和市场来看待。就像做心理学，我们要把心理学当成一项事业，而不是当成赚钱的工具，更不是一个产业。

心理学事业服务于人类精神，如果把它当产业，最后产业做成了，你不是真正的心理学家。如果把它当事业，这个事业做成了，你会服务到很多的人，这才是真正的心理学家。在幸福的五个元素中，积极情绪、关系、投入、成就、意义，成就就是卓越的社会贡献，成就不是赚了多少钱，而是对社会的贡献。投入是专注地参与其中，投入生活的状态。意义是高尚的生命价值。人们正确认识公益活动的意义就能更好地面对一些误区，让自己在公益中收获快乐。

三、参加公益活动的动机

公益活动的开展需要公益志愿者。志愿服务者，是不为物质报酬，基于良知、信念和责任，自愿为社会和他人提供服务和帮助的人。心理志愿者指的是运用心理科学知识和技术，为他人的心理健康和精神富足进行贡献的活动者。参与志愿工作既是"助人"，亦是"自助"，既是"乐人"，同时也"乐己"，这就是所谓的参与动机。动机隐含在人类行为之中，是激发人具体行动的内在动力。人们对某一行为或任务的选择与喜好，都是根据动机体现出来的。

菲奇曾在 1987 年对大学生志愿者的参与动机进行研究，开发了动机的三因素模型：利他动机、利己动机及社会责任感。克拉里在此基础上，结合马斯洛的需要层次理论，建立了志愿者功能量表，确定了志愿行为的六种功能。分别是：

1. 价值功能（个体为了表达或支撑某一重要价值观，如人道主义和帮助不幸者）。

2. 理解功能（了解世界、增加知识、锻炼技能）。

3. 增强功能（寻求心理上的成长与发展，如增强自尊、提高个人价值感）。

4. 职业功能（获得和现在或今后的职业相关的经验）。

5. 社会功能（巩固、加强某种社会关系）。

6. 保护功能（减少消极情绪，如内疚）。

关于志愿者参与效果的研究发现志愿者在参与活动的过程中，可以实现心灵的回归，在服务他人、服务社会时，自己越来越产生善良的愿望，越来越趋向纯洁和美好。陈爱萍对社区志愿者的研究发现，从事志愿活动时得到最多的是"助人为乐的快乐"，其次是"自身价值的实现"，再次是"友谊"。龙涛和张延平对 2010 年上海世博会的志愿者进行调查发现，志愿者的参与动机有学习动机、职业取向、价值观取向、社会交往取向和公民责任五个因子。

不同的群体、不同的职业参加志愿活动都有自己的动机。在这些人身上，他们参加公益活动的动机主要分为三方面。第一个方面是个人取向。在参加公益活动的过程中，感受到自己的价值，获得内心的一种满足感。这类人非常看重自我学习与成长。第二个方面是关系取向。这类人非常看重他人对自己的评价，他人与团体对自我影响很大，他们参加公益活动想认识更多的朋友，获得他人的肯定。第三个方面是社会取向。这类人很有责任担当，承担社会的某些责任，获得社会的承认。

志愿者参加公益活动并不是某一个或某几个行为动机单独作用的结果，而是一系列的行为动机综合作用的结果。我们团队采用志愿者功能量表对广州市心丝带心理志愿者协会的827名志愿者进行调查，了解心理志愿者的参与动机。

经过研究发现，心理志愿者最主要的参与动机是"价值功能"（如我感到帮助别人很重要）和"理解功能"（如志愿者活动让我从新的角度看待事情），而相对不重要的参与动机是"社会动机"（如我的朋友中有一些志愿者）。这与龙涛等人的研究基本一致，在世博会的活动中，志愿者最主要的参与动机是价值观取向（如帮助别人是快乐之源）和学习动机（如当志愿者，我可以对社会有更多了解）。这表明志愿者参加活动最主要的是利他价值观，其次是希望通过志愿工作增加对社会的了解，提高自己的能力。

本研究显示，学历越高，越容易成为心理志愿者，这和罗公利等人的研究结果一致。这是因为随着学历的升高，人们的知识和阅历就变得丰富，对社会的认识就更深刻，进而对志愿服务就会有全面正确的理解。另外，高中及以下学历的心理志愿者较本科及以上学历的志愿者更容易通过参加志愿活动，减少消极情绪。已有研究表明，学历越低，情绪调节的能力就越弱，所以，低学历者更容易通过志愿活动调节自己的消极情绪。

研究还显示，个体月收入越高，参与志愿服务的积极性越高，就越倾向于通过志愿活动实现自己的价值，增加对社会的了解，进而加强知识体系和提高个人技能。这与之前的研究结果是一致的。收入较高的人群得到一定的物质满足之后，会产生进一步满足精神价值的想法，所以收入高的人群较收入低的人群参与志愿活动的更多，且在实现个人价值方面的愿望更强烈。

在价值动机和社会动机方面，有志愿者经历的心理志愿者明显高于无志愿经历的志愿者。张火灿认为个人经验是影响志愿者持续参与志愿服务的因素之一，参与志愿服务的经历对个人在内在改变、人际互动及社会化三个方面产生积极正面的影响，个人的成长又会进一步促进其加入志愿队伍。

总之，月收入在 4000 元以上、有志愿者经历、本科以上学历的个体更易成为心理志愿者，心理志愿者的参与动机与文化程度、工作岗位等因素都密切相关。这应引起相关部门的重视，在招募心理志愿者的过程中，应根据个体自身特点及参与动机，采取积极措施来完善志愿者队伍。

四、分享奉献与助人的价值

谦让是中华民族的传统美德，孔融让梨更是让大家耳熟能详的范本。在孔融让梨的事件中我们也看到了孔融的另一个品质：分享。分享的品质在人的发展过程中发挥着重要作用。幸福与不幸福不能简单地通过物质的多少，地位的高低或者是困难的多少来衡量，幸福是与自己的心态，自己与他人的关系有重要关联的，那些只关心自己得失的人幸福感是有限的，而那些懂得分享给别人，懂得珍惜别人的分享，同时也愿意分享自己的喜怒哀乐，甚至是自己的物质机会的人往往更容易收获快乐，也更容易获得幸福感。

分享可以促进人们心理发育中人格的健全。心理学中有一个词叫"延迟满足"，这个词就是我们平常所说的"忍耐"。在 20 世纪 60 年代，美国斯坦福大学心理学教授沃尔特·米歇尔设计了一个著名的关于"延迟满足"的实验。这个实验是在斯坦福大学的一间幼儿园进行的。研究人员找来数十名小朋友，让他们单独待在一个只有一张桌子和一把椅子的小房间里，桌子上放着他们喜欢的棉花糖、曲奇饼等。研究人员告诉小朋友们，他们可以立即吃掉棉花糖，也可以等研究人员回来再吃，后者可以得到一个棉花糖作为奖励。结果，大多数孩子坚持不到三分钟就放弃了。大约三分之一的小朋友等到研究人员回来后才吃棉花糖，并得到了奖励。目前很多人过得不快乐就是缺少"延迟满足"的能力。人们都很急，都想快点得到。学会分享能提高人们"延迟满足"的能力。分享让人们感受到快乐，让人们感觉到自己的价值感，与他人建立完整良好的关系。

雷锋精神也是大家需要学习的。雷锋精神是以雷锋的名字命名的、以雷锋的精神为基本内涵的、在实践中不断丰富和发展着的革命精神，其实质和核心是全心全意为人民服务，为了人民的事业无私奉献。雷锋是以服务人民为最大幸福，以帮助他人为最大快乐。雷锋曾说过："一个人的生命是有限的，我要把有限的生命投入到无限的为人民服务之中去。"在奉献中实现自己的价值，在奉献中感受到幸福。

五、参加公益获得幸福感

人们常说："赠人玫瑰，手有余香。"帮助他人，奉献自己的一分力量，自己也是开心的。奉献和分享都是实现幸福的主要途径。我们在帮助他人的过程中会获取到快乐。因为在奉献和分享的过程中，很多心理需要都能得到满足。

研究者劳拉·阿克宁说过："帮助别人会感到快乐，不分文化背景或经济层面，因为这早已在人类本性上根深蒂固。"1998年，美国一家心理学杂志发表了一个大型心理问卷的调查结果，这一研究发现，经常帮助别人的人群明显比不乐于助人的人群快乐。用快乐指数或生活满足感指数来测量，前者要比后者高出24个百分点。从精神病流行病学的角度来看，前者患抑郁症的可能性要比后者低得多。研究人员由此得出结论，养成助人为乐的习惯是预防和治疗抑郁症的良方。抑郁症患者在帮助他人的过程中能提升自我的价值感。他们在给予的过程中产生了积极的情境。美国的精神病学专家弗里奇昂表示，"利他"的行为能触发大脑中的"奖赏电路"，让身体自然产生"自我感觉良好"的化学物质，如多巴胺和内啡肽，可缓解因受外界强烈刺激而带来的精神障碍。

美国凯斯西储大学生命伦理学教授史蒂芬·波斯特和小说家吉尔·奈马克研究"付出"与"收获"的关系，这种"付出"包括赞美、传承、宽恕、勇气、幽默、尊重、同情、忠诚、倾听、创造。根据这10种付出方式，他们制作了一个详细的测量表，并长期追踪一些乐于付出的人，分门别类地对每一种"付出"带来的"回报"进行物理统计和生理分析，从而揭示了"付出"产生的"医疗作用"和"快乐指数"。"宅心仁厚、乐善好施"之人的人格确实会对其自身心理和身体健康产生巨大而深远的影响，其自身的社会能力、判断能力、正面情绪以及心态等都会全面提升。哪怕对别人付出一个微笑，传递一个幽默的表情时，唾液中的免疫球蛋白浓度都会增加，这种抗体能增强人的免疫系统。

参加公益活动的人们在助人行为中找到自己的价值，在付出中得到自己的收获，在给予别人帮助的过程中提高自己的幸福感。

参考文献

1. 谭建光. 深圳青年志愿者的个案研究 [J]. 中国青年政治学院学报，2001，20（6）:52-55.

2. 陈爱萍. 社区志愿者培训与激励的对策研究 [D]. 上海：华东师范大学，2009.

3. 龙涛，张延平. 大型节事中志愿者参与动机的实证研究：以2010年上海世界博览会为例 [J]. 旅游学刊，2011，26（4）:66-72.

4. 罗公利，张立海，杨友才. 青年志愿者行为动机的实证研究：以山东省高校学生为例 [J]. 青年研究，2012（2）:1-10.

5. 聂晓秋. 哈尔滨市大学生志愿者服务参与动机研究 [D]. 黑龙江：哈尔滨师范大学，2015.

6. 刘苗苗，田蕾，田光杰等. 民办大学生家庭功能、情绪调节能力、攻击性的调查研究 [J]. 宁夏医学杂志，2017，39（5）:473-475.

7. 章丽丹. 社区治理视角下居民参与志愿服务的影响因素研究：基于上海市 L 社区的实证分析 [D]. 上海：华东理工大学，2015.

8. 梁莹. 志愿精神成长中的草根民主：基于对南京市的实证调查 [J]. 天府新论，2008（2）:86-92.

9. 张火灿. 策略性人力资源管理 [M]. 台北：扬智文化事业股

份有限公司，1998.

10.夏伟清.中国青年服务社假期活动服务员服务经验对其生涯发展影响之研究[D].台北：台湾师范大学，2007.

11.王晓龙.志愿服务经历与个人成长的探索性研究[D].北京：中国青年政治学院，2014.

12.杨宏玲，翟天意.国内外志愿者动机研究综述[J].现代商业，2014（23）:275-276.

13.韦志中，卫丽.心理志愿者参与动机情况及影响因素分析[J].劳动保障世界，2018，511（27）:57-58+60.

第四节　管理、治理与服务的差异

中华上下五千年，朝代更迭，政策时有更换，但是社会事务是一直存在的，而社会管理、社会治理和社会服务也是一直存在的，只不过在不同的历史时期，其三者的表现形式和涵盖内容各有不同。

这里我们从当下社会管理、社会治理和社会服务这三者的内涵、意义、价值、差异和实践操作等方面做出对比，以便更清晰地掌握社会服务尤其是社会心理服务的实质。

一、社会管理、社会治理和驻会服务的内涵

早期的社会管理的内涵是什么？其内涵主要是一些行政的政策，广义上来讲，早期的社会管理，是由社会成员组成专门的机构对社会的经济政治和文化事务进行的统筹管理。狭义上而言，早期的社会管理，仅指在特定的条件下由权力部门授权，对不能划归到已有的经济、政治、文化部门管理的公共事业进行专门的管理，这个管理不会包括更广泛的权限，目的仅限于让日常的管理工作井然有序，政策施行的过程中带有部分的强制执行意味，基本不存在传达者对执行者深度教育和心理疏导，这样的管理只能维持这些公共事业的正常运营。

社会治理就是政府、社会组织、企事业单位、社区及个人等

诸多行为者通过平等的合作型伙伴关系，依法对社会事务、社会组织和社会生活进行规范和管理，最终实现公共利益最大化。公共利益最大化就是让所有在这个社会当中的人都能够获益，而非一部分人吃亏，另外一部分人获益，这是社会治理的内涵。

社会服务是以提供劳务的形式来满足社会需求的社会活动，而在社会服务的过程中，起到关键作用的劳务由谁提供？答案是：各种心理学社会组织。社会服务的定义中，狭义的社会服务是指直接为改善和发展社会成员生活福利而提供的服务，如衣食住行用等方面的基本民生生活服务，而广义的社会服务包括生活性服务、生产性服务和社会性服务。

二、社会服务的更高层次——社会心理服务

在此，我们更有意愿探讨一种更高层次的社会服务——社会心理服务。

为什么认为社会心理服务在社会服务中有着更高的层次？我们援引马斯洛的需要层次理论来清晰地阐述这个问题。请看下面两张图，图1是关于马斯洛需求层次理论的构架图，图2则是根据马斯洛的需求层次理论，来总结社会服务工作，以概括出的各种类型的社会服务工作的难易程度结构图。

如图1所示，马斯洛将人类需求像阶梯一样从低到高按层次分为5种，分别是：生理需求、安全需求、社交需求、尊重需求和自我实现需求。生理需求和安全需求对应着社会中的人类的基本生活需求，生理需求包括呼吸、食物、水、性、睡眠、生理平衡和分泌等一些带有生物属性的需求。安全需求则包括人身安全、

健康保障、资源所有性、财产所有性、道德保障、工作职位保障、家庭安全等一些带有社会属性的基本资源需求。

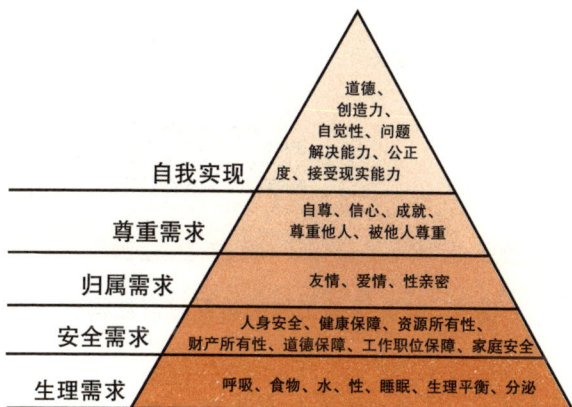

图 1 马斯洛需求层次理论

马斯洛需求层次理论的上三层需求：归属需求、尊重需求和自我实现的需求，与下面两个层面的需求是不一样的。归属需求包括人类对友情、爱情和性亲密的需求，这是人作为社会人与自然人的区别，即社会中的人需要基本的内心亲密关系，这是心理上的安全感。往上一层是尊重需求，包括自尊、信心、成就、尊重他人和被他人尊重等具体的需求内容，这一层主要包含的是人类在社会工作中的内心需求。最上一层包含道德、创造力、自觉性、问题解决能力、公正度、接受现实能力，这是人类内心发展的最高诉求，也是最难达到的一个层次。上面三层的需求，都是涵盖人类内心的，与下面两层的生理需求和安全需求相比，更难达到满足和平衡。

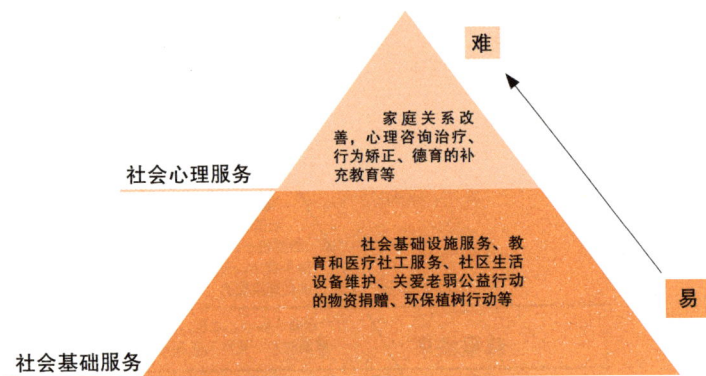

图2　社会服务工作的难易程度结构图

　　如图2所示，社会服务工作分为两大块，下层的一块是以物质为基础的社会基础服务，上层的一块是以意识为基础的社会心理服务。社会基础服务主要涵盖社会基础设施服务、医疗社工服务、社区生活设备维护、关爱老弱公益行动的物资捐赠和环保植树行动等一系列的服务行动。社会心理服务主要涵盖了家庭关系改善、团体或者个体的心理咨询与治疗、行为矫正以及德育的补充教育等方面的心理服务行为。

　　对比图1和图2，可以很直观地发现，社会心理服务对应着马斯洛需求层次理论的上面三层，而社会基础服务大部分对应着马斯洛需求层次理论的下面两层。但也不是完全绝对的，社会基础服务的部分工作也可以促进民众的尊重需求发展、成就的获得甚至是道德的发展，但整体而言，社会心理服务工作还是比社会基础服务工作更贴近意识形态，两者相辅相成。

　　综上所述，社会心理服务是一种更高层次的社会服务，也是社会服务工作中最具挑战性的工作。

三、新兴的社会心理服务 VS 传统的社会基础服务

从事传统的社会基础服务工作的志愿者，主要的服务内容是协助民政部门发放民生物资，比如运送油米面等食材类的生活必需品，或者志愿者团体组织去慰问老幼接济困难民户的这些工作。这方面的服务工作主要以社区志愿者或者社会志愿团体组织发起，参与者一般不需要很专业的技能培训，只要具备服务的态度和意识，有一定的物资作为支撑，按照既定的程序和步骤即可顺利完成。

而社会心理服务的志愿者呢？社会心理服务针对的是民众的意识层面的困扰或者问题，是针对看不见摸不着的内心世界，能承担这种服务工作任务的志愿者，不是一般的志愿者，因为心理服务会要求志愿者具备一些相关的知识储备、合适的谈话策略以及受到过系统的专业督导。

当传统的社会组织长期从事狭义的社会服务内容，日常工作主要是响应政府号召，去组织各种爱心公益行动等各种关乎生活福利的活动，突然遇到社会心理服务这一种具有挑战性的新兴工作，也许会不知道如何开展和应对，无论在形式上还是意识上都还没有与时俱进，没有做出改进和学习，这就需要那些熟稔于民生生活服务的工作者们积极调整。

这一系列的调整需要从高层领导干部的心理服务意识开始，当然，在调整的过程中可能会出现形似神不似的现象。比如个别领导在急切之中开展社会服务工作，短时间内开展各种社会服务，

处于一种渴求义工响应其号召的状态。如此一来，很可能会出现一种"饥不择食"的现象：不考虑做传统社会基础服务工作的义工们具备何种程度的素养，急于用这批义工去顶社会心理服务的岗，大部分的结果可想而知，这批义工干不了心理辅导，不能跟别人谈心，更做不了专业的心理疏导与咨询类的工作。所以，当下新兴的社会心理服务，需要的是专业的心理工作人员。

从人才的专业性方面来考虑，可能某个长期从事社会基础服务的社会组织，从高层领导到基层员工，没有人能真正胜任心理服务的工作，更有甚者，即使是以前从事过相关心理工作的心理咨询师也做不到特别顺手，因为社会心理服务工作的要求是与时俱进的，是在政治、经济、教育、文化等意识形态综合作用下动态发展的，那么，社会心理服务的志愿者也要随之调整变化，并且要不断提高自身的专业素养。

四、社会管理、治理与服务的差异

社会管理侧重对社会进行管理，而社会治理强调合法权利来源的多样性，社会管理一般指管理一切社会事务，全能型，方方面面的管理都可以归纳到社会管理的范畴中去。

从政治方面来观察社会管理、社会治理和社会服务的发展进程，可以发现一个政策：国务院简政放权。就是从社会管理向社会治理的层面的倾斜，强调各主体之间的合作过程。

那么，社会管理、社会治理和社会服务这三者，其执行过程中的形式不同，意义不同，代表的本质是什么？

社会管理即为管理层想当然地自上而下地为民做主，从管理者自身主观意愿出发管控社会，主要依靠政府的权力，拟定社会准则，进行发号施令。社会治理强调发挥多主体的作用，更多地鼓励参与者自主表达，协商对话并达成共识，运用权力之外的力量和集智形成市场的、法律的、文化的、习俗的各种管理方法和技术。从管理到治理，其性质已经发生了变化，管理主要是自上而下，治理主要是合作、联合和协商。

新兴的倡导的社会服务，其任务本质如何？社会服务乃是自下而上，即为从基层开始，往上影响到管理层甚至是领导层的一系列社会行为。自下而上的社会服务工作就是主战场，因为它服务的对象均来自基层，所以说，社会服务的主阵地就在基层，而阵地的指挥官、参加战斗的各级指战员也都是基层的管理者和基层的服务者，不盲目凭借权力，不完全依靠政策，着眼于踏实有效地就地解决老百姓的问题。

那么，社会服务的任务本质意味着什么？意味着重新在当下的社会制度和已经成熟的组织内部再次革新，革新的内容主要是开展执政为民的工作，故社会心理服务不仅是用心理学去服务社会这么简单，而且是要真正地为基层群众解决问题，从根本上提升他们的幸福感。若是有的同志没想通这一点，理解错了社会服务的初心，他们可能会认为在社会服务的工作中有机可乘，在践行服务的过程中，在基层做做服务的样子，但可能没有达到服务的效果。此种行为不可取，社会心理服务工作是让基层的细胞真正活起来，这就相当于让大树根部的细胞变得健康活跃，则大树的根须就能够吸收营养和水分，更好地对这棵社会大树的主干和整体进行供养。所以，社会心理服务即为在基层进行的自下而上的服务工作。

单从作用的结果来看，通过这种自下而上，即社会服务的方式，也可以达到社会治理的效果。因为社会服务能预防和解决问题，而且基层群众也会形成一定的心理调节和自愈能力，就像一棵大树，其根部细胞形成了自觉更新的模式，大树上部分因为根部而引起的病变也就不会存在了。而反观之，若社会服务是自上而下开展的话，那么社会服务工作中，基层群众接受的是他律，这一服务工作就变成了通过法律和行政手段去惩罚、惩戒、管理、约束和调整服务的对象——基层群众。仅仅是这样将生硬的大政策扣到基层群众头上，没有具体的、针对性的开导，只会让群众的问题变得更复杂，就像大树的根须会吸收不畅，以致病情加重。

五、社会服务自下而上的"基层民主自治"

自下而上的工作性质，能让人人都参与其中，那么人人都是主体，自然而然便会形成社会自觉。因为在人人参与的过程中，基层群众是在办自己的事，是在追求自己的幸福生活。这样一来，就从社会管理中群众的被动到社会服务中群众的主动了。实质上，这是人民当家做主的一种体现，也是基层群众自主地主导自己的生活，从大的方面看，甚至可以称这种自治的现象为基层的民主自治。如此一来，基层群众便能决定自己的生活，掌控自己生活的方方面面，同时，上层组织和机构还能给予群众足够的协助和引导，进一步促进基层群众自治。

以前的社会服务中，工作形式多数是自上而下，基层的群众都是被动的，而现在改变了，社会服务是基层群众自发的，主要在原来的政府组织和基层社会组织下（村社区、村妇联、村委、一些其他的政府性的组织和民间性的组织联合组织下），社会服务工作自主自愿地、火如荼地开展起来，最后形成一片繁荣之景。基层的领导干部和群众，都在主动推动这些社会服务活动的进程。长此以往，可以建设更幸福的基层生活圈，社会服务在不断推进的过程中，其效果和影响就自下而上地产生。

目前在社会治理和乡村振兴的双重工作中，融入社会服务这样一种自治形式，为实现社会治理和乡村振兴的双结合提供了契机。若是社会治理与乡村振兴能够很好地结合，那么，基层社会服务的过程中就会产生大量的内容和形式上的创新。例如社会组织进行办学工作，以全民教育这个理念为靶向目标，足以点燃各个社会组织的办学热潮。再例如，每个社区都需要设立社区组织，若这个社区组织是心理学的组织，专业开展社会心理服务，那么这个组织便可以开办一些不同主题的学校，比如以经营家庭为主题的，可以称之为家庭幸福学校。这样可以让该社区的基层群众都参与这一主题的学习和研究，通过参与这个心理学的社区服务组织主办的各种主题的学校学习，首先，社区居民的心理科普知识水平将得到提升，然后，这些居民经营家庭关系、教育培养后代、自我心理管理的各种技能将得到提高。这些落到生活方面的好的效果，让人们更加积极主动参与学习和应用，如此循环往复，基层社区便会形成一个社区心理学校。

若是社区学校再进一步，得到社会治理的主管部门行政上的支持与帮助，会有更广阔的发展前景。如果按照以前的程序，在乡村建立文化社，但其工作形式是自上而下的，那么就有可能会出现这种情况：村民们处于被动状态，文化社建好了但大家不去参与，也不去积极地再创造或者更新文化。所以说自下而上的社会服务模式往往能改变这种被动的局面，自下而上的社会服务组织就是基层群众主动设立的，群众作为建立者会更有归属感，那么在社会服务的工作中，他们会以主人翁的态度来积极参与其中，这跟之前的被动接受截然不同，效果也会好许多，能积极推进整体工作的进程。

在社会服务工作实操层面，我们该如何执行呢？核心原则就是自发组织，绝不强迫，因为只有基层群众最了解自己的兴趣喜好。我们要以日常生活中的兴趣喜好为切入点，引导群众自发组织各种社群，如此来避开可能引起群众产生逆反心理的强迫行为，鼓励基层不同的人群，以不同的兴趣爱好为基准去开展不同的文化活动、教育活动、环保活动甚至是生产活动。当然，这种生产活动是文化性质的生产活动，是创造性的教育性质的生产，并非传统意义的工业流水线性质的生产活动。这样组创出来的文化盛景，更有利于刺激经济市场、优化经济结构和提高经济效益。

社会服务工作的开展也不是完全的无的放矢，大学里的社团运营模式就是十分成熟的借鉴对象。高校各种社团组织同样也是以成员的爱好特长为前提而成立的，借鉴这种模式，即可在基层农村或者城市社区成立类似的小组。

这些兴趣小组的参与者，精神得到了愉悦，积极情绪得到了调动，情操得到了陶冶，整个人的能量都处于满格状态。这样，他们在继续投入社会服务工作中时，信心满满干劲十足，进而社会的文化就会朝气蓬勃、繁花似锦，社会服务这辆大车就好似加满了油，开始加速向前推进了。由此可见，社会服务工作就是要大家心情愉悦地开展基层民主自治工作。

六、以社会治理代替社会管理，以社会服务为主

这里我们着重探讨他律与自觉、被动与主动以及自上而下和自下而上的内涵、区别、社会价值和实践操作。其中，社会管理基本上是他律的、被动的、自上而下的；社会服务则是自觉的、主动的、自下而上的；社会治理则两则兼而有之。

那么这三者中，孰优孰劣，孰轻孰重？

以社会治理代替社会管理。社会工作何其庞杂宏大，社会组织和政府部门的组织不胜枚举，所要进行调控和处理的社会事务更加多如牛毛，不是社会管理、社会治理和社会服务其中任何一种工作形式能够单独胜任的。而社会管理和社会治理要解决社会服务无法解决的问题，包括法律法规、政策规则等方面的问题，以保证社会日常事务有理可依、有法可行以维护社会的公正公平和公开。在党的十八届三中全会通过的《中共中央关于全面深化改革若干重大问题的决定》中，关于创新社会治理体系的论述有新的阐释：用社会治理来代替社会管理，这是对以往创新社会管理实践的重大理念提升。这一阐释表明了社会工作逐渐往民主合作甚至自主自治的方向迈进。

社会服务是重点。社会服务协助社会管理和社会治理调节社会心态，缓解基层民众的内心压力，使其保持更好的状态来生活和工作。首先，社会服务是以基层民众为工作对象，以基层事务为工作范围，所涉事务组成了一个很大的基数，故社会服务方面

的工作是重点。其次，在新兴社会心理服务模式的冲击和助推之下，社会服务工作的开展方式将迎来长时间的革新与改进，人们的精神文化生活连带着物质生活福利，都将发生不同程度的改变，总体的趋势是向前的，总体的素养是在提高的。再次，社会服务体系的建立有着强大政策支持，国家正在大力关注民众的生活质量，关注民众的心理健康状况和幸福感，社会心理服务体系又是重中之重。基数需要、新兴趋势和政策倾斜决定了社会服务是社会工作的核心的和重点建设的方面。

本质而言，可以把社会管理和社会治理中没必要亲自督办的社会事务都划分到社会服务的范畴，大的社会原则和底线把握好，在这个范围内放开一些制度禁锢，把基层的一些事务交给社会组织放心大胆地开展。社会组织也要牢记使命，用高标准、严要求培养高质量的心理义工和志愿者，更好地匹配基层民众的生活和心理需要，更好地为构建社会主义和谐社会做出贡献！

参考文献

1. 陈雪峰. 社会心理服务体系建设的研究与实践 [J]. 中国科学院院刊，2018, 33（03）:308-317.

2. 纪德尚，邰向民. 社会治理视角下平安中国建设的模式创新 [J]. 中共郑州市委党校学报，2016（06）:37-40.

第五节　健康中国和平安中国

没有全民健康，就没有全民小康；没有全民平安，就没有全民富强。健康和平安这两个词，是近年来中国社会治理最重要的两大主题和目标，少年强，则国强，平安是安身立命，健康是身心愉悦，两者相辅相成，造就太平盛世。

一、对《纲要》中健康人力资源的解读

2016年10月25日，中共中央、国务院印发了《"健康中国2030"规划纲要》（以下简称《纲要》），并发出了通知，要求各部门各地区实事求是，结合实际认真贯彻落实《纲要》。

《纲要》指出，要"加强全科、儿科、产科、精神科、病理、护理、助产、康复、心理健康等急需紧缺专业人才培养培训。""加大养老护理员、康复治疗师、心理咨询师等健康人才培养培训力度。"这里提及的精神科、心理健康专业人才和心理咨询师都是社会心理服务体系中需要大力培养的专业人才，从《纲要》的明确规定不难发现，将培养心理工作人员纳入健康人力资源的之列，是国家对于社会心理服务的肯定和鼓励，也是国家对心理学知识在"健康中国"中起到效用的殷切期望。

《纲要》指出，健康中国，"健康优先，改革创新，科学发展，公平公正"，所以健康是摆在首位的，而且是全民健康，不是某群

人的健康。那么，健康的定义是什么？健康包括健康的身体和健康的心理。世界卫生组织对健康的定义是，身体、心理及对社会适应的良好状态。人们经常关注身体健康，经常运动、合理膳食、不适就医、养身美容、中医调理、健身塑形等，却往往忘了审视自己的心理状态是否需要调试，心理是否对社会适应有良好的状态。

为应对机遇挑战并存的发展形势，社会心理服务组织和政府相关部门必须对心理服务人才的培养引起重视。随着社会物质的极大丰富，人们的衣食住行基本得到满足，很大一部分人开始追求精神愉悦、自我实现和内心圆满，这就对社会服务工作，特别是社会心理服务工作者提出了更高的专业要求。

二、社会心理服务如何助力健康中国

十九大报告指出："实施健康中国战略。人民健康是民族昌盛和国家富强的重要标志。要完善国民健康政策，为人民群众提供全方位、全周期健康服务。"全方位、全周期的健康服务，也包括全方位、全周期的心理健康服务。

建立有偿的社区心理咨询服务，例如开展片区责任制的家庭心理医生模式。目前社会大众对心理咨询甚至心理治疗的接受程度还没有达到很高的水平，看心理医生的个体和团体的数量也相对较少，进行片区责任制，即一位或者数位心理工作者承担一定范围内的民众的心理辅导、疏导或者咨询工作，采取有偿咨询形式（心理咨询的工作性质决定了必须有偿服务），可以由政府或者社会组织为来访者承担费用，也可以由政府或社会组织与来访者分摊费用，抑或来访者自费咨询。采取这样的咨询形式，相信来访者和心理工作者都能很专业严肃地对待这一系列咨询过程，可以在很大程度上解决来访者的心理调适问题，为片区内的民众心理健康做出贡献。

建立社区心理学校。指导夫妻关系，又称婚姻学校；指导亲子关系，又称家长学校，家校以及社会组织联合发力；指导老年生活，又称夕阳学校，主要指导退休人员进行兴趣活动，比如下棋唱戏、养花养鸟、舞蹈太极、书法绘画等一系列的活动组织，也倾听老年人的心声，为其疏导心理郁结，助其欢度晚年甚至发挥余热，从根本上解决"空巢老人"和"养老院养老身不养老心"的困境，驱散老年人的孤独感和停滞感，这也是顺应国家人口老龄化必然要做出的举措；还有留守儿童和流动儿童以及福利院的儿童，也是工作者们密切关注的人群。留守儿童是父母双方或者父母一方外出谋生而自己在家生活和上学的儿童，流动儿童是随监护者一起流动生活学习在城市里的儿童，福利院的儿童一般都是孤儿。无论是父母还是社会，给他们的关爱可能都不够，社会心理服务的工作者在这方面的工作，就是要在不伤害儿童脆弱敏感心灵的同时，对流动儿童进行适应环境的心理调适，对留守儿童进行专业的性知识教育、技能科普以及儿童受侵害之后的心理创伤恢复工作，对福利院儿童进行关爱、自信和自我认同方面的正面疏导等工作，这些工作都需要专业的组织机构和专业的人才来完成。社会心理服务的工作者们任重而道远。

社会心理服务需要分别建立农村试点和城市试点。2016年，中国政法委首次批示了12个社会治理试点县，西平县是其中唯

——一个农村试点。可见，国家正在从社会管理向社会治理快速转型，而社会服务又是社会治理的新时代重点趋势。

可以申请批示，建立社会心理服务的试点，农村试点和城市试点都要齐头并进，可能这两类试点所面临的突出问题不一样，因为农村和城市民众的心理健康概念和模式的可接纳程度不一致，且两方面的硬件设施以及文化生活模式也不一样，要根据当地的经济条件和具体面临的核心问题开展工作。一般都是从心理健康教育知识的普及开始，除了两类试点兼顾的新闻发布、社区（村委）宣传、门户网站、微博和社交网络等途径的宣传外，对于农村试点而言，可能需要组织基层干部心理知识普及班、挨家挨户访谈搜集当地第一手村民心理健康资料、留守儿童的关爱和性教育课堂建立、乡村学校的心理健康课的落实与乡村教师心理健康知识的培训、农村兴趣小组的建立等，不一而足。在少数民族地区还会根据当地民族风俗，组织具有民族特色的社会心理服务活动和机构。

城市试点的话，首先，在儿童心理健康教育方面，社会心理服务可以跟基础教育方面密切合作，提高教师的心理健康教育知识、能力和对学生心理异常的警觉性，同时也定期对低龄儿童开展心理对话。这一举措的目的是预防和干预儿童的心理异常情况，以便能及时发现一些特殊状况，比如孩子入园长时间焦虑、幼小衔接不适应、小升初孩子压力过重、亲子关系紧张、孩子被虐待、家庭离异导致的反社会人格、社交恐惧。甚至创伤后障碍等一系列问题的处理。当然，没有问题是最好的情况。对低学龄儿童的心理疏导也可以进一步培养孩子的自信、积极情绪以及坚韧意志品质等良性人格特质，将健康从基础抓起，也是一项利国利民的好工程！其次，职业岗前心理素质培训和公司员工定期心理健康内训，已经成为城市心理服务的新趋势。

呼吁国家将国民心理健康提高到更重要的位置，举办全国性的健康中国心理健康论坛，这也是一个全国范围的社会心理服务交流的公共专业平台。

三、社会心理服务体系——日益完善，与时俱进

全民心理健康知识普及，全民健心。通过设立地方与社区的心理健康辅导站点、举办心理健康科普讲座、印发心理健康教育知识宣传手册以及组织居民参与社区心理科学公益活动等多种方式，定期向全民开展公益性的心理卫生服务和专业的心理素质训练，普及心理健康知识，促使国民更加重视心理健康。根据不同地区的文化和民俗特征，建立多样性的"全民健心"社会工程实践机制，努力做到实施国民心理健康测试与体质健康测试协同并重。

高等教育学府扩大心理学相关专业办学规模，注重实践应用和理论探索并举的心理学人才培养模式。与社会心理服务机构合作，将课程设置与社会心理服务工作的应用要求匹配，创办体系化专业化的心理咨询中心，给心理学专业的学生以实践验证自身所学的机遇和挑战。接受国内一流心理研究机构的领导和敦促，建立心理研究所，邀请专家和教授给学生们做研究方法、学习态度上的指引，并授业解惑，提高各高校心理学的整体科研水平和理论高度，树立在校生对心理学的信心和期望值，促使其更加努

力学习，为社会心理服务储备大量可用之才，为健康中国培养一批中坚力量。

学校学院心理学专业—社会心理服务组织—政府心理学研究机构等相关部门多方联动，制定统一细化的心理学人才培养标准和社会心理服务标准，国家和社会提供更多对口的心理学相关岗位，让心理学的专业人才学有所用，投入健康中国的伟大事业中，在学校任心理辅导或者心理学专业老师，则可以护佑一方学生的心灵，亦可教授学生专业知识。在社区担任社会心理工作者，可以从志愿实践或者付费咨询中得到宝贵经验，也能为其深入理论研究贡献案例资料。在专业心理学研究机构做理论研究，则更加能反哺整个社会心理服务体系，理论碰撞新的火花。

社会心理服务体系会日渐完善，与时俱进。当有一天，心理健康知识讲座在大众的生活中成了日常事务，心理咨询成了像感冒去药房买药那么正常，而精神科和精神康复中心被提及时也不会四座惊恐，心理学的应用就已经深入每个人的生活中了。这是社会心理服务体系建立的初衷和愿景，众志成城，愿中国健康，愿中国平安，社会心理服务会一直进行！

四、平安中国的概念

健康是根，平安是本。如何投入平安中国建设的伟大事业呢？先了解中央文件对平安中国这一国家战略的具体定义。

在十九大报告中，习近平总书记指出，建设平安中国，要有效维护国家安全。国家安全是安邦定国的重要基石，维护国家安全是全国各族人民根本利益所在。要完善国家安全战略和国家安全政策，坚决维护国家政治安全，统筹推进各项安全工作。健全国家安全体系，加强国家安全法治保障，提高防范和抵御安全风险能力。严密防范和坚决打击各种渗透颠覆破坏活动、暴力恐怖活动、民族分裂活动、宗教极端活动。加强国家安全教育，增强全党全国人民国家安全意识，推动全社会形成维护国家安全的强大合力。

这份《报告》全面界定了平安中国涉及的全方位的框架，实施起来，在各个领域会遇到各种不同的挑战和困难。如此崎岖之路，为何迎难而上？因为平安中国建设具有战略性的、关乎国计民生的重大意义。

五、平安中国建设的意义

实现中国梦必须建设平安中国，且要建设更高水平的平安中国，让我国成为屹立于世界强国之林的全世界为之颤抖和震撼的庞然大物；建设更高水平的平安中国，就是要大力拓展平安建设的领域、丰富平安建设的内涵；建设更高水平的平安中国，就是要让成效看得见摸得着。深化平安中国建设，事关实现中国梦的全局。平安建设，人人有责。天下太平，人民才能安居乐业，中国才能富强，中华民族才能腾飞。

人民看国家，首先看发展；人民看政府，首先看平安。国家与政府的合法性是国家政治安全的基石，建设平安中国是人民对国家和政府认同感与归属感的根本，在社会和谐有序、百姓安居乐业的氛围中，国家政治安全才有立足之根本、生长之沃土。

建设平安中国，可以增强国民的安全感。继续加强和创新社会治理力度，持续完善中国特色社会主义社会心理服务体系，着力建设更高水平的平安中国，平安是极其重要的民生，更是最基本的发展环境和建设背景。

六、平安中国建设的具体内容

按照惯常的分类方法，平安中国建设的内容分为社会、人民和国家三大块，即社会和谐稳定、安定有序；人民幸福安康、安居乐业；国家长治久安、强盛统一。也可以从另外的角度来划分平安中国建设的内容，比如可以按照空间的维度来把平安中国划分为：平安农村、平安城市和平安海外。

平安农村建设的重点，主要集中在农村文化建设、治安防窃、基层村镇组织调解民事纠纷、科学信仰加强宣传、严查黄赌毒和传销等违法犯罪活动、生活安全事件案例实时报道等方面。

平安城市建设的内容更为广泛，主要包括治安管理方面加强宣传和管控、规范拆迁程序和提高安置待遇、公共场所恐怖袭击严排和防控、餐饮行业视频安全严格把控、经济金融安全、机密信息和核心技术安全等方面。

平安海外建设比较特殊，有海外华人的地方，就存在平安中国建设。包括保障海外华人避难和撤回祖国时有所依靠、为海外侨胞生存创业提供优惠倾斜政策、与世界各国签署相关合作协议保证华侨的正当权益、增强综合国力应对国际多国多方面的挑战与风险、反国际间谍反国际恐怖主义等内容。我们要坚决保护中国人民在海外的经济、政治、安全利益不受侵犯。

七、社会心理服务助力平安中国建设

近年来，社会心理服务体系的建立日渐完善，而社会心理服务在社会治理和社会服务的日常工作中发挥出越来越举足轻重的作用，特别是一些心理机制建立、职场压力疏导和员工心理团建以及心理健康评估上面应用得尤为广泛和高效。

心理学体系中的咨询治疗、犯罪分析、罪犯心理画像，已经可以在平安农村建设、平安城市建设和平安海外建设的各种工作中起到作用。社会心理服务正在改善全国的社会治理中的意识形态和全民文化建设，基层自治也是从民众内部充实他们的内心，唤醒他们的兴趣和梦想，鼓励大众在解决温饱的基础上进行文化精神愉悦和创作，将精力展现在积极的方面。那么，在平安农村的建设方面，社会心理服务便有这种提高基层群众业余生活水平的作用，组织各种爱好的社团或者开展各种农村养殖业的技术交流大会，定期派心理学志愿者倾听乡亲们的生活压力和抑郁愁苦，借助学校开展留守儿童的关爱教育和性教育活动，与留守儿童的监护人进行密切联系，对其监护人进行性教育和安全教育普及。通过村委基层干部的走访和留意，切实从心理工作上，做好基层农村民众的心理疏导和排解工作，让民众原理黄赌毒，远离窃骗，远离迷信，远离传销组织，远离一切不好的、落后的生活方式。

在平安城市的建设工作中，社会心理服务也有它独特的助推方式。微表情、犯罪心理画像、犯罪地图分析等心理学的专业知识能帮助刑事干警们迅速侦破案件并擒获罪犯，为城市的安全之门又上一道锁。现在我国很多城市拥有庞大的流动人口，治安管理又是一大难题，可以组织心理志愿者或者学校的心理咨询员，对流动儿童的适应状况进行心理辅导和调节，使其很快适应城市的学习生活环境。一个家庭中，孩子是宝，孩子高兴了、治理能力增强了、适应了学校的环境、融入了城市的生活，那么由流动人口组成的家庭，也会对这个城市产生更为强烈的归属感和亲切感。

在平安海外建设中，社会心理服务能有效减少间谍案件的发生。对国家各大涉密部门的重要员工，以外包有偿服务的方式，可以定期进行专业的心理辅导，以排解工作压力和治疗精神创伤。生活中总会有不同的突发事件影响到人们，可能要溯源到来访者早年原生家庭亲子关系中的不和谐事件，也有可能就是青春期亲子关系的不和谐引起的性格突变，还有可能是生活工作中的突发应急事件引起的应激障碍，或者在某一段高危高压工作时间里产生了信念崩塌或者价值观扭曲，这都需要心理调适，尽量让参与咨询的政府员工回归到最初参加工作岗位时候的那种热情、爱国、爱民的状态中去。甄别其中部分信念崩塌或者有反动思想的人员，并及时上报。当然，心理咨询和治疗在日常的应用中都是中立的，没有政治和利益纠纷，但是，在甄别是否具有间谍嫌疑的有心理检测作用的心理咨询活动中，是以国家安全为重中之重的，这也是心理咨询技术在特殊事件中的特殊应用。

参考文献

1.闫洪丰，健康中国的根本在于"心"[J].小康，2016（05）:24-25.

2.彭国强，舒胜美.美国国家健康战略的特征及其对健康中国的启示[J].体育科学，2016，36（09）:10-19+27.

3.印发《"健康中国2030"规划纲要》[N].人民日报，2016-10-26（001）.

4.习近平.决胜全面建成小康社会夺取新时代中国特色社会主义伟大胜利:在中国共产党第十九次全国代表大会上的报告[R].2017-10-18.

5.孟建柱.在更高起点上全面推进平安中国建设[J].求是，2013（14）:3-7.

6.李思辉.努力建设更高水平的平安中国[N].湖北日报，2018-07-23（005）.

7.杨建华.关于"平安中国示范区"建设的几点思考[J].决策咨询,2018（02）:30-32.

8.本报评论员.实现中国梦必须建设平安中国[N].检察日报，2013-06-01（001）.